第三版
家族と家庭

――望ましい家庭を求めて――

学 文 社

はしがき

　「『人間にとって家族とは何か？』この問いに理論的に答えることが本書の主要な課題である……」。これは、私が家族についてはじめて執筆した著書『家族の社会学』(1976年) の冒頭の文章である。この問いにどの程度答えたかはともかくとして、日常生活のうえでも学問的にも認められる「常識的家族観」へ疑問を投げかけ、そこから抜け出す必要があることについての課題を提起し、家族の起源と日本の家族の史的考察によって家族を考える方向を提示したものである。この書が家族社会学というよりは家族を素材とした社会学的論考であるという性格および私の未熟さもあって、人文・社会諸科学からは一定の反応があったとはいえ、当時の家族社会学界からはほとんど黙殺されたが、最近いろいろなかたちで再検討されているいわゆる「近代家族」が当時の家族社会学研究の大前提になっていたことにもよると思われる。しかし、未成熟ながらも根本的課題提起としては意味があったと私は考えている。

　それ以降現在までのきわめて短い期間に、日本の家族をめぐる諸現象が大きく変貌するなかで、この問いが存続しているだけでなくますます重要になってきている。相対的に若い世代の研究者による『社会学・入門』(1993年　宝島社) のなかの「家族社会学」についての論考には、「家族とは何か？」(家族の定義・概念) が日本の家族社会学では重視されてこなかったとされている。私もこの見方には同感であり、日本の家族社会学の多くは、外国からのいわゆる「核家族論的定義」をあたかも定説であるかのごとく前提として、「実証という錦の御旗」のもとに、家族についての諸現象ばかりを表面的に追いつつ一定の整理をしているように思う。

　80年代に入ってから、私はみずからに提起した諸課題に一定程度答えながら、さらに新たな課題を提起するというかたちで研究をすすめてきているが、周知のように、単に家族の変化だけではなく世界的スケールでの社会的激変のもと

で社会科学の大転換が要請されているこんにち、私がかつて『家族社会学の基本問題』(1985年)のなかで「……1970年代中頃までの諸体験や諸見解の大部分は再検討を迫られている……」と述べたことが現実となっていることはもはや誰の目にも明らかになってきており、社会科学のさまざまな分野で新たな模索がはじまっている。この意味では1990年代は「発想の転換」の時期と言ってもよいであろう。しかし、「発想の転換」とは、これまでの見方になにか「新しい視点」を単に付け加えるということではなく、これまでの見方において使われている言葉の意味内容をも含めて根本的に考え直してみることである。

　さて、新しく本書を執筆するにあたって、私は発想の転換を2つ試みてみることにした。1つは、ふだんなにげなく区別しないで同じように使われている「家族」と「家庭」という言葉を概念としてはっきり区別することによって、この2つの意味を根本的に考え直してみるという試みである。もう1つは、一般的な叙述の順序として基礎理論があってその適用としての現実認識がつづくというパターン(実はこれまでの私自身がそうであった)を逆転して、理論構成の展開をあとにするという試みである。詳しくは本文で展開するが、前者については、概念構成、はやりの言葉でいえばキーワードは論者の見解の基本性格を示すものであり、それぞれの学問的主張の生命である。「家族」と「家庭」が論者によって同じように使われていても、受け止める側のイメージが違うことも多々あるのではないだろうか。したがって、言葉の使い方はいくら重視されても重視され過ぎることはない。逆にいえば、安易に取り扱ってはいけないのである。後者については、最近の風潮としての「理論離れ」あるいは「理論軽視」にたいして理論構成の重要性を主張するにあたって、理論重視をストレートに主張するのではなく、家族について具体的にいろいろと考えてみることを通して、家族生活を正しく理解するためには理論が大事であることを示したいためである。

　さらには、私自身の反省が大きくあずかっている。私がこれまで執筆したものの多くは、とりわけ単著は私自身の自己了解としての性格がきわめて濃厚であり、読者にはわかりにくいというきわめて不親切なものであったという反省

にほかならない。したがって、本書の構成とともに文章表現にも発想の転換を試みることにしたが、はたしてどうであろうか。とはいえ、家族を取り上げると、やさしく書くと常識に流されがちになり、常識に流されまいとすればむずかしくなるという困難さがあるので、〈第1部〉で理論がまったく入らないわけではなく、具体的に考える前提として理論的に必要なことは最小限度述べることになろう。また、〈第2部〉でもできるだけ具体的現実を取り上げるように努めた。つまり、前者では現実に後者では理論に重点があるといった方がよいであろう。

　ここ数年間の「家族論」の動向は、現実の家族生活の「多様化」に照応してやはり多様化している。それらは現実の家族生活の一定の反映であるという意味でなにほどかの「新しさ」と「正しさ」を含んでいる。しかし、家族を考えるにあたっての明確なプリンシプルがあることについては、疑問であることが相対的に多い。学問の発展にとってフェアな相互批判はきわめて重要であるが、家族社会学界にかぎっていえば、それがきわめて乏しい状況にある。核家族論をめぐっての〈森岡 VS 山室〉論争以後、真摯な論争がほとんどないのではないだろうか。多様化が他の諸見解とはかかわりのない多様な自己主張であったり、自己主張に都合のいい他の見解だけを利用したりという性格であるためと思われる。つまり異なる見解は無視されることが多いのである。そのような状況のもとで、私はフェアな相互批判が可能になる方向で、寡聞であるとはいえ、できるかぎりいろいろな見解に批判的に言及しながら自分の見方を打ち出そうと思う。これが本書のもう1つの特徴と言えよう。

　私の見方と展開は、かなり以前からの「発想の転換」によるためか、現在の家族社会学の支配的な動向とはかなり異質であるが、私自身は、当たり前でないことが常識になっているなかでごく当たり前のことを主張している、と思っている。しかし、いわゆる「常識」に反していることは明らかなので、一般的にどの程度の理解を得ることができるかが問われるのだが、これについてはすでに試している。1993年度の前期の仏教大学での講義（主に1年生が対象）と京都府立保健婦専門学校（学生は高等看護学院卒業）での講義の内容が本書の

〈第1部〉の展開のベースになっている。1年を通した講義ではないため、講義時間内で学生に感想などを求める時間的余裕がなく、講義の批評を盛り込んだ試験問題によるしか、学生たちの反応を具体的に知る手段がなかった。きちんと講義を聴いていると思われる学生からは理解を得ているという確かな感触を、試験の答案のなかにみつけて、正直ほっとした。

　講義のなかでは「発想の転換」を具体的に理解するにあたって重要だと思われることは、いささかくどいかなとも思いつつ重複を厭わないで繰り返し説明したが、このことが理解を得るにあたって効果があったこともまた確認された。しかし、活字だけが頼りの書物では、講義のように質問に答えたり、前の講義の説明不足に気づいてつぎに補足するというわけにはいかないので、本文では〈第1部〉、〈第2部〉を問わず意識的に重複して述べることにした。たとえば夫婦別姓の例が現時点では「常識」から脱するにあたって重要でかつわかりやすいので、再三にわたって取り上げている。煩雑だからといってとばして読まないことを、とりわけ家族生活を一定程度専門に研究している人々には切に望んでいる。

　ところで本書は、立命館大学に赴任してから3度目の書き下ろしであるが、2度あることは3度とやら、執筆前の1992年度の「激職の予感」通りに、1993年度には全学委員会方式の教学機関である「一般教育センター」の委員長という役職に就くことになった。周知のように、大学では目下一般教育改革への取り組みが全国的に嵐のように進展しており、役職上知り得たかぎりでも、一般教育学界では改革論議が花盛りである。立命館大学では全国に先駆けて一般教育改革に取り組み、翌1994年度実施に向けて最終案の仕上げの段階にさしかかっていた。文部省からの認可の必要上から2学部については前年度に決定していたが、残りの6学部についての立案と調整というまとめの作業は煩雑をきわめるものであり、寛容の精神と強引な実行の両方が要請されることが、この種の業務を体験した者にはわかるはずである。だから前2回の時と同様に時間的・神経的にはマイナス以外のなにものでもない。しかし、3度目もまた激職をプラスに転化するように心がけた。

一般教育改革の意味についてはいろいろな考え方があるが、文部省にどのような意図があるにせよ、変化した社会と学生にいかに対応するかが基本的な課題であることは、おおかたの認めるところであろう。

　私が本書で一貫して主張している「発想の転換」と同じことだが、社会的激変のなかで旧いアカディミズムにしがみついている時代でなくなっていることは確かである。しかし、そのことはアカディミズムそのものを捨て去ることをけっして意味しないはずである。大学の講義や大学教員の評論の一部には軽薄に時代と学生の気分に迎合してアカディミズムそのものを放棄している者もいるが、みずからの学問の自殺行為以外のなにものでもない。時代が求めている新しいアカディミズムの構築こそが時代の科学としての社会学の一般的課題である。そのための社会学的構想力の彫琢がいまほど必要な時はない。

　このような思いで自由に構想し、当初はどこへ行くかわからないような執筆プランであり、期限通りに執筆できるかどうか正直言って確信をもっていなかった。しかし、これまでになんの絆もなかった私の執筆プランにたいして、学文社から出版を快諾していただいたので、みずから提示した期限を厳守することが、「人間の絆」を一貫して主張している私に重くのしかかった。執筆期間中には臨時の大学行政業務がはいったりして、「２、３週間遅れるのも仕方がない」と思ったのは１度や２度ではない。しかし、そのたびに私の脳裏をよぎったのは学生や院生の存在であった。すなわち、自分がしないことをかれらにだけはきちんとしなさいと要請して、なんで教育者であるといえるかということにほかならない。この意味で私に指導を求める学生と院生に感謝し、さらに最後に奇妙な言い方だが、新しい絆にすぎない私の執筆を信頼して下さった学文社の田中千津子さんに深い感謝の意を表明するものである。

　1994年５月　高野川の葉桜の頃

　　　　　　　　　　　　　　　　　　　　　　　　　　　　著　　者

改訂版に寄せて

　本書を出版してからすでに8年が経過している。本書の性格については初版の〈はしがき〉で述べているが、執筆の直接のきっかけは1992年に仏教大学から新設の「家族と家庭」という科目の講義を依頼されたことである。内容・性格については白紙委任だったので、この年の9月、10月の2ヶ月ほど文献などにあたりながら悩み続けた10年前を思い出す。講義科目名つまり本書の題名にしたがって思い切った発想の転換をするという基本性格がはっきりすると、内容づくりが急速に進展したことを覚えている。1993年頃から一般教育学会（現在は大学教育学会と名称変更）にかかわりはじめたことも講義の内容づくりにはプラスに作用したようである。

　講義のテキストを念頭に執筆した本書にたいして、大学生を含む大学関係者以外から予想外の反応があったが、おかげでほぼ順調に版を重ねることができたようである。ところで家族の変化の進展という観点からは8年というのはかなりの期間である。出版社から改訂版の話が出るのも当然であり、昨年改訂版を出した『現代日本家族論』につづいての改訂版ということになった。慎重に読み返して検討したが、家族（と家庭）についての私の考え方は8年が経過した現在でも基本的には生きているだけでなく、「発想の転換」の主張が現実性を増していると思われる。日本では夫婦別姓の家庭を家族として社会的に承認することさえも未だに現実化していないが、外国では同性同士の結婚が認められるところまで最近進んできている。私のいう婚姻・血縁以外の家庭を家族として社会的に承認する方向への前進の例であろう。

　このような検討の結果、現時点では全面的に改訂する必要がないと判断した。全面的に改訂するならば、『現代日本家族論』と合体したようなもになると思われるので、新しい読者には両方を読んでいただければベターであろう。それでも部分的にはいろいろな不備が随所に散見された。加筆・修正については、

家族にとどまらない生活全般へと研究を拡大したことによるワード変更も含めて、初校にも似た作業が第9章までにほぼ全面的になされている。第10章は大幅に書き直した。というのは、本文でも述べているが、社会学的研究における歴史的思惟と諸現象の社会的位置づけが未来を展望するにあたってはますます重要になっているにもかかわらず、相変わらずなおざりにされている場合が多いからである。

　最後に、この機会に〈附論〉について一言触れておきたいと思う。21世紀を迎えた現在、"Stay Dream"にとどまらない時期に入っている。具体的な未来社会の青写真とそれにいたるプロセスを具体的に提示することが要請されていると思われる。しかし、家族という具体的な生活から出発するという発想であっても、この課題は家族論の域をあまりにも大きく越えている。その準備作業という意味も込めて1999年に『現代日本生活論』を執筆・刊行したが、この課題には社会学の立場から『現代日本社会論』というかたちで答えていくことがベターであろうと考えたこと、私の未来論の最初の提起であること、という理由でそのままのかたちで残すことにした。

　2002年9月

飯田　哲也

目 次

序章 「家族とは何か」を考える——問題の提起 …………………………… 1
　1　「家族」についてのさまざまな意識………………………………………… 2
　　よく使われる3つの定義……2／家族の定義はたくさんある……4／発想の性格を考える……6／
　2　「家族とは何か？」に答えるには…………………………………………… 8
　　どんな方向で考えるか……8／家族構成と家族機能……9／家族そのものを考える……11／3つの帰結しかない……12

第1部　家族と家庭

イントロダクション………………………………………………………………18
第1章　人間生活とは？…………………………………………………………21
　1　生活とは？……………………………………………………………………22
　　生活を考える……22／生産活動は4種類ある……24／具体例によって確認する……26
　2　人間とは？……………………………………………………………………29
　　主体的活動としての人間……29／3つの主体として確認しよう……30／人間は協同的存在でもある……32／失われつつある人間性……34
　3　家族生活とは？………………………………………………………………35
　　家族生活は生活の一部分である……35／家族生活には2つの条件が要る……37
第2章　家族と家庭………………………………………………………………40
　1　家族と家庭とは違う…………………………………………………………41
　　家族意識は混乱している……41／文献から考える……43／区別には現代的意義がある……45
　2　家族とは？……………………………………………………………………47
　　家族とは何かに答える……47／重要な概念について……48／定義の特徴について……50／実際の家族生活を考える……53

3　家庭とは？……………………………………………………………55
　　　家庭とは理念としての家族である……55／社会の必要性について……56／個人の必要性について……58

第3章　家族生活の問題状況……………………………………………………62
　　1　家族問題について考える……………………………………………63
　　　家族問題の見方はたくさんある……63／家族病理と家族問題……65
　　2　社会問題としての家族問題…………………………………………66
　　　考える糸口として……66／社会問題について考える……69／家族問題は社会問題である……70
　　3　現代日本の家族問題の推移…………………………………………72
　　　家族問題は質的に変化している……72／家族問題の推移を概観する……73
　　4　問題状況という見方…………………………………………………74
　　　家族の変容を考える……74／「生活の社会化」を考える……76／「人間の絆」の希薄化……78／人間のあり方が変化している……79／問題状況としてみる必要がある……81

第4章　望ましい家庭像を求めて………………………………………………85
　　1　考え方と現実…………………………………………………………85
　　　自由に考えよう……85／人間の生産・関係の生産には公式はない……86／いま家族生活では何が……89／生活力について……90
　　2　家庭像はいろいろある………………………………………………92
　　　常識的な家庭……92／新しい家庭の実験……93／常識をはみだした家庭……95
　　3　理想の家庭について…………………………………………………97
　　　考えることはいくつもある……97／家族を視野に入れる……99／理想の家庭を考える……100／いろいろな可能性が考えられる……101

第5章　家庭生活の諸条件……………………………………………………105
　　1　意識的条件…………………………………………………………106
　　　支配的な意識について……106／意識的条件についての考え方……108／考え方を具体化してみると……110／意識的条件についての2つの注意点……111
　　2　物質的条件…………………………………………………………113

物質的条件についての確認……113／物質的条件の現実とその問題性……115／物質的条件と共同性……117

 3 家族社会学理論への誘い ……………………………………………119
  家族についての考え方を考える……119／理論は重要である……121／1つの体験が確信を生んだ……123

第2部　家族社会学の理論構成

イントロダクション ……………………………………………………………128

第6章　理論構成の性格 …………………………………………………131
 1 基本視角 ……………………………………………………………131
  出発点が重要である……131／なぜエンゲルスからはじめるか？……132／3つの基本視角……134

 2 論理一貫性 …………………………………………………………137
  論理一貫性とは……137／具体的適用について……138／理論構成のアウトライン……140

第7章　個人・家族・社会 ………………………………………………143
 1 家族の本質論 ………………………………………………………144
  家族の本質とは……144／人間の生産としての家族……145／個人にとっての家族……147／社会にとっての家族……149

 2 家族の社会的位置 …………………………………………………150
  生産力としての家族……150／家族は社会的に制約される……152／集団分化と家族……153／家族の能動性……154

第8章　家族の内部理論 …………………………………………………157
 1 家族構成・家族機能・家族関係 …………………………………158
  家族構成……158／家族機能……160／家族関係……161

 2 生活構造と生活力 …………………………………………………163
  家族生活の質を考える……163／実例としての生活空間……164／生活構造について……166／家族の生活構造……167／生活力とは……169／「家族と地域」をセットで考える……171

3　ライフサイクル ……………………………………………………173
　　　ライフサイクルとは……173／ライフサイクルの変化と課題……175／ライフ
　　　サイクル論の止揚？……177

第9章　家族と外社会 ………………………………………………………181
　　1　家族と他の集団 ……………………………………………………182
　　　集団分化という発想……182／「集団分化」の一般的進展……184／現代では
　　　次の集団が重要である……186／集団分化論の青写真……188
　　2　社会のなかの家族 …………………………………………………191
　　　家族と社会との関連を考える……191／家族の受動性……192／家族の相対的
　　　独自性……194／家族の能動性……195

第10章　家族変動と家族問題 ………………………………………………199
　　1　家族変動を考える …………………………………………………200
　　　家族変動の基本視角について……200／前近代社会と家族……203／近代日本社
　　　会と家族……205
　　2　現在の歴史的位相と未来 …………………………………………207
　　　現代日本の家族生活の諸相……207／家族の変化動向の焦点……208
　　3　家族問題と家族政策を考える ……………………………………210
　　　再び家族問題を考える……210／家族政策の理論化の方向について……214／発
　　　想の転換を！……215

附論　21世紀への一試論 ……………………………………………………219
　　1　未来論への挑戦 ……………………………………………………219
　　　ロマンを語ろう……219／出発点としての家族の現在……220／条件としての
　　　「外社会」……222
　　2　未来の社会像 ………………………………………………………223
　　　家族生活と政治・行政……223／家族生活と地域……226
　　3　結び …………………………………………………………………227

序章　「家族とは何か」を考える――問題の提起

　「家族」と「家庭」という言葉はきわめて曖昧に、あるいはなにげなく使われてきている。しかし、考えてみればこの2つの言葉は同じか違うか、そしてまた、「家族とは何か？」「家庭とは何か？」ということについて、人々のイメージは実にいろいろある。日々生きているなかでは個人的にどんなイメージをもとうと一向かまわないが、科学的に論じるとなると単なるイメージに毛の生えた程度の規定というわけにはいかないだろう。「家族」や「家庭」という言葉が人によって意味が違っていたり、この2つの言葉を同じ意味で使ったりでは、何について論じられているのかわからなくなる。この章では、代表的と思われる家族の定義をその発想の仕方に注目しながら考えてみることによって、「家族」と「家庭」についてどのように考えていったらよいのかを、問題提起的に示してみたい。この場合、私の問題提起の背後には「家族」と「家庭」とは違う、あるいは区別すべきであるということが当然想定されている。あとで具体例を示すように、これまでごく少数ではあるが2つの区別を意識して「家族」について論じたものがあるが、それらの例が「家族」と「家庭」という言葉を概念として区別する方向へと考え方や研究を進展させているとはいえないし、またそのような性格としては一般的には必ずしも理解されていないと思われる。しかし、ふだん時々耳にするのだが、「家にかえっても家庭があるとは思えない」といって家出をする例や「もう家庭がこわれている」という例について考えてみると、「……家族があるとは思えない」とか、「もう家族がこわれている」とは、あまりいわないはずであり、人々の日常意識には漠然と区別があるようにも思われる。このようにつらつら思いをめぐらしてみると、家族と家庭は違うと想定してみることにはあながちうなずけないこともないであろう。この章では、2つが違うということを示唆しながら、家族というものを根本的に考え直す必要性を示そうと思う。家族を根本的に考え直す主張はけっして新しくは

ないが、その多くはこれまでの支配的な見方への単なる批判にとどまっており、新しい展開をどんな方向に求めるかについて整理して具体的に主張されていないので、このことをはっきりさせることがこの章の主な狙いである。

1 「家族」についてのさまざまな意識

よく使われる3つの定義

　現代とはどんな時代であろうか？　一方では生活や意識の面で画一化が進展しながらも、他方では多様化が進展している時代であるといえるであろう。考えてみると、価値観の多様化、生活の多様化、そして家族の多様化……などがすぐに思い浮かぶはずである。このような多様化に応じて家族についても当然さまざまな意識がある。試みに家族という言葉からなにを連想するかを周囲の人にたずねると、十人十色の答えがかえってくるであろう。「両親がいて子どもがいて……」「おじいちゃん・おばあちゃんもいて……」「お嫁にいったお姉さんも自分にとっては家族で……」「帰るとほっとするところで……」「自分の生活をしばっていて……」「自分にとって一番大事なもので……」……。このような意識は、人々が日々の具体的な生活を通してごく自然にそなわってきた体験的家族観（＝家族意識）であるが、これに加えて専門家の諸見解があり、これもまた「家族についての意識」であることに変わりはない。しかし、情報化がすすんでいるこんにちでは、前者が自然にそなわるというよりは、いろいろなかたちで後者の影響をうけており、ときには「まるかじり」であったりする。かつて「湾岸戦争」についてどう思うかとひとりの学生にたずねたところ、彼の意見が、あるテレビのニュース番組にしばしば登場する著名な評論家の意見とまったく同じであり、彼は、それを自分の意見と思いこんでいるだけだった[1]。したがって「家族についての意識」を探るにあたって前者に注目する仕方にも一定の意義があるが、これは、あとで取り上げる「家庭についての意識」とより密接にかかわるので、ここでは後者についての紹介・検討を通してどのように考えていくかの方向を探ってみよう。

「家族についての意識」にたいして常識的にも専門的にも相対的に多く使われている家族の定義（あるいは観方）としては、つぎの3つの定義を挙げることができる。

① 森岡清美の見解

この見解については、そのまま引用しておこう。「家族とは、夫婦・親子・きょうだいなど少数の近親者を主要な構成員とし、成員相互の深い感情的包絡で結ばれた、第一次的な福祉追求の集団である」と定義されている。

② マードックの見解

現存する世界の「250の人間社会の通文化的サーヴェイ」によって核家族の普遍性が主張され、核家族はふつう性的・経済的・生殖的・教育的の4つの機能をもっているというのが彼の主張の特徴である。

③ パーソンズの見解

アメリカの「中産階級」の調査にもとづいて、子どもの社会化と成人のパーソナリティの安定の2つの機能を家族の本質的機能としている。さらに、夫婦の役割分担を鮮明に示していることにも特徴がある。

以上の3つは「核家族論」の立場の代表的な見解であり、日本の家族社会学界では、これらの見解を定説のごとく前提とするなど無造作に依拠されている場合が相対的に多いのである。この場合、依拠すること自体は一向かまわないことだが、依拠する理由をなんらかのかたちで示す必要があると思う。このことについて少し付け加えると、森岡見解はともかくとして、日本の社会科学界では欧米の理論や見解をそのまま輸入して使う場合が相対的に多いのである。「はしがき」で指摘した「近代家族」にたいする前提への検討が、E．ショーターの『近代家族の形成』が翻訳されてから急に活発になってきたことは、その好例の1つである。しかし、欧米の基準はあくまで相対的なものにすぎず、アジアでははたしてどうであろうか。「学会」で上海の家族の調査報告に接する機会があったが、その実態から「これまでの家族の規定を修正する必要がある」という報告者の発言などを考えてみれば、このことは容易にうなずけるであろう。家族についての見方はつぎに示すようにたくさんある。

家族の定義はたくさんある

欧米や日本の代表的とされている見解を無造作に採用する場合を除くと、おそらく論者の数だけ家族の定義があるといえないこともない。ここでは定義に特徴があり、「家族とは何か？」について考える素材としてふさわしいと思われる諸見解をほとんどそのまま紹介し、それら諸見解にたいする検討は、あとで整理したかたちで一括して取り扱うことにしたい。それぞれの見解にはそれぞれに応じた独自の意義があり、一つ一つを別々に検討していると収拾できないほどの混乱に陥る可能性があるからである。

④　ハルチェフの見解

この見解についてもそのまま引用しておこう。「家族とは、歴史的に一定の組織を有する、小社会集団であり、その構成員が、婚姻または肉親関係や生活の共通性や相互の精神的責任によって結ばれ、それに対する社会的な必要性が、人口の肉体的および精神的再生産に対する社会の必要によって条件づけられているもの[6]」と定義されている。

⑤　布施晶子の見解

彼女は1982年の見解のあと1992年に新しく修正した見解を示しており、現時点で前者が紹介されることは彼女にとって不本意かもしれないが、あとで述べるように検討素材として意味があるのであえて示すことにする。

　a　1982年の見解

「家族とは、その集団の構成員が、婚姻または血縁関係によって結ばれ、そのもっとも本源的な社会的機能としては、労働主体たる人間の生命と生活の再生産、あらたなる労働主体の再生産の世代的再生産を期待され、その日常的生活形態としては、通常、住居、食事、家計をともにする生活の相互保障をもって特徴とし、その人間関係としては、性愛、母性愛、父性愛、肉親愛等の絆による結合をもって特徴とする、社会の基礎的単位である。われわれは、その形態、機能、人間関係等は、全体社会の変容にともない変容をとげ、歴史的な段階ごとに一定の特徴を示すこと、さらに、全体社会における個々の家族の階級的位置づけによって異なる存在形態を示す側面に留意しなければならない」

序章　「家族とは何か」を考える——問題の提起　5

　b　1992年の見解

　新しい見解では次のように簡略化されている。すなわち、「家族とは『異性愛と肉親愛を原点とする生活共同体』（『愛の生活共同体』）である」。この規定については本質的規定を意味すると理解して、先の見解における社会的関連が省略されていると受け止めた方がよいだろう[7]。

⑥　山根常男の見解

　家族という言葉の多義性より、一義的に定義しない方がよいとして、1）関係としての、2）集団としての、3）過程としての、4）生産様式としての、5）制度としての、6）システムおよび機関としての家族、というかたちで整理することが「戦略的に」意味があると主張して、家族をそれとしては定義しない（あるいはできない）としているが、親子関係とりわけ子育てを家族独自の機能として重視している[8]。

　家族社会学ではないが、検討に値するという意味で独自の「現代家族論」を展開している評論家の諸見解を若干付け加えておこう。

⑦　小浜逸郎の見解

　現在の「家族社会学」における家族の定義にたいして家族をとらえるプリンシプルの欠如を指摘し、「エロス的関係としての家族」という本質論的把握を提示している。現在の家族の問題状況を捉える基準としていることに、そのことが示されている[9]。

⑧　桜井哲夫の見解

　「家族」と「家」という概念をめぐって検討しているが、考え方の基本としてはエマニュエル・トッドの見解に賛意しており、非血縁を含む家族構成と家族関係の多様性を組み込んだ家族の見方として理解されるが、規定そのものはかならずしも鮮明には示されていない[10]。

⑨　フェミニズムにおける家族

　フェミニズムにはいくつかの立場があり、これが代表的な家族の規定であるというかたちで示すことができないが、女性の抑圧機関としての家族という見方がほぼ共有されているといえよう。家族を「再生産」という領域として設定

していることが、特徴である。[11]

発想の性格を考える

「家族とは何か？」について論じるにあたっては、いろいろな定義あるいは見解が検討されている場合と検討されていない場合とがある。私は、検討した方が望ましいと考えているが、これまで相対的に多い検討の仕方とは違って、発想の仕方に注目することが重要である、と主張したい。上記では代表的見解を私見をまじえずにそのまま紹介したが、これらの諸見解のなかに「家族とは何か？」、そしてそれにもとづいて現実の家族をどのように考える（分析する）かについて検討する素材はほぼ出揃っている。そこでこれらの諸見解について表現や力点（あるいは特徴づけ）ではなく、発想の性格つまり発想が同じか違うかについて考えてみよう。その場合、あらかじめ発想の違いを想定して考えるのではなく、ここでは日本で相対的に多く採用されており、しかも欧米理論の直輸入ではない独自性をもつという意味で、森岡清美の定義を彼自身の説明にしたがって考えてみることからスタートして発想の仕方を整理してみたい。

森岡の定義は、次の３つの部分からなっていると受け止めてよいであろう。まず、「……近親者を主要な構成員とし」が家族構成の原理を意味し、「感情的包絡」が家族関係の特質を意味し、「第一次的な福祉追求の集団」が家族の包括的機能したがって集団的特質を意味する。そこでこの３つの面から他の諸見解について整理して考え、これに該当しない発想があるものについてはさらに追加して、全体としての整理をすることによって、「家族とは何か？」という問いに答える方向を探ってみよう。

家族構成については、森岡の場合は血縁と婚姻を構成要件としているが、このような見方としては、マードック、パーソンズの核家族論に加えて、山根、布施、そしてフェミニズムが該当する。家族関係については、「感情的」関係に特徴づけの比重をおく見方が多く、森岡のほかには、布施、小浜が該当する。家族機能・集団的特質についてはいろいろあって、森岡の「包括的機能」にたいして、マードック、パーソンズ、布施がそれぞれ独自な考えを示しており、

序章　「家族とは何か」を考える──問題の提起　7

きわめて多様な考え方がある。これら３つの面に注目することのほかには、子育ての機能を重視しつつも家族を定義しないという山根の考え方、家族構成について非血縁をも含める桜井の考え方、制度を重視するフェミニズムの考え方などを挙げることができる。これらに加えて意外と見落とされがちな発想として、家族についての理念つまり家族がそうあってほしいという願望がまじっていることに、ぜひとも注意をうながしたいと思う。願望がまじっていることを当人が意識しているかどうかはともかくとして、「第一次的な福祉追求」については、家族がそうであるのが望ましいとも思われるが、実際には必ずしもそうはなっていない。「愛の生活共同体」についても、家族がそうあってほしいと思わない者はほとんどいないであろう。しかし、そうでない家族がたくさんあることもまた、おそらく否定できない事実であろう。

　このように考えていくと、家族を定義するにあたっては家族構成・家族関係・家族機能と集団的特質など家族の諸側面と考えられるものについて、現にある「家族」（とみなされる集団）から顕著に認められる特質を引き出してくるという発想、あるいは「家族」についての制度・理念などに着目し、どこにどのように重点を置くかという発想として解釈してよいであろう。この場合、とりわけ確認しておく必要があるのは「みなし定義」という発想である。「みなし定義」とは、定義するまえに常識的に家族とみなされている集団をあらかじめ「家族」であると想定し、そのような「家族」の諸側面に共通している特質について整理されているという定義である。では、定義する前に「家族」と想定されている家族とは一体なんであろうか？　それぞれの定義の「家族」と現にある家族とははたして同じか違うか、これが発想の問題である。家族構成について具体例をつけ加えておこう。もし核家族とりわけ夫婦が家族の構成要件である（と定義する前にみなす）ならば、そうでない集団があらかじめ排除されているし、血縁が構成要件である（とみなす）ならば、非血縁を含む集団がこれまたあらかじめ排除されているわけだから、現にある家族について整理する以前に「家族」の定義のイメージがあるとしか考えられないのである（むずかしい表現を使うと事実にそくして実証するまえに先験的思惟が働いているという

ことであるが、このような指摘はなにも私だけではないのである）[12]。

2 「家族とは何か？」に答えるには

どんな方向で考えるか

　家族の定義についての文章だけを見ると定義がかなり多様であるとも受け止められるが、発想の根本的性格という点から考えてみると、定義の数ほどに多様ではなくしかも大部分は同じ発想であることが、先の検討によって明らかであろう。私自身は家族の発生史を含む歴史的検討によって家族を定義するという仕方をこれまで採用してきたのであるが、発生史を検討することによる本質論的思惟は「実証家たち」の思惟にはどうもなじまないようである。そこで本質論的思惟という私のこれまでの立場はいささかも変わっていないのだが、家族の定義の仕方については私もまた発想の転換をしようと思う。すなわち、すでに検討してきた定義の仕方にたいして発想の仕方をどのように変えるかというかたちで問いを整理してみようと思う。この場合、理念にもとづくという発想は当然排除されることになるが、誤解をさけるために一言ことわっておくと、私は理念の必要性をいつでも排除するという考えをいささかももっていなくて、家族を考えるにあたっては、むしろ必要であると考えている。大事なのは現実と理念との関連であるが、これについては第2章で詳しく展開されるであろう。[13]

　さて、「家族とは何か？」という問いに現実的に答えるためには、先の検討から考えると、家族構成、家族機能、家族関係、集団的特質という「家族」の諸側面に加えて、フェミニズムから提起されているように家族が個人にとってどのような意味があるのかということと、ハルチェフからの提起として家族が社会にとってどのような存在なのかということも考える必要がある。家族が本質的に女性（という個人）を抑圧するものならば、家族という存在そのものが否定されるべきであるということになって、「家族とは何か？」とあらためて問う必要はなくなるであろう。これとは反対に社会が家族を絶対に必要として

いるならば、なぜ必要なのかをはっきりさせなければならないであろう。このように考えていくと、「家族とは何か？」を考える方向は、次の5つの問いにどのように答えるかということに基本的には帰着することになる。

1）家族構成をどのように考えるか？
2）家族機能・家族関係をどのように考えるかによって、家族の集団的特質をどのように考えるか？
3）個人にとっての家族をどのように考えるか？
4）社会にとっての家族をどのように考えるか？
5）それらの帰結として、家族の定義は可能か？

そこでこれらの問いにたいして家族といわれている集団がそなえていると思われる特徴的な面と独自性の2つに分けて具体的に考えてみよう。

家族構成と家族機能

家族構成については、家族についての常識的理解、家族についての歴史的理解、家族の未来についての理解という3点から考えてみよう。家族について常識的に思い浮かぶのは、現代日本では父（夫）・母（妻）・息子・娘（きょうだい）・祖父母・孫といったところであろう。叔父・叔母は両者が未成年で同居している場合にかぎられる。社会学的常識では、これに「複合家族」が加わる。この問題についてはかつて山根常男が述べたように親族に一定の境界を設けて、時代や社会によって異なるが、親族のある範囲をもって家族とするということになる。このような考えにもとづくならば、①家族構成の範囲は一義的に決めることができない、②家族構成には非血縁および非婚姻は含まれない、ということになる。しかし、やや角度を変えて歴史的に考えてみると、家族構成の範囲を一義的に決めることはできないが、非血縁を含む家族が存在していたこと、必ずしも婚姻による家族形成ではなかったことが浮かび上がってくる。やや予告的にいうことになるが、家族の未来をも考えに入れると、あとで示す新しい実験に見られるように、現在常識的に考えられている「婚姻・血縁家族」（さしあたりのネーミング）が家族の絶対的なあり方ではないのであ

る。したがって、血縁および夫婦に代表される婚姻だけを家族構成の原理とすることは、いわゆる「近代家族」にはあてはまっても過去および未来の家族すべてには必ずしもあてはまらないということになる[16]。では家族構成の原理をどのように考えるか、これが課題である。考える方向について補足すると、いろいろな「家族」に共通している現象を整理する仕方では、これまでに存在していた「家族」と現在存在している「家族」をどれだけ多くあつめても、家族構成を一義的にきめることは不可能なのではないか（山根の結論）、夫婦を含まない家族や非血縁構成員を視野におさめるとどのように考えたらよいかという課題にこたえる必要がある。

つぎに家族機能については、「家族とは何か」にもっとも密接にかかわる論点であるが、それだけに論者の独自性が顕著でかつ多様であり、家族構成のような整理がしにくいのである。しかも現象面での家族機能の変化が著しく、嵐のように進展している「生物学革命」のもとで、独自（代替不可能）の機能をどのように考えるかということ自体が鋭く問われている[17]。つまり機能の変化については、歴史的にしかも具体的に考える必要があるが、最近のライフスタイルの多様化などにより、実態としてはわかりにくくなっている。実態のわかりにくさも手伝ってか、1970年代にはいってからの日本の家族社会学では家族機能論がほとんど消えていったのであるが、90年代にはいって再び論じられるようになってきた。これは家族の変化を全体として考えるにあたっては避けて通れないという事情によるものであろう。森岡清美の問題の再提起や四方寿雄の再整理などを指摘することができる。ここでは家族機能を考える素材として適切と思われる四方の再整理を示して課題を具体的に考えることにしよう。

四方は「家族の機能は、基本的機能と派生的機能とに分けられる」とし、基本的機能として、①性欲の充足・性的統制、②子どもの再生産・生殖的機能、③子どもの養育・社会化、④生産・消費の経済的機能、⑤愛情の交換、精神的・情緒的作用を挙げ、派生的機能として、①保護・防衛的機能、②教育的機能、③地位付与・規律的機能、④慰安・娯楽機能、⑤宗教的機能を挙げている[18]。

基本的と派生的という家族機能の区分の仕方はともかくとして、家族生活が

生活のすべてであると想定することによって上記の家族機能は生きることになると思われる。しかし、先の諸見解を含めて代表的な家族機能論について考えてみると、家族機能を軸とした家族の定義は、どちらかといえば本質論的思惟によるといえる。四方見解では基本的機能を本質的とみなしてよいであろう。とするならば、マードックおよびパーソンズの家族機能は、家族独自のものか、また他の諸機能（たとえば四方の派生的機能）についてはどうか。つまり家族機能については家族構成とは逆に、家族機能と思われるものを家族独自のものとしてどのようにしぼりこむかということが問われることになる。[19]

家族そのものを考える

　家族構成と家族機能について家族という集団に特徴的であると思われる現象を考えてみると、疑問ばかりでてきてこれといった決め手がはっきりしないようである。そこで家族の諸側面からさらに踏み込んで家族そのものの意味つまり家族の集団としての独自性について考えてみよう。独自性については2つの点から考えることが適当であろう。すなわち「家族と個人」および「家族と社会」という2つの点からである。言い換えるならば、個人にとって家族とはなんなのか、社会にとって家族とはなんなのか、ということにほかならない。まず個人にとっての家族については、主観的にはなんらかの欲求を充たしてくれる集団でなければ無意味なものであろう。しかし、個人が家族に主観的に求めるものはきわめて多様でありしかも変化し続けるので、もし個人にとっての主観的な意味について考えると、収拾がつかないほど多様になるであろう。だから個人にとっての家族について考えるにあたっては、その客観的意味を問う必要がある。

　つぎに社会にとっての家族については、社会は家族にたいして一般的には何を求めており、逆に家族の方は社会にたいしてはどうかということが問われるであろう。この2つの関連についてもそれぞれの社会、それぞれの家族にとって多様であることは確かであり、これについても当然両者の関連の客観的意味が問われるのだが、この問いをやや抽象的に言えば、社会にたいする家族の能

動性・受動性・相対的独自性という3点を問うことになる。[20]

以上いくつかの点から本質論的思惟にもとづいて課題を提起してきたが、これらの課題をクリアすることによってはじめて家族の定義が可能であるという結論が導きだされるのであるが、この課題にこたえようとするにあたって、つぎのことを明確に確認しておく必要がある。すなわち、現実の家族や家族意識そして家族と社会との関連はきわめて多様であり、それらを整理して共通点をみいだすという仕方では、上に示した問いに答えることは不可能である。ある点にしぼって（例えば小浜見解）規定することは不可能ではないが、理論展開がきわめてむずかしい。したがって、家族を定義するには上記4つの点を本質論的に示すとともに、それにもとづいて理論構成が可能な定義であることが必要条件である。[21]

3つの帰結しかない

家族の定義の代表例をめぐっていくつかの点から問題提起的に考えてきたのであるが、これらの検討によってつぎのような一応の結論にたどりつくであろう。一応の結論への道として、家族構成、家族機能・集団的特質、家族関係、家族と個人、家族と社会という5つの面を整理しつつ「家族とは何か？」に答えるための課題を具体的に確認して、次章への橋渡しとしたい。

家族構成については、血縁の範囲をどのように設定するか、血縁外にまで構成員を拡大する場合の基準をどこに求めるか、夫婦の非同居の場合に家族をどのように考えるか、という課題がある。家族機能については、歴史的に大きく変化しているので、ある機能が家族だけのものか、他の機能がなくなっているかをどのように考えるか、それとの関連での家族の集団的特質をどこに求めるか、そこに理念・当為・願望があるかどうかが検討課題となる。家族関係については、女性の抑圧は制度問題なので、感情的包絡、エロス的関係、愛という表現つまりゲマインシャフトが本当に家族関係の特質かどうかが問われることになるであろう。

家族についての主要な諸側面に加えて、個人や社会にとって家族とは何かと

序章　「家族とは何か」を考える――問題の提起　13

いう点についても考える必要がある。個人との関係への視点としては、とりわけ福祉が問われることになるであろう。社会との関係への視点としては、これまでは、ハルチェフなどの人口、布施の労働主体、経済学における労働力の再生産などが挙げられるとともに、制度としての意味が、女性の抑圧をも含めて問われるであろう。

　このように整理して考えていくと、これまでの発想にもとづくならば、山根の〈一義的に定義しない方がよい〉という立場がもっとも妥当することになるであろう。つまり現実の家族から出発して考えられる結論は次の３つにまとめられる。第一に、現象整理による不明瞭性であって定義する前に「家族」を想定している。第二に、もしそうでないならば、家族の理念を措定し、それをもって家族の集団的特質とする結果になっている。この場合には現象整理と思考レベルは同じだが、現実とはかなりずれることになる。第三に、家族の理念ではなく現象整理に忠実であればあるほど、例外にぶつかり、結局は「定義すること」を放棄せざるを得ないことになる。そうするとはじめに指摘したように何について論じているかという疑問が残ることになるであろう。

　以上の検討の最終的な結論は、家族を定義しようとするならば家族から出発するのではなく、考える出発点を家族以外に求めなければならないということである。では何に求めるか？　これが次章の課題である。

註
1）その学生にそのことを指摘すると、彼は考え込んでいたが、卒業論文ではそのような思考方法から見事に抜け出していた。マスコミ自体が自覚しているかどうかはマスコミ研究の専門家にまかせるとして、客観的には世論操作になっており、それがいわゆる「常識」化していることになる。
2）森岡清美・望月嵩共著『新しい家族社会学』1983年　培風館　3ページ。この定義には私を含めていろいろな批判があり、森岡は1986年に反批判的見解を述べ、『現代家族変動論』（1993年　ミネルヴァ書房）では定義にこめられている意味についてさらに見解を述べている。
3）G. P. マードック、内藤莞爾監訳『社会構造　核家族の社会人類学』1978年　新泉社
4）T. パーソンズ・R. F. ベールズ、橋爪貞雄他訳『家族』1981年　黎明書房

5）1975年に出版され1987年に日本語訳が出版されているが、それ以前に日本で同じような疑問が提起されていないわけではないし、私自身も1976年に出版した旧著『家族の社会学』（ミネルヴァ書房）のなかで日本の家族の史的推移を考察することによって、「近代家族」が歴史的に形成されたものであり、それを普遍化することへの疑問をすでに提起している。

6）ア・ゲ・ハルチェフ、寺谷弘壬訳『ソ連邦における結婚と家族——社会学的研究の試み——』1967年　創元新社　52ページ

7）布施晶子・玉水俊哲編『現代の家族』1982年　青木書店　6ページ。この定義は人間を労働主体としているところに特徴があり、経済学や経済史での見方と共通しているのであえて掲げた。「生活の再生産」という表現がそれらと違う点であるが、そうすると生活概念をどう考えるかが問われることになる。私見では「生活の再生産」のなかに労働主体の生産が含まれるのである。布施・玉水・庄司編『現代家族のルネサンス』1993年　青木書店　134ページ。あとで本文で述べるように、この定義には願望あるいは理念つまり当為という発想があり、主張としてはわかるが、理論的には前の見解を前進させているとはいいがたいのである。

8）山根常男見解については、『家族の論理』（1972年　垣内出版）のなかで親族にあらゆる社会・時代に共通する境界を設けることはできないとはっきり述べられており、『家族と人格』（1986年　家庭教育出版社）ではその考え方を基本的に維持しつつ厳密な理論化が目指されている。

9）小浜逸郎はいくつかの著作で「家族論」を展開しているが、『可能性としての家族』（1988年　大和書房）がもっともまとまっていて、家族の具体的現実をおさえたうえでのもので、単なる評論とは一線を画すものとして性格づけられる。小浜の見解は、家族社会学や他の家族論を批判すると切れ味が鋭いが、自説の論理的展開には不充分さを残している。

10）桜井哲夫『家族のミトロジー』1986年　新曜社　13—17ページ。桜井の場合も山根とは違った意味で境界の一義的確定が困難であるとしている。

11）フェミニズムについて全面的に論じる余裕も準備もないので、私の基本的見方については、上野千鶴子『家父長制と資本制』にたいする私の「書評」（日本家族社会学会編『家族社会学研究』第4号　1992年）を参照のこと。その後、『現代日本家族論』（学文社　1996年）において、フェミニズムについては家族論の焦点の1つとして論じているので、参照されたい。

12）伊谷純一郎は、かつて次のように述べている。「家族は、人類に普遍的な社会的単位であるが、今日の社会人類学者にとって、自然法則によらないが先験的であるという、不思議な存在である」（「生物社会学・人類学からきた家族の起源」『講座家族1家族の歴史』1973年　弘文堂　1ページ）「みなし定義」について補足説明を加えておこう。人々の生活にかかわる集団は、a、b、c、………ときわめて多い。それらの集団からあらかじめaをピックアップしてその共通点を整

理するのが「みなし定義」である。この場合、定義する前にすでにaだけが家族であると想定しており、この想定が先験的思惟にほかならない。
13) なぜ排除するかについて簡単に説明しておくことにしよう。これは上に述べた先験的思惟と同質の思惟だからである。つまり、論者が家族のあるべき姿（当為、願望、理念）を主観的にあらかじめ想定していることを意味する。
14)「複合家族」とは、夫婦家族、直系家族とは異なって同世代の複数の夫婦を含む構成をもつ家族である。
15) 山根常男『家族の論理』247ページ
16) これについては、歴史的事実として2つの例をあげておこう。有名なものとしてはナヤールの「家族」があった。日本でも古代にはいわゆる「妻問い婚」があり夫婦が家族を構成してはいなかった。
17) この問題については、すでに20年ほど前から提起されている。たとえば『家族変動の社会学』（青井・増田編　1973年　培風館）では、生物学革命による家族機能とりわけ生殖機能についての再検討の必要性、さらには血縁・親子・家族構成についての再検討の必要性などが論じられている（酒井はるみ、袖井孝子など）。
18) 四方寿雄編著『崩壊する現代家族』1992年　学文社　24ページ
19) 本文で触れたように家族機能論が最近再び論じられるようになってきているが、機能縮小論、機能付加論などどのように主張するにせよ、その見方の原理を鮮明にする必要があり、実態論だけではおそらく収拾できないような混乱におちいるであろう。
20) これまでの発想では、「作用」とか「影響」とかとされていることが相対的に多いのであるが、私はその客観的意味をこのように捉えることを主張する。詳しくは〈第9章〉で展開する。
21)「家族論」ではなくて「家族社会学」を主張する根拠がここにある。

第1部　家族と家庭

イントロダクション

　なにごとをなすにしても出発点と方向づけが大事である。家族を考えるにあたって家族から出発すると、あらかじめ家族と思い込んでいる現象を整理するか、家族の理念を家族そのものと思い込むか、「家族とは何か？」という問いを放棄するかのどれかにおちいることは、序章の問題提起で明らかであろう。〈第１部〉では、家族を考えるにあたって家族から出発するのではなく生活から出発しようと思う。そして日常生活のいろいろな営み（活動）の客観的意味をまず明らかにしたい。というのは、最近の社会学理論の「主観主義」への傾斜が強い動向に批判的な私の社会学の立場を、社会学理論としてではなく具体的現実をとりあげて示す、という私の思いが込められているからである。「家族社会学」とはっきり言わないまでも家族生活の「社会学的解明」とするならば、なんらかの「社会学的プリンシプル」が背後にあるはずである。私のなかで社会学原理としては必ずしもまだ充分に成熟しているわけではないが、私の社会学の立場は、社会のなかで営まれる諸個人の生活活動をその主観的意図と客観的意味を統合して解明することにある。ややむずかしい表現になっているが、わたしたちのふだんやっていることを具体的に考えてみれば、なるほどとうなずける当たり前のことなのである。たとえば、誰かにたいしてよかれと思ってやったことが必ずしもそのひとにとって良い結果になるとはかぎらない。つまり、よかれと思うのは主観的意図であり、良い結果をもたらさなかった「行為」の意味が客観的意味なのである。ただし、このことは理論問題としてたいへんむずかしいことなので、私の考えの底流にあるという程度にかるく受け止めておくだけでよいであろう。

　つぎに、家族と家庭を区別して考えることが、上記の社会学的追究にとって必要であるだけでなく、日常生活の営みでも必要であることが具体的に確認されるであろう。これは、日常生活でなんとなく区別していたり、区別していなかったりしていることを、はっきりさせようということを狙いとするものであ

る。さらに具体的には現在の家族をめぐるさまざまな問題の見方そのものに、このことがはっきりと示されるが、第3章で取り上げる最近の家族をめぐる「問題状況」という見方は家族と家庭の意味を区別することによって、しかも自分自身の「家庭イメージ」とも重ね合わせると、ずっとわかりやすくなるはずである。そのような見方による現代日本の家族の「危機的状況」をどのように打開していくかにこたえようとする試みを、「家族像」ではなくて「家庭像」というかたちで示してみたいと思う。これは社会的にも諸個人の日々の生活でも解決をせまられている焦眉の課題である。

　しかし、わたしたちは理想を掲げるだけでは不充分なのであって、その実現のための具体的条件を射程におさめなければならない。そんなことは当たり前だと思われるであろうが、これまでその当たり前のことがどれだけきちんと整理されて論じられてきたであろうか。だから、危機的とも言われている家族生活の問題状況の真っ只中で、家族生活の実態とその客観的意味を正しく捉えたうえでそれぞれの家族問題にどのように対応していくか、それぞれの家庭生活をどのようにつくっていくか、そのためにどのような条件が必要であるかということは、以上のような道筋によってあざやかに浮かびあがってくるはずである。家族についてのこれまでの諸見解の多くは部分的であったり一面的であったりであった、と私には思われるのである。いくつか例示するならば、「家族の多様化」論、「利系家族」論、「個人化する家族」論など、これら実態認識としては一定の正しさを含んでいるにもかかわらずそうである。家族の多様化は画一化の面をもちながら進行しており、「利系家族」論で主張されている経済の意味はけっして新しいものではなく、「個人化」についてもそうでない面との関連が問われるであろう。

　最後に、理論つまり部分的な見方や一面的な見方ではなく、家族生活を全面的にしかも総体として見るにあたってのしっかりした考え方の必要性を提起しつつ、社会と家族との関係や家族のいろいろな面の相互関連について総合的に認識することが必要であることを指摘し、さらに、基礎理論あるいは基礎的研究の重要性を、私自身の体験を本文で紹介するといういささか型破りなかたち

によって、〈第2部〉で示される理論への関心を喚起したいと思う。

　なお、理論と現実について若干付け加えておこう。〈はしがき〉で、理論がまずあってそのあとで現実認識がくる、というパターンを逆にしたと述べたように、〈第1部〉が現実認識で〈第2部〉が理論ということに一応はなっているが、〈第1部〉に理論的言及がないわけではなく、また〈第2部〉に現実認識がないわけではない。前者が一定の考え方にもとづきながらも主として現実が軸となるのにたいして、後者では主として理論的主張が軸になり、現実との往復的思惟が示されることになる。

第1章　人間生活とは？

　この章では、生活・人間・家族生活の3つについて、その相互関連を考えつつ一般的（抽象的）に確認することを狙いとするが、具体的には日々の体験やいくつかの文献によって考え、家族と家庭とは実際の生活体験でもイメージとしても違うことをはっきりさせるための前提的考察という意味をもたせて展開しようと思う。

　さて、何事についてもすべて端緒はむずかしい。ここでは、発想の大きな転換が示されるという意味でとりわけそうである。あらかじめ言っておけば、〔生産〕という使い慣れた言葉（＝概念）についての通念を覆すことによる発想の転換の主張にほかならない。発想の転換とは、単に「新しい視点」を取り入れたり「新しい概念」（言葉）を導入したりすることではない。たとえば、家族生活を取り上げるにあたってフェミニズムで使われている「人間の生産」としてのいわゆる「再生産」という言葉を「物の生産」に対置して使う方がいまのところより一般的であるかもしれない。しかし、これまでは「再生産」という視点がなかったから「新しい視点」としてそれをを追加するという意味がないわけではないが（もっともそこに注目したのはフェミニズムがはじめてではない）、それだけでは発想の転換ではないのである。いわゆる「目的合理性」では不充分だからいろいろな「合理性」を提起している最近の社会学理論の場合もほぼ同様であって、大抵は第二次世界大戦以前の社会学（たとえばM. ヴェーバー）に回帰しているようである。詳しくはあとで展開するが、私の社会学の立場では「人間の生産」と「関係の生産」が重要な位置を占めており、しかもそれを単に追加するだけではないというのが私の考え方である。したがって私は、これまで科学的論議でも日常生活でも常識化している言葉（概念）の意味を根本的に考え直してみることにこそ発想の転換がある、と考えている。新しい提起にはそれに応じた新しい思想が背後にある。社会学における思想の表明

はその理論構成と現実認識によって示されねばならない。

1 生活とは？

生活を考える

いきなりテーゼを掲げることからはじめよう。
「生活とは生産活動である」
このように言うと、多くの人は、おそらく奇異に感じるであろう。しかし、これまでの自分の生活を具体的にふりかえってみれば、生産活動ではない日常生活の過ごし方をなにひとつ見つけることができないはずである。朝目覚めてからの今日一日の生活だけでも考えてみればよい。朝の目覚め、洗顔等、朝食、家事・子育て、出勤・仕事、通学・勉学、（どこかに昼食がはいる）、余暇活動、夕食、入浴、余暇活動（新聞・テレビ・その他）、そして就寝、これが大抵の人のウィークデーの過ごし方である。それらの活動の主観的意味は（はっきりと自覚されているかどうかはともかくとして）自分の欲求を充たすための活動であるが、それらの客観的意味を具体的に考えると、食事などや余暇活動の一部（たとえばスポーツ）は自分自身を肉体的に生産しており、家事・子育ては他の人間を生産していることになり、仕事はモノの生産にかかわることを意味し（いわゆる精神労働に属する職種ではヒトの生産にかかわるケースが多いが社会的分業の一環に組み込まれているということを意味する）、勉学や余暇活動としての文化的営みは自分自身を肉体的・精神的に生産していることになる。つまりこれらの諸活動は、自分自身を生産しているか、他の人間を生産しているか、モノ（生活資料）の生産にかかわっているかのいずれかである。さらに、ひとりでする余暇活動をのぞいては、なんらかの人間関係のもとで、しかも人間関係が継続するものとしてすべての活動がなされているのである。つまりそれらの諸活動を通してさまざまな関係をも生産しているのである。このようにいうと、「モノの生産」はともかくとして「自己と他の人間の生産」（＝人間の生産）および「関係の生産」については、それは「再生産」であるといえるの

ではないかという疑問が当然でてくるであろう。しかし人間でも関係でも同じように「再生産」されることは現実的にはありえなく、瞬間瞬間に違う人間・違う関係として生産されているはずであり、「再生産」という言葉は数量的に確認できる「人口」などにだけあてはまるのである。[3]

そこで「生活とは生産活動である」ということを整理して考えることを通して、これまでの通念から飛び出すことからはじめよう。通念から飛び出すとは、これまで常識的にも学問的にも広く浸透している経済学的な考え方(人々はあらためて意識もしていない)による〈生産〉〈消費〉という通念から解き放たれることを意味する。別の言葉でいえば知らず知らずのうちにおちいっている〈モノの生産〉を基本とした考え方を変えることにほかならない。〈消費生活〉という場合には生活のなかで食べること・着ること・住むことなどは確かにモノの消費を意味するが、「生産」を上のような発想による意味で使うと、食事をすることは自分自身の「生産」をも意味するのであり、そのような見方をするとモノは「人間の生産」のための手段として位置づけられることになる。付け加えるならば、私たちの生活にとってはモノの生産＝ヒトの消費、モノの消費＝ヒトの生産なのであり、「生産」と「消費」という言葉はややむずかしくいえば、弁証法的な関係を示す広い意味をもっているのである。

しかし、誤解を避けるためにことわっておくと、このことは経済学あるいは経済学的考え方が不要であることを絶対に意味しない。生活にとって経済はきわめて重要な条件であり、社会学的現実認識にとって経済的条件を「産業化」という単純な与件とするのではなく、それをどのように具体的に組み込んでいくかがきわめて重要であることを強調しておきたい。たとえば「商品化」の具体的内容などに踏み込むことが必要だと思われる[4]。このような考え方についてはすでに私はこれまで別の論考でしばしば述べているのだが、これまでの述べ方は具体的な理解を得る説明としては必ずしも充分ではなかった。

さて、人間生活についてはいろいろな見方があるが、客観的には生産活動であり主観的には欲求充足活動であるというのが、私の基本的見方である。たとえば、ひとは自己を生産しようと意識して食事をすることは滅多にないのであっ

て、お腹がすいたからとかおいしいものを食べたいからとかと思って食事をするのである。先に示した一日の生活の食事以外のことを具体的に考えてみれば、すべて「そうしたい」あるいはなにかしたいための活動をしているはずである。スポーツ選手の「からだをつくる」というトレーニングのように主観と客観が一致する場合ももちろんある。ここに私の人間観が込められているのだが、これについては次節で取り上げることにして、つぎにこのような意味での生産活動の内容を整理して示すことにしよう。

生産活動は4種類ある
① 生活資料の生産

人間生活そして社会の存続にとって不可欠な生産である。具体的には飲食・住・衣・その他の生活資料の生産を意味するが、社会的分業と労働の社会化がすすんでいる現代社会では、一部の生活資料をのぞいてはこの生産活動は家族単位でお金を獲得する活動＝生計を維持する活動としてたちあらわれている。いや、現代社会においてだけではない。前近代社会でも一部の階層（主に支配層）では〈生活資料の獲得〉であって「生産」ではなかったのである。だから具体的に生活を考える場合には、この「生産」が実際には生活資料（のためのお金）の「獲得」つまり「お金を稼ぐこと」としてあらわれると受け止めればよいのである。そうすると、一般に家族生活の変化をめぐってしばしばいわれている〈生産と消費の分離〉が違ってみえてくるはずである。つまり「獲得」＝生計を維持することと「消費」が基本的には家族を単位としており、とりわけ生活必要品（サービスも含む）の獲得＝お金を稼ぐための活動の場所が変わっただけにすぎないことをぜひとも確認しておく必要がある。[5]

② 新しい欲求の生産

これは、おそらく人間独自のものと思われる。この生産については「産出」という表現もあるが、次節で示す主体的活動としての人間把握という私の立場からは、やはり「生産」が適切であろう。この生産をめぐっては他の3つの生産よりはわかりにくいので、やや詳しく説明しよう。あとで述べる現代の問題

第1章 人間生活とは？　25

状況と密接にかかわって3つのことを確認しておく必要がある。第一に、これが動物とは違う人間独自のの特質の1つであるということである。動物にとっては本能と欲求はほぼ同じで欲求充足の仕方もほとんど変化しない。これにたいして人間は自分の生活を新しい欲求と充足の仕方において次々に新しく生産するのであり、このことが他の3つの生産とあいまって人間の歴史を発展させる原動力の1つとなっている。だから第二に、新しい欲求の生産と充足の仕方をどこに求めるかによって、歴史発展の方向が大きく影響されることになる。そこで第三に、そのような点から現在にいたる歴史発展について考えてみると、欲求の方向が物質的生産力（＝経済発展）に傾きすぎているとともに、充足の仕方が自分本位の仕方になっているのではないだろうか。現代社会をめぐってはいろいろな「問題状況」について語られているが、そのような片寄った欲求の生産に応じた発展の復讐を受けているのではないだろうか。[6]

③　他の人間の生産

この生産を「子どもを産み育てる」という狭い意味に限定しないところに私の見方の特徴がある。他の人間の生産は子どもを一人前にすることだけではなく、成人にたいする活動にもあてはめる必要がある。妻が夫の食事の用意をすることや人が友人になにかアドヴァイスをすることなどもそうである。この場合は当人も「夫にたいして」あるいは「友人にたいして」と思って何かをするのだが、そうでない場合でも客観的には他の人間を生産しているのである。親が主観的には子どもにたいしてなにかをすると思っていなくても、つまり子どもの前でなにげなく振る舞っているときも子どもの生産にかかわっているのである。子どもが親に似ているのは遺伝だけでなく、親がそれとして意識しない日常の振る舞いがおそらく関与しているのであろう。なにげなく振る舞うことが、同じように成人同士にもあてはまるのである。これに加えて、この生産が家族だけで行われるのではないこと、しかも家族がいろんなかたちでかかわっていることも一緒に確認しておこう。以上3つの生産は客観的にはいろいろな関係を同時に生産していることをも意味する。このように生産される諸関係を一括して、私は〈協同様式〉という概念で表現したい。なぜそのような表現に

するかということも含めて、つづいて説明することにしよう。

④　協同様式の生産

社会学者にわかりやすくいえば「関係性」の生産ということになるが、関係や関係性という言葉は、常識的にもこれまでの社会学的発想でもいわゆる人間関係という微視的な狭い意味になりかねないので（だから関係性という言葉は適切ではなく避けた方がよい）、〈協同様式〉がより広い継続した関係を意味することを、それぞれのレベルでの具体例によって確認しておこう。ごく身近な例としては、家族・近隣・学校のクラス・職場の単位・サークルなどを挙げることができる。やや範囲を広げたものの例としてはいろいろなレベルでの地域・学校・企業などを挙げておこう。もっとも大きいものとして「全体社会」・国家・全国レベルでのいろいろな組織、そして現在では世界レベル（＝人類社会）についても加えて考える必要が出てきている。これらの協同様式については意識して生産している場合もあれば、客観的にははっきりした意識とはかかわりなくあるいは主観的意図に反して、人々のいろいろな活動がそれらを生産している場合もある。さらに具体的な活動をしていないときでも生産しているという確認が大事である。たとえば選挙については、国家の一員であるかぎりは投票活動をしなくても、国家を生産していることになる[7]。

人間の生活はもっとも根本的には以上に示したような4つの生産として捉えられる。表現としては耳慣れなくてむずかしく感じるかもしれないが、わたしたちの日々の生活に照らして具体的に確認していくならば、社会科学の初心者にとってもけっしてむずかしいことではない、いやなまじこれまでの「常識的」な社会科学の発想などない方が理解しやすいかもしれない。そこで具体的な生活活動によって理解をより確かなものにしよう。

具体例によって確認する

すでにそれぞれの生産の説明のなかに若干は示されているのだが、理解を正確にするためにわたしたちの日常生活をふりかえって具体的に述べてみよう。

生活資料の生産は現代社会では社会的分業がすすんでいるので、大部分の人々

は生活資料（飲食・住・衣・その他の生活必需品）を直接全面的に生産しないでさまざまな商品（サービスを含む）生産に従事し、その代償として一般的商品としての貨幣を得る、つまりお金を稼ぐということになっている。生活を具体的に考えるには、ひさしぶりに会った親しい友人に「どうやって生活していますか」とたずねることの意味を考えてみると、どれだけの量（金額）をどのように得る（職業）かということをさらりとたずねているのであり、日常的にはそうしているはずである。私はそれを上で示したように生活の一構成部分しかも重要な構成部分であるという当たり前のことを強調したいのである。他方、職場の同僚やどんな仕事をしているかよく知っている知人に「この頃の生活は？」とたずねる場合は、日々の過ごし方に何か変わったことがあったかどうかあるいは体調がどうであるか、などという違った意味になることに、「生活」概念の広さがあると言えよう。

　欲求の生産については、さきの説明でも触れたように単純ではない。普通はごく自然に欲求が産出されるのであるが、新しい欲求については外的刺激や欲求の不充足などが契機となって、みずから生産していることになる。外的刺激が契機となる具体例とは、現在はテレビのコマーシャルをみたりデパートで品物を直接みたりして新製品がほしくなる場合などである。欲求の不充足が契機となることについては、イメージとしての新しい欲求と充足の仕方との2通りがある。イメージの方は、もっと便利なものがほしいということを思い浮かべればよいであろう。充足の仕方については、どんな方法（せっせとお金を稼いでとか、他の人と協力してとか）でということを思い浮かべればよい。

　他の人間の生産については、さきの説明で若干触れたが、主観的意図と客観的意味の両方について考える必要があることを確認しておこう。具体例としては親子関係がわかりやすいであろう。大抵親は自分の子どもを産み育てているとだいたいは自覚しているし、それは一面では否定できない事実である。しかし、子どもをどんな人間に育てるかと一歩踏み込んで考えてみると、それほど単純ではない。子どもがどんな人間に育つかは、現代社会ではむろん親だけのせいではなく多数の人々や協同様式がかかわっているが、親についてだけ考え

てみると、親の主観的意図と客観的意味がずれている場合が多いのではないだろうか。そのような具体例を身近に簡単に見つけることができると思われるので、家族問題との関連であとでさらに具体的に述べようと思う。

　関係の生産は、4つの生産のなかではもっとも複雑である。ここでは当人の意識とかかわって、他の3つの生産、主観的意図、客観的意味、なにもしないことといった要素がからみあっている。そこで職場で働くこと、個人的生活態度、親子関係の3つの具体例について考えてみよう。職場で働くことの意味は、客観的にはまずモノの生産にかかわっているとともにヒトの生産にもかかわっている。主観的には「お金をかせぐため」、「好きな仕事として」、「自分の能力を示すこと」などなど、いろいろあるであろうが、さらに客観的には本人が好むと好まざるとにかかわらず、職場での人間関係と社会全体の経済的な生産関係を生産しているのである。個人的生活態度について具体的に考えてみると、たとえばある集団の一員である場合、消極的性格のひとがその集団の運営にまったくかかわろうとしなくても、そのことによって集団内の関係のあり方を生産していることになる。選挙において理由はどうあれ棄権することが1つの態度表明であるのと同じである。親子関係の例はとりわけ重要である。「好ましい親子関係」でありたいと思わない親はおそらくまれであろう。しかし、主観的にそう思っていても「好ましい親子関係」が思うようにできるとはかぎらないこともまた、多くのひとは体験として知っているはずである。これは当人が意図しない日常的な生活活動が客観的には関係の生産にあずかっているからにほかならないからである。ちょうど選挙での棄権が、当人が主観的にはいまの政治は好ましくないと思っていても、客観的には他者まかせの政治的関係を生産していることになるのと同じである。だから厳密に言えば、私たちのすべての具体的な活動となにも活動しないこと（＝生きていること）がなんらかの関係を生産していることになるのである。

2 人間とは？

主体的活動としての人間

ここでもまた、テーゼを掲げることからはじめよう。

「人間は主体的活動であるとともに協同的存在である。」これは私の社会学的人間観を意味する。

人間とは何かということについては、アリストテレスの「人間は道具をつくる動物である」とか、パスカルの「人間は考える葦である」とか哲学的にはいろいろといわれてきたし、また社会思想としてもいろいろいわれているが、そのなかで近代人が「経済人」として特徴づけられることの影響のためと思われるが、社会科学では経済学的な考え方が相対的に強くて、労働主体あるいは労働力とすることが多いのは否めない事実であろう。だから家族が労働力の再生産の場であるという見方が相対的に広く行き渡っている。しかし、生活の見方についてすでに確認してきたように、人間は労働（＝生活資料の生産活動）ばかりしているわけではない。経済学はともかくとして社会学を含む社会諸科学での基本概念の措定で、この当たり前のことが消えているのではないだろうか。私の社会学的人間概念では、「人間とは生産主体である」という人間観がベースになっている。だから、この〈生産主体〉という基本概念は、家族を考える場合だけでなくその他の社会分野を社会学的に考える場合にも基本概念としての位置を占めており、この概念をいくら強調しても強調しすぎることはないと私は考えている。だからといって「経済人」という見方を否定しているわけではない。そこで生活について確認したのと同じように、〈生産主体としての人間〉について具体的に確認するが（そうすれば「経済人」を否定していないことが具体的にわかる）、その前提として人間はいかなる時でも主体的活動であることについて、まずはっきりさせておこうと思う。[8]

主体的活動についても、「生活」について考えたのと同じようにひとりの人間である自分自身について具体的に考えてみよう。わたしたちそれぞれが何事

かを具体的に行う場合、物理的暴力（可能性も含めて）の制約がないかぎりは、どんな活動も自分の意志の決定（決断）によるものである。実際に強制されているように思われる場合でもそうなのである。ただし意志の性格そのもの、たとえば決断力があるとか優柔不断であるとか、の「形成」は別問題である。主体的活動とは、もっとも基本的にはこのように理解されなければならない。このことを若干の具体例で考えてみよう。

　人は迷うと誰かに相談する。その場合、人はあることをどのようにして「行動」に移そうときめるのであろうか。相談を受ける場合、大抵は2つのケースにおさまるはずである。1つは自分のなかではすでに結論をきめていて、相談相手のアドヴァイスは一種の保証つまり安心を得るためというケースであり（もっとも反対されると意地になる場合もある）、もう1つは、たとえば二者択一の材料を得るためというケースである。どんな強い調子のアドヴァイスであっても、最終的にきめるのは当事者である。だから他人のアドヴァイスその他によってうまくいかなくても、それは自分自身がきめたことであってけっして他人のせいではないと思う。スポーツ・芸術・芸能、その他専門的技能の指導を受ける場合などについて、コーチや先生のいうがままになっていたとしても、いうがままに「修行」しようときめたのはけっして他人ではないはずである。「修行」以外の生活活動についてどれだけ「先生」に従うかをきめるのもほかならぬ自分自身である。だから究極的には主体的活動でないものはないといってもよいだろう。

　さて、人間が主体的活動であるという場合、先に確認したような生活を営むものとして、生活の理解と結びつけて整理しておかなければならない。そうすると、生産活動に照応したつぎのような3つの存在として確認することができる。もっとも一般的には、どのような人間であろうとも客観的には生産主体として存在しており、生産主体であることを一日もやめることはない。

3つの主体として確認しよう

　〈生産主体〉は先の4つの生産活動をする存在であるが、欲求の生産（およ

び充足）による自分自身の生産と他の人間の生産を一括して「人間の生産」とすると、具体的にはモノ、ヒト、関係の生産をする存在と考えればわかりやすいし、基礎理論的にはそれで充分なのである。私はそれぞれを、労働主体、生活主体、協同主体とさしあたりネーミングしているが、協同主体については他の２つと性格がやや違うのでつぎの項で述べようと思う。

　まず生活資料の生産活動にたずさわる（現在は社会的分業に組み込まれている）のは労働主体としてであり、これについてはほとんど説明が要らないようにも思われるが、労働主体とはどのような存在であるかということは、意外と厳密には理解されていないことが多いのである。人間が１個の労働主体になるということは実はたいへんなことなのである。親として子どもを一人前に育てたことのある者は体験に照らしてみれば容易にわかるはずである。基礎的な労働技能、その応用能力を身につけていること、さらにはセルフコントロール能力が労働主体の必要条件である[9]。セルフコントロール能力は２つの点からおさえておく必要がある。１つは、自分のイメージどおりに身体を動かすことができる能力であり、もう１つは、人間がひとりでは労働主体としての生産活動をしないということより、協業のもとでの自分の位置にふさわしい振る舞いができる能力である。基礎的な労働技能については、それぞれの職能に必要な基礎力という意味は当然として、その社会の生産力の発展（とりわけ技術的発展）に応じた一般的基礎力能（読み、書きなど）をも加えておかなければならないだろう。この意味では、１つの国の経済発展にとって基礎教育（いわゆる義務教育）が大事であり、いわゆる発展途上国がその点での日本の経験を摂取しようとしていることがうなずけるであろう。

　つぎには、生活主体としての人間ということを確認しよう。この生活主体とは自己および他者を生産する人間である。モノの生産能力と同じこと（セルフコントロールや生活技能）が、自分をも含めたヒトを生産対象とする場合にもあてはまるのである。料理を例として考えてみよう。ご飯を炊くにしても米と水があればできるというものではない。米の量に合った水の量を知っていることが必要である。なにしろ炊飯器に米だけ入れてスイッチを押したという話が

あるくらいである。かつてある若い女性にいくつくらい料理がつくれるかとたずねたところ、「おみそ汁と………」と2、3挙げたのに驚かされたことがある。私はみそ汁などは料理のうちにはいらないと思っていたが、料理の経験のまったくない者にとっては、これも一種の「技能」なのである。掃除・洗濯など家事とされている活動能力が生活主体には必要である。生活主体という点から日本の「熟年男性」について考えてみると、妻がいないと着替えの下着のあり場所さえわからず、食事は店屋物ばかりというのでは、生活主体としてはまず人間失格である。生活主体としての人間という見方は、最近とみに大事になっていると思う。家事能力に加えて子育ての能力も生活主体としての必要要件だが、昔は弟妹の子守などあって一人前になる成長過程で自然にそなわってきたのにたいして、現在では自然にそなわる生活ではなくなっている。赤ちゃんの泣き声でその要求（お腹がすいたのか、眠いのかなど）がすぐにわかる若い親がどれだけいるだろうか。だから育児ノイローゼなどが現れるのである。[10]

人間は協同的存在でもある

関係を生産する人間としての協同主体の確認は、私のいう「社会学的人間観」にとっては不可欠である。生活を営む人間がそれぞれの生産活動に応じて3つの生産主体であることの確認が、理論的にも日常生活でもきわめて大事であることを強調したい。協同的存在としての人間を協同主体とネーミングするが、人は、ある時は労働主体としてある時は生活主体として活動しているが、それらの活動が客観的には同時に協同主体としての活動であり、この意味での活動を一瞬たりともやめることはない。それは、人間が主体的活動であることを一瞬たりともやめないのと同じであり、人間存在そのものである。

人は自分ひとりで生きているとか、他人と何かを一緒に行うのが厭だ・嫌いだとか、と思うことはできる。しかし、実際の生活ははたしてどうであろうか。協同主体というネーミングによる人間存在にたいする見方には、他者との関係をしぶしぶもたざるを得ないことと積極的にもとうとすることの違いがこめられている。その意味では前の2つの主体以上にいかなる協同主体であるかがと

りわけ重要である。私は協同的存在と共同的存在とを概念的に区別しているが、前者は当人の意識とかかわりなくそうであるのにたいして、後者が意識的（たとえ習慣化していても）にしかそのような存在たりえないという違いを考えてみることによって、人間はすべて現実態としては協同的存在であり、可能態としては共同的存在であるということを確認することができるであろう。

　これについてもまた具体的に考えてみよう。経済学はロビンソン・クルーソーの話を好むといわれているが、ロビンソン・クルーソーの話はなにも経済学の専売特許ではなく、社会学でもちゃんと使えるのである。経済学の場合はフライデーに会う前が主に取り上げられるが、社会学の場合はフライデーに会ったあとが大事なのである（両者の学問的性格を象徴的に示している）。つまりフライデーに会う前は分業を考えることに結びつき、会ったあとは協同を考えることに結びつくのである。

　つぎに、ロビンソー・クルーソーとは違ってみずからの意志で独りになった隠遁者の生活、あるいは他者との関係を絶っている生活について考えてみよう。具体的にはいろいろなケースを考えることができるが、ごく一般的に考えてみると、そのような生活になる以前の彼は協同的存在であったはずである。彼が関係の生産と不可分な「人間の言葉」を使うことがなによりの証明である。もし協同的存在としての生活がなかったならば、彼は人間になっていないといえよう。人間になることについては、有名な〈アヴェロンの野生児〉を想起すれば充分であろう。他方、隠遁者などの現在の生活はどうであろうか。彼の生活は生活資料の生産（おそらくは単なる獲得）と自分自身の生産という活動をしているが、いかなる関係をも生産していないという意味で、すでに人間ではなくなっているのである。やや哲学的な言い方であるが、人間はいろいろな生産活動を通して関係を生産するが、逆にまた人間は関係の生産を通して人間としての自己自身をも生産するのである。

　このような確認にもとづくと、協同主体とは客観的にはいろいろな関係（＝協同様式）を生産している存在としての人間である。繰り返し強調するが、協同主体は、どのような人間をつくるかを考える意味できわめて重要であり、具

体的な活動場面ではとりわけそうである。そこで、どのような人間をつくるか（あるいはつくられているか）についての現状を補足しておこう。

失われつつある人間性

　社会学の立場から「人間とは何か」を確認したいま[11]、人間生活についてよりはっきりと理解するために、最近の人間生活のあり方について少しばかり考えておくことにしよう。そのことによって上に示した〈生産主体としての人間〉という意味がさらにはっきりしてくるであろう。最近は、理論的主張においても日常生活の意識・活動のうえでも「人間性」が乏しくなっているのではないだろうか。一方では「人間化」とか「人間の尊厳」ということがさかんに言われているが、他方ではそのような主張や意識・活動そのものに「非人間化」がひそんでおり、「人間の尊厳」が実質のないものになっているように思われる。人間を大事にしようとする活動が実態としては非人間的であったり、「人間の尊厳」が単なるスローガンにとどまっていて、つまり目的は崇高で手段が非人間的という例をわたしたちはしばしば見聞する。いわゆる若者論や本書のテーマである家族論などにひっかけて、現代日本とりわけ高度経済成長期を経過したあとの人間のあり方についていろいろと論じられているが、ひとりひとりの人間が実質的にどれだけ大事にされているかははなはだ疑問である[12]。家族論については本書全体で取り扱うので、ここでは若者論を例として若干述べておこうと思う。

　最近の若者についての論調にはいろいろあり、かれらの特徴がいろいろな言葉を使っていわれている。「新人類」、「異星人」、「モラトリアム人間」という表現はいまも使われており、さらには特徴的な面として、現時点ではやや旧くなっているが、「ピーターパン・のり子」とか「シンデレラ・サメ男」とか……。話としてはおもしろいし、私の体験でもそんな印象をうける学生がいないわけではない。しかし、そのような表現で若者を特徴づける論者とは一体何者なのだろうか。自分たち（大人自身）が「生産」した人間を揶揄している、と私には思われるのである。そこには出口なしの認識しかないのであって、未来がみ

えるような責任ある認識がないのではないか。いろいろな言葉で表現されている傾向を一言でいえば、「自分主義」にほかならないあり方だが、そして現在はこの表現がほとんど否定的にのみ使われているが、「自分主義」がはたして人間存在としての否定面だけしかもっていないのであろうか。否定的な性向をみすえながらも肯定面をさぐるという方向で考えることが、人類の未来へ結びつく点をさぐることに通じるのではないだろうか。

さらに、若者に限定しないで現代の日本人（いや人類全体といってもよい）の人間としてのあり方について考えてみることが大事である。私は、若者を生産した「大人」が実は自分たち自身を生産しながらいろいろな関係を生産し続けていることを、どのように考えるのかと問いたい。このことにあまり深入りすると〈現代日本社会論〉になってしまうので単なる指摘だけにとどめるが、高度経済成長期（だけではないが）におけるエコノミックアニマルといわれる日本人を想起するだけで充分であろう。3つの存在としての人間に照らしてみると、多くの日本人は労働主体としての人間（具体的にはお金を稼ぐ能力）の生産に著しく傾斜しており、生活主体としての存在が軽視され、協同主体としての存在はほとんど置き去りにされているといったら、誰が反論できるであろうか。私は、このように一面的に生産されている人間を人間性が失われつつあるとみているのである。[13]

3　家族生活とは？

家族生活は生活の一部分である

家族生活についてはいきなりテーゼを掲げるわけにはいかない。なぜならば家族生活はすでに確認した生活の一部分であり、しかも時代によっても違うし社会によっても違うものであり、さらには人々の多様な家族意識と結びつけて理解しなければならないといういささか面倒な存在だからである。ここでは先に確認した生産活動の客観的意味を念頭において、次章で展開する家族についての本質認識のための前提的確認という位置づけという性格をももたせて具体

的に考えてみることにしよう。

　家族ははじめは社会のなかの唯一の集団としてすべての生産活動（言うまでもなくモノ・ヒト・関係の3つの生産活動）を担っていた。これは、私有財産制のもとでの歴史的事実である。以後、家族以外での生産活動（＝生活）が次第に多くなり、現在では家族生活があまりにも大きく変化しているので、信じがたいような過去からの変化については、少数の専門家をのぞいては思いがほとんどおよばなくなっている。いや専門家でもつい最近まではいわゆる「近代家族」（いわゆる友愛家族）を家族生活の一般的な姿だと思い込むというかたちで家族について論じていることが多いのである[14]。たとえば「男は外、女は内」といった固定的性役割分業、そして、一般に近代社会における生産と消費の分離が当然のごとく語られており、さらにはさまざまな家族機能の外部化についても無造作に語られているが、はたしてそう簡単に考えてよいのであろうか。次章で詳しく展開する家族と家庭の違いに結びつくかたちで考えてみよう。

　わたしたちはまず、現在の相対的に多い「普通の家族生活」について具体的に考えてみよう。サラリーマンならば、残業・その他の活動など家族以外でやることがないかぎりは、朝食はほとんど家族で、夕食も主として家族で（たまに外食）、衣関係では獲得は外で洗濯は大抵家族内で（一部はクリーニング）、住は家族単位、余暇活動は1人で、家族員と一緒に、その他の人と一緒に、そして施設の利用、となっているであろう。自営業の場合は、家族単位の生活がサラリーマンよりは相対的に多いが、それでもサラリーマンとは質的には大きく違っていないライフスタイルになってきている。都市と農村とのライフスタイルが「都市化」という表現で一括されていることに、そのことが示されているであろう。そして未成年の場合は、各種教育機関での生活が加わる。

　いろいろな集団が増加することによって、いわゆる「生活の社会化」という事態が急速にすすんでいる。商品化をともなっている場合が多いとはいえ、娯楽、冠婚葬祭などが家族だけの生活活動からはかなりの程度減少していることは、誰の目にも明らかである。つまり、生活のなかで家族生活でない部分が確かに増加しているという意味で、家族生活は生活の一部分になっていることは

確かである。簡単に確認できるこのような事実から、この一部分についてよりつっこんで考えることによって「家族とは？」という問いに答えることが次章の課題となるのである。しかし、単身など特別の場合をのぞいては家族生活は相変わらず大きな比重を占めているように思われる。だから、「家族とは？」という問いをさらに一歩すすめるには、家族生活が生活の一部だという確認だけでは不充分であって、どのような意味で比重が大きいかということもまた問われなければならない。この点についてさらに立ち入って考えてみよう。

家族生活には2つの条件が要る
　わたしたちはまず、家族生活の成立条件あるいは存立条件から考えていかなければならない。もっとも抽象的にいえば物質的条件（＝生活資料の確保）と家族内での生活活動（＝家事・子育て）は、家族生活存立の2大基本条件であり、この2つに支障をきたすと家族生活の存立が危なくなることは、わたしたちの日々の体験についてほんの少し考えてみれば明らかであろう。日常生活でだれでもが知っているであろう当たり前のことを整理して確認することがここでは重要なのである。1つは、飲食・住・衣・その他の生活必需品の確保（＝物質的条件）であり、もう1つは、炊事・洗濯・掃除・買物・その他の必要活動（＝家事）と子育てである。これは最小限の条件であり、さらに家族員相互のさまざまなコミュニケーション──これは単に会話をするだけでなく、一緒に何かをすることやスキンシップをも含む──を必要活動として確認できる。これに加えて家族員が病気になったり、事故に遭ったりなど、予測できないような事態への対応や高齢化にともなう諸問題への対応もある。誤解のないようにことわっておくと、ここでいう対応とは〈家族でできる対応〉という意味であって、家族だけで対応できない事態があることはいうまでもない。これらについての諸活動・対応は家族生活が円滑に営まれるにあたってはぜひとも必要なことなのである。では実際にはどうなっているであろうか。
　現代日本で相対的に多い家族として夫婦と子ども2人という家族生活について、夫婦共働きとそうでない家族との2つを典型例として具体的に考えてみよ

う。家族生活の存続に必要な役割分担を軸にして考えてみるとわかりやすいであろう。夫婦共働きの場合は、〈生活資料の生産〉については夫婦それぞれが「稼ぐ」というかたちで家族生活が営まれており、家族生活を円滑に営むためのその他の諸活動にはいろいろなバリエーションが考えられる。夫と妻の家事分担、娘や息子のかかわり方など千差万別であろう。

夫だけが外で働いている場合は、〈生活資料の生産〉は夫が一手に引き受けているので、その他の諸活動を主婦が引き受ける場合が多いが、最近は家事にたいする夫の「協力」が少しずつ多くなっているとも伝えられており、共働きでなくてもいくつかのバリエーションがやはり考えられる。自営業の場合も同様に考えられる。

いろいろなバリエーションがどうであろうとも、2大基本条件の確保の役割分担は必ずなされているはずである。したがって、たとえば「個人化する家族」という傾向がかりに相当すすんでいるとしても、つまり家族構成員それぞれの独自な生活分野の比重が高まっていても、物質的条件の確保、ルーチンワークとしての家事という活動は、家族員全員にとって（誰が分担するにせよ）共通の生活条件である。家族生活とは、家族の存続に必要な活動を誰かが分担し誰かがそれを享受しているのであり、家族生活を放棄しないかぎり、自分の生活にとっては重要な構成部分であり、しかも客観的には生活に占める比重の高い構成部分にほかならない。

註
1) 「合理性」問題は現代社会学理論における重要問題の1つであり、たとえばハーバーマスをはじめとして「新しい挑戦」がなされているが、その場合、非合理性についてはどうなのであろうか。私は、人間理性や合理性への「新しい」着目だけで発想の転換になっているかどうかについては、より詳細な検討を必要とすると考えている。
2) このようにいうと、では1回かぎりの売買関係は関係の継続を前提としていないのではないか、という疑問が当然でてくるであろう。特定の売り手と買い手に限定すれば関係は継続しないが、貨幣による商品交換関係が社会的にはこれからも継続するという前提がそこにはある。だからこの前提がはっきりしなくなってい

た敗戦前後には物々交換が相対的に多かった。
3）マルクスは「生産はすべて再生産である」（『経済学批判要綱』）と述べているが、換言すれば、「生産でない再生産はない」と私は考えている。
4）あらゆるものが商品化しているといってもいいような状況にある現在、現象的には多様に見える商品化をどのように整理して捉えるかということなどは、私が経済学に期待する具体例の1つである。
5）家族機能を考えるにあたってこのことは決定的に重要な意味をもつ。つまり家族の「生産機能」と「獲得機能」を理論的にどうみるかによって、いわゆる「生活の社会化」への認識がまるで違ってくるはずである。
6）現在地球規模で論議されている環境問題は、「歴史の復讐」のもっとも著しい例の1つである。いわゆる「維持可能な開発」の方向については、視点をどこに置くかによってまったく異なる帰結になるであろう。
7）棄権について考えてみれば、積極的棄権であろうと消極的棄権であろうと、客観的には選挙結果を認めるという意味をもつのである。
8）社会思想史で人間のあり方に注目し、いわゆる近代人のあり方がまず経済人として確立し、近代社会の進展にともなって社会人としてのあり方に移行するという観方があるが、そのことが経済人としてのあり方を否定するものではないと私はみなしている。
9）私は、セルフコントロール能力が動物と異なる人間の特質であり、この能力を獲得することによって動物から人類が生誕したとみている。詳しくは拙著『家族の社会学』（1976年　ミネルヴァ書房）参照。
10）育児ノイローゼは、70年代後半から多発するようになり、いろいろな見方があるが、私は生活主体としての人間の形成がおろそかにされている傾向（人間のあり方）に根源があると見ている。
11）具体的な活動場面としては、何事についても一緒に同じような活動をするかどうか、教育などで教育者自身が協同主体（共同主体の方が望ましい）として実際に活動をしているかどうかが問われるであろう。
12）組織運営にあたって、いろいろと問題（弱点）がでてくると「改革」という名でいろいろなレベルでの「体制」が検討されるが、既存の体制でひとりひとりの人間を大事にした具体的運用（＝活動）がきちんとされていたかどうかを、まず問うべきであろう。
13）この点については、飯田・遠藤編著『家族政策と地域政策』（1990年　多賀出版）25—26ページ参照。
14）「制度から友愛へ」という表現で知られているように、せいぜい伝統的家族と非伝統的家族が対置される程度であるが、日本で「伝統的」とされている家族はたかだか江戸時代にさかのぼる程度にすぎない。

第2章　家族と家庭

　この章では、前章で確認した基本的な考え方にもとづいて家族と家庭を区別することが、理論的に必要であることに加えて現代的意義があることをも明らかにしようと思う。そのために家族と家庭とは違うという見方をまず示し、その違いを念頭において「家族とは何か」という問いに答えるため私自身の定義について述べる。私自身の定義は1985年に旧著で提示したものと本質的にはほとんど変わっていないが、家族を定義するにあたって家族の起源を含む歴史的考察という方法を採用し、家族の定義をどのようにして導き出すかということ（＝なぜそのような定義になるかということ）を重視し、さらに定義が理論構成の論理を含んでいる必要があるというこれまでの仕方を変えて、この章では新しく2つの仕方を採用した。1つは、家族の定義を具体的現実によって説明することによって示すという仕方であり、もう1つは、定義が短すぎては何も言わないに等しいのにたいして、長すぎては逆に定義というよりは説明に近くなることを考慮するとともに、序章ですでに検討したいろいろな見解にも学んで、それと対比できるように若干の修正をすることにした。つぎに、家庭とは何かについて考えることを通して、理念と現実との関係もまた実際の家族生活の例によって考え、発想の転換として家庭とは「理念としての家族」であるという考え方の有効性を主張しようと思う。これまでの論考で多少は推察できるであろうが、いろいろと特徴づけられている現代日本の家族では、家族と家庭（＝理念としての家族）とは日常生活の意識のうえでも論者によってもかなりずれていることが圧倒的に多いのではないだろうか。家族という表現を使いながらも実は家庭について述べているという場合がとりわけ多いように思われる。家族と家庭を区別することによって、そのずれが具体的にはっきりするし、具体的な論評を見たときに、論者がどちらを念頭においているかわかるはずである。したがって、この章は次章の「家族問題」を捉えるための理論的基礎をも

提供するという位置を占めているが、家族と家庭との違いをはっきりさせることによって、「家族とは何か」をよりはっきりさせるとともに、これからの家庭を考える前提としての位置をも占めている。

1　家族と家庭とは違う

家族意識は混乱している

　家族そのものというよりは家族とかかわるライフスタイルの「多様化」によってと思われるが、日本の家族意識は常識的にも学問的にも混乱しているように思われる。混乱状態が好ましくないとは必ずしもいえないし、むしろ混乱のなかからこそ今後の展望が開けてくるといえるかもしれない。私は、展望を開く大きな手がかりの1つとして、家族と家庭とは違う、この2つの言葉をはっきりと区別する必要があると主張したい。そこでまず、わたしたちの日常生活について具体的に考えることによって、家族と家庭とは違うということをはっきりさせようと思う。この場合、3つの方向から考えることができると思われる。第一には、日常生活での家族意識をめぐって最近新しい装いとして試みられているファミリィアイデンティティという方向からである。すぐあとで述べるようにこれが格好の素材を提供しているのである。第二には、それほど多いわけではないが、家族と家庭とを区別して論じている文献を素材として考えてみるという方向である。第三には、家族問題・家族病理がどのように捉えられているかを検討するという方向である。第三の方向については次章で取り上げることにして、ここでは前二者について考えることにしたい。

　第一に考える方向としての家族意識とファミリィアイデンティティとは同じ意味ではなく、家族意識の1つとしてファミリィアイデンティティがあるといってよい。後者の方が家族と家庭の違いを具体的に浮き彫りにすると思われるので、これを取り上げて考えてみよう。家族と家庭を区別する私の見方では、日常生活での家族意識の「家族」は、家族の定義がいろいろあるのと同じように、人によってその中身が違うと思われるからである。家族意識についての実態調

査はいろいろな面から多数なされているが、ずばりファミリィアイデンティティというかたちで提示している上野千鶴子らの調査は「家族と家庭」について考えるにあたっての格好の素材を提供しているので、その論評という性格をすこしだけもたせて考えてみよう。[1]

　上野によれば、「家族の変動がこれほど激しい時代には、家族についてのどんな先験的な定義も役に立たないから、カテゴリーを予め設定した定量調査では意味がない」[2]という考え方によって調査がなされ、その分析枠組みとして「意識の変化」と「形態の変化」について伝統型と非伝統型という設定がされている。具体的にはその分析枠組みによるタイプの典型的なケースが紹介・分析されている。家族構成員間のファミリィアイデンティティの違いに注目されており、具体的イメージを描ければよいので1例だけ挙げよう。航空会社に勤務しているベテラン事務員のAさんは、九州に単身赴任している夫との間に2人の子どもがいる。夫が家計費に出す分は少なくなっている。彼女のファミリィアイデンティティだけは夫がはいっていない。このようなかたちでいろいろなケースが紹介されている[3]。これについて私がどうみるかについて、調査したグループのひとたちにはおそらく異論や不満があるはずである。しかし、私にとっては〈どのようにずれているか〉ではなくて〈ずれそのもの〉が問題なのである。考え方の方向として1つだけ暗示しておこう。まだ成人に達していない娘が自分の父親にファミリィアイデンティティをもっていないとした場合（このケースではもっているが）、では彼女の生活が客観的にはどのように営まれているのであろうか。かりに日常生活でまったくといっていいほどコミュニケーションがないとしよう。すでに確認した家族生活を考える方向として、家族生活存立の2大条件を思い出してほしい。そうすると彼女の生活資料は父親の獲得にまったく依拠していないというのだろうか。彼女の生活資料を家族員でない誰がいったい獲得してくれるのであろうか。さらに先の例で、父親（妻にとっては夫）が単身赴任で生活費が別であったらどうだろうか。これとても、住居が彼の持ち家だとしたら、家族員でない誰が家賃なしで住居を提供するだろうか。このように考えてみると、両者の意識がこのようにずれていることを指摘

することは一定の意味があるにしても、このずれはアイデンティティのずれではなくて、あるべき家族の姿をどのように考えているか（はっきりは自覚されていない）のずれにほかならず、これこそが家庭のイメージの問題だと私はいいたいのである。[4]

文献から考える

　家族について述べてある文を慎重に読んでみると、家族という表現のなかに家庭という表現が時々まじっている。その場合、家族と区別して家庭という表現にしなければ意味が通じなくなる場合もないわけではないが、その違いを特に意識しないでなにげなく使われていることが圧倒的に多い。すでに触れたように、家族観（あるいは家族意識）が混迷とも思われるほど多様化しているこんにち、私はこの２つを区別することを主張したいのである。この主張には一定の現実的根拠があることは、日常生活を考えることを通してある程度はうなずけると思われるのであるが、現在の家族生活だけでなく家族の未来を考える[5]にあたっては、理論的にもよりはっきりさせる必要がある。そのために私の単なる独断ではなくて、これまでにおぼろげながらではあるが（論者によってはおぼろげでないかもしれないが）その方向が散見されるのである。したがってつぎには、この２つを区別していると思われる文献にあたって論評をまじえて考えることを通して、区別の必要性をさらにはっきりさせたい。

　家族について述べた日本語の文献で私の手元にある200冊余りの本をみると、書名に「家庭」という表現のあるものが数冊ある。そのなかから『家庭のない家族の時代』（小此木啓吾　1983年）、『親子で家庭をどう育てる』（天野寛子　1984年）、『「家庭」という風景』（井上忠司　1988年）の３冊を例としてとりだしてみると、それぞれの著者がはっきり意識しているかどうかはともかくとして、家族と家庭とは明らかに違うものとして述べられていることがみてとれる。まず『家庭のない家族の時代』では、日本の家族の「病理的状態」の特徴的な例としてホテル家族（それぞれがホテルの宿泊者のように没交渉でばらばらの生活をしている家族）・劇場家族（それぞれが家族構成員のひとりとして自分の役

割を演じている家族）といった状態などで存続している家族からは家庭が失われていると指摘されている。つまりこの著者にとっては「家族」とは現にある家族であり、「家庭」とは「あるべき家族」であり、両者が違うものとして明確に措定されているのである。つぎに『親子で家庭をどう育てる』では、家族生活での親子関係のあり方とは家庭を育てていくこと、つまり「家族関係」のあり方を意識的につくっていく必要性が主張されており、この著者がはっきり意識しているかどうかはともかくとして、家庭が「家族の望ましい姿」であると解釈してよいと思われる。

　第三に取り上げる『「家庭」という風景』では、家族と家庭がはっきりと区別されているのだが、前二者とは違って家族のあり方ではなくて「装置」に注目したとされている。この著者によれば、「家庭論はほんらい、家族ないし家庭の『制度』と『間柄』と『装置』の側面を三位一体としてとらえるものでなければならない」として、〈制度としてのイエ〉、〈間柄としての家族〉、〈装置としての家庭〉という三部構成が採用されている。イエはともかくとして、家族と家庭とははっきり区別されている。もっとも私は家庭を「装置」だけとして措定することには賛成できないのだが、ここでは区別されているという例として意味があるのである。[6]

　このように考え方としては2つを区別することがとっくに現れているのだが、はっきりとはまだ一般化していないし家族研究がそのような方向へすすんではいないといえよう。一方では「家庭」に「家族」とは違った意味をもたせて使われている文献があるのにたいして、他方では混同している例もまた認められる。ここでは出典を明示しないで、区別しないことにはなるほど疑問であるという見方を喚起する意味で1つだけ引用するにとどめたい。家族崩壊をとりあげたある本で（家族研究の専門家でも家族評論家でもない）、「温かな家族の団欒」と「その家庭環境」という表現や「家族の『崩壊』状態……」と「その家庭はまさに『崩壊』状態……」という表現がほとんど前後してでてくるが、この場合2つの言葉を入れ替えても支障がないと思われるのである。同じような例は専門家の文章にもしばしば散見される。

区別には現代的意義がある

　この区別は単に言葉のうえでの違いの確認にとどまるものではなく、現代社会の家族を考えるにあたって、私は充分に意義があると言いたい。現代日本の家族生活は、どんな混迷であるかはともかくとして、混迷していること自体についてはおおかたの認めるところであろう。とするならば、混迷から抜け出すという課題が当然わたしたちに突きつけられていることになる。もしそうでないならば、政府関連諸機関をはじめとしてマスコミなどを通しての評論家やその他有名無名の人々による家族についてのいろいろな発言が、これほど多くはないであろう。そのような課題にこたえるためには、家族の特徴的現象を後追いすることによっても、主観的に望ましい家族の理念を掲げることによっても、おそらくこたえることはできないであろう。私は、人々におぼろげながら意識されている家族と家庭の区別をはっきりさせることにこそ、家族生活を展望するにあたって意味がある発想だと考えている。そこでどのような現代的意義があるかを具体的に指摘しておきたい。

　第一には、家族と社会との関係について考える場合の意義である。社会は一般的には家族に関心があっても家庭には関心がないのである。別の表現を使えば、家族員が自分の家族に求めるものと社会がそれぞれの家族に求めるものとは必ずしも一致しないばかりでなく、矛盾することの方が多いのである。社会は、その秩序に適応する人間、そして社会的ヒエラルヒーに質と量の両方の意味でうまく組み込まれる人間が家族から送り出されることを期待しているのである。いろいろな差別が相変わらずつづいていることや階層的選別もつづいていることは、社会が家族にそれを求めていることを証明している事実ではないだろうか。もちろん選別による社会的ヒエラルヒーの位置の移動はそれぞれの家族にないわけではない。しかし、その構造そのものは依然として存続している。このことは歴史的事実に照らしてもはっきりしているはずである。他方それぞれの家族員の方は、必ずしもそうではない。社会が、相対的に下層の家族に属して生活している者にたいして、そのままの社会的位置にいることを求めるが、かれらは、そのままの社会的位置にいることをおそらく望んではいない

であろう。また社会への関心の持ち方などは、とりわけ社会的激動・矛盾の時期には、社会と家族ではずれる場合が多いはずである。それはなぜなのであろうか。家族と家庭を区別して考えることによって、このことを客観的にはっきりさせることができるという意義がある。

　第二には、家族生活における個人を考えるにあたっては特に大きな意義がある。人が1つの家族に属しているならば、先に述べたファミリィアイデンテティに典型的に示されているのだが、夫あるいは父親にたいして家族員であると思う思わないにかかわらず、彼は家族員なのである。人はこのことを忘却しているのではないか。繰り返しになるが、単身赴任の夫（そして父親）を他の家族員が家族員であると意識していないとしても、しかもその時点でかりに家計費を別にしていたとしても、母親と子どもが住んでいる住居はどうなのであろうか。父親にとっては自分の住居であり、厳密な意味では子どもにとっては自分の持ち家ではないはずである。だからといって子どもが家賃を支払っているだろうか。つまり客観的に存在している家族と主観的に意識されている家族とは明らかに違う、あるいは主観的に意識されている家族は必ずしも家族であるとはかぎらないということである。そうすると主観的に意識されている家族とはなんであろうか。これが家庭ではないのだろうか。このことは、わたしたちの日常生活のあり方を考えさせる重要な契機としての意義がある[7]。

　第三には、のちに述べる家族問題ともかかわって家族の未来を考えるにあたって、重要な意義があることを強調したい。一方では、それぞれの家族で家庭をつくっていくあるいは回復させていくという意義があり、他方では、社会的に家庭を家族にしていく（あるいは広げていく）という意義である。この意義については、すぐあとで述べる家族の定義のところでやや詳しく触れられるであろう。現在はこの両方のレベルで2つのずれがあまりにも大きい。

2　家族とは？

家族とは何かに答える

　家族を定義するには、現象論的整理では不可能であることをすでに確認しているので、本質論的定義として展開することになる。そのような立場からの家族の定義を私はこれまでに何回か示していて、それを根本的に変える必要があるほどの本質的な変化が現実の家族には進展していないが、この章のはじめに述べた理由により、以前の見解に若干の修正が加えられる。必ずしも短い定義とは言いがたいが、序章での検討結果として、家族の構成原理、家族機能、家族関係、そして集団的特質は定義には不可欠であることをことわっておこう。私の読者にたいする不親切さのため、これまでは必ずしもはっきりと理解されているとは言いがたい私の独自の表現（＝概念）について、理解しやすいようにより詳しく述べるのがこの節での主な狙いであるが、家庭との違いを具体的に示唆するという意味で、現代日本の実際の家族生活についての新しい状況が若干加えられることになる。さて、家族はつぎのように定義される。

　家族とは、血縁または婚姻などのエロス的契機と生活での共存によって結ばれ、その結びつきが社会的に承認されている人々によって構成され、客観的には社会の必要性にたいして主観的には構成員の必要性に応じて、生産主体としての人間の生産にかかわる人間的諸活動が意識的かつ無意識的に行われる人間生活の日常的単位であって、程度の差はあれエロス的関係という意識がそこでの人間関係を特徴づけている。

　この定義からどのような理論構成が展望されるかは、本質論的定義を具体的現実に適用することによってはっきりしてくるであろう。そこで具体的現実への適用について補足することになる。これまでの私の定義にはこの部分が含まれていたのであるが、この部分は理論構成のための基本視角として位置づくものであり、定義から省くことにした（詳しくは第2部の第6章を参照）。すなわち、「具体的な家族構成、人間的諸活動の性格、家族関係の特質は、階級・階層的

位置と生産力の発展水準によって条件づけられており、集団分化の進展状況、社会的規範もまた影響を与えている」という部分である。

　この定義は、見たとおりきわめて抽象的でしかも無味乾燥であり、家族生活の実際の感覚ではピンとこないであろうし、また、こんなにむずかしく（あるいは面倒な）定義をしなくてもいいではないか、といった反応があることを私は充分承知している。しかし、この定義を掲げたのは、なにもこれを覚える必要があるとか、家族をこのように全面的に考える必要があるとか、という主張をするためではない。むしろ家族についての常識的・固定的観念から抜け出すことを主張したいためである[8]。

　しかし、見てのとおりこれまであまり見かけないいくつかの「概念」が使われているので、私の見方を正確にしておくためにそれらの「概念の意味」をはっきりさせるが、そのあとで、これまで私が強調してきた本質論的思惟とはどんなものであるかを現象との関係によって示したいと思う。全体としては、序章で提起した課題にどのように答えているかを、私の定義の特徴を具体的に述べることによって明らかにし、さらに具体的な家族生活にあてはめることによって「だめ押し」をすることになる。

重要な概念について

　先に示した家族の定義のなかには、私の発想の転換にもとづくいくつかの重要な概念があり、それの正確な理解なしには、私の定義そのものがあまり意味がないのであり、新しい発想も正しく受け止めることができないと思われる。そこで、〈生産主体〉、〈人間的諸活動〉、〈集団分化〉という私独自の3つの概念に加えて〈エロス的関係〉について、これ以外の他の言葉ではいまのところ表現できないので、その意味と意義をはっきりさせようと思う。この場合、私の定義が現象論的性格ではなくて本質論的性格であることを繰り返し強調しておこう。

　〈生産主体〉という言葉は常識としてはモノの生産をするものとして受け止められているが、この言葉にはより広い意味が含まれている。すでに「人間と

は？」という確認をしていることを考えるならば、それほどむずかしい概念ではないのだが、ここには私の「発想の転換」が典型的に表現されているので、若干重複するが、具体的な説明を加えたい。人間を〈生産主体〉という概念で表現したことには2つの意味が込められている。1つは主体的存在としての人間という意味であり、これについてはすでに述べている。もう1つは、「人間の生産」についてはこれまでいろいろな内容が込められてきており、とりわけ経済学的発想によると思われる「労働力の生産」さらに広げて「生命の生産」という表現（したがってそのような視方）が採用されているが、そのような視方とは違うという意味を際だたせるためである。人間は労働主体としてだけで生活しているわけではないことはすでに確認しており、また生命という包括的表現は実は具体的には何も言わないに等しいのではないだろうかというのが私の見方である。私の場合は「人間とは？」で示した3つの主体の意味が〈生産主体〉概念に込められているのである。だから生産主体は、ある時には労働するというかたちで現象し（目に映ること）、ある時は家事をするというかたちで現象し、またある時はスポーツをするというかたちで現象する。

　つぎに〈人間的諸活動〉という概念については、3つの意味が込められている。生活と人間についての確認ではっきりしているように、わたしたちの生活活動は単に「労働」にとどまらないし、さらには「労働」という言葉には、モノをつくることと「受苦的」ということの響きがある（実際のところ必ずしも「受苦的」とはかぎらないのだが）。このことは家事・子育てを想起すればすぐわかるであろう。家事・子育てという活動（私の"辞書"には「家事労働」という言葉はない）は、実際にはともかくとして本質的にはけっして「受苦的」ではないし、いうまでもなくモノをつくらないことが相対的に多いのである。2つ目として「行為」（私はこの言葉を使わないで「活動」という言葉を使うが）の客観的意味をはっきりさせるという意味が込められている。これまでの社会学の「行為論」では、M．ヴェーバーの影響もあって主観的意味が主役を演じている場合が相対的に多いのである。3つ目には動物とは違う人間の独自性、基本的には本能や欲求をコントロールし得ることと個人的欲求を集団的欲

求に転化するという独自性という意味が込められている。

〈集団分化〉とは、モノの生産における「分業」の論理をヒトの生産に適用した概念である。モノの生産がなんらかの協働によるのと同じように、ヒトの生産もまたなんらかの協同活動によるのであり、したがって労働の分割と同じ論理が狭義の人間的諸活動（モノの生産活動を除く）の分割が集団分化にほかならない。ここでは1つだけ具体例を挙げておこう。子どもを一人前にすること、つまりヒトの生産の重要な活動は、以前はほとんど家族でなされていた。だから高度経済成長以前の農村では、学校があまり重視されなかった。子どもを一人前の農民にするには家族での「教育」に地域での「教育」が加わることでことたりていたのである。だから当時の農民の多くは学校の「成績」をあまり重視していなかった。しかしいまはどうか、ヒトの生産とりわけ子どもの教育では明らかに家族と学校の「分業」がある。学校が前面にでて地域の方は著しく影をうすくしている。[10]

〈エロス的関係〉は、私独自の言葉ではなく小浜逸郎の表現だけを借用したものであり、彼の意味するところと必ずしも同じではないので、私がどのような意味づけをしているかを簡単に示しておく必要があるだろう。私は、はじめはゲマインシャフト的という表現を考えていたのであるが、この表現では家族ではなくて家庭にこそふさわしいと考えて（この違いは当然あとで述べることになる）、この表現を採用することにした。そのうえゲマインシャフトという言葉は使い方がきわめて面倒であるという事情も手伝っているのである。ともあれ、わかりやすく言えば、俗にいう他人行儀ではない関係である。このことは夫婦関係が相当に冷え切っていてもあてはまるし、親子関係でも同じようにあてはまる。また性関係が伴うかどうかにかかわらず、協同生活にあてはまるのである。[11]

定義の特徴について

まず家族構成については、これまでに述べてきたことによって容易に推察できるであろうが、非血縁者を家族構成から排除しないのであり、社会的承認の

みが必要条件である。この社会的承認は外部から与えられるものではなくて、その社会の人々が合意してつくっていくものである。ここにはあとで述べるように、現在構成員の必要性によってつくられている家庭を、社会的承認を獲得することによって家族としていくという考えが込められているのだが、この「社会的承認」にたいしては、おそらく疑問（あるいは反論）がでると思われるので、やや先走るが「家庭」との関連で説明しておくことにしよう。詳しくはあとで述べるが、「家庭」は私的生活なので主観的には社会を射程に入れなくても（入れた方がいいのだが）平常の生活にはさしつかえないのである。具体的には「自分たちは家庭生活をしているんだ」と思って協同生活をしているだけでよいし、実際にそのような「家庭」が現れている。しかし、家族はまったく私的なものではなくて社会抜きには考えられないのである。社会保障を例として考えてみればよい。あるいは各種の公的助成について考えてみればよい。さらには相続や扶養など「家族制度」とのかかわりでぶつかる日常生活での具体例をいろいろと挙げることができるであろう。[12]

　家族機能の見方についても本質論の立場から抽象的表現になっているが、具体的には歴史的に変化してきた機能、これからも変化するであろう機能を一般的に示している。家族機能の外部化、拡大、縮小などを可能性と現実性の両面から具体的にみれば、このことは容易にうなずけるはずである。1つだけ例を挙げておこう。自宅から通学している大学生の場合、自分自身の生産としての昼食をとるというモノの消費の機能を家族に求めること（お弁当をもっていくこと）がきわめて少なくなっているが、朝食と夕食は必ずしもそうではない。その意味では、〈第2部〉で理論的に示す「家族機能」（160〜161ページ）の変化とかかわらせて具体的に考えることが必要であり、その場合の指標となり得るであろう。しかし、あくまでも1つの指標にすぎず、別の指標をつくることを否定するものではないことをことわっておこう。

　家族関係についてはいくつかの側面から整理することが必要である。これまでは役割構造・勢力（権威）構造・情緒構造という整理が相対的に多かったといってよいであろう。しかし、家族関係は上記の家族機能とならんで家族を他

の集団と区別するにあたって重要な位置を占める。ゲマインシャフトが支配的であるといえばことたりるといえないこともないが、すでに触れたようにこの概念そのものが多様に解釈されているので、小浜見解に学んでエロス的という意識とすることが現時点ではベターであると思われるので、家族員の結合意識として私の定義に採用することにした。ただし意識についてもまた、あくまでも客観的意味として使っているので、はっきり意識されていない場合が実際には多いのである。[13]

　ところで、家族の諸側面についての表現とりわけ家族機能については抽象的・一般的な本質論的表現なので、家族機能と考えられるものをいろいろなかたちで引き受けている他の諸集団と区別される家族の集団的特質をどのように考えるのか、という疑問が当然でてくるであろう。このことにたいしては、あくまでも家族の2大要件にこだわって、エロス的関係による諸活動、生活の協同とりわけ生計の単位の2つによって家族の集団としての独自性がある、というのが私の基本的な見解である。

　以上が家族の諸側面についての本質論的見方であるが、さらに個人・家族・社会との関係が私の定義のなかに含まれていることを付け加えておかなければならない。1つは家族の能動性という視方であり、これは「構成員の必要性」に応じる諸活動として示されている。もう1つは家族にたいする社会的規定性という視方であり、これは「社会の必要性」にたいする諸活動として示されている。すでに若干は暗示しており、これからも折りにふれて述べることになるが、この2つはしばしば矛盾する。これに加えて、ややむずかしいのだが家族が「生産力」範疇であるという視方が込められていることを確認しておこう。これは家族の社会的位置づけをもっとも抽象的に示したものであるが、このことは、家族が人間の生産を主要に担うということから論理必然的に導きだされる。なぜならば、人間は生産力の重要な構成部分であり、どのような人間がどれだけ生産されるかということは、生産力を考えるにあたっては無視できないことだからである。いささか抽象的に説明したが、つぎに実際の家族生活を考えることによって、より確かなものにしたい。

実際の家族生活を考える

　そこで、この定義に示されている家族構成の原理、家族の本質、家族関係、および家族の具体的現象形態を制約・条件づける社会的諸要件について具体例を想起しつつ考えてみよう。

　まず家族構成の原理については、「血縁または婚姻関係などのエロス的契機と生活での共存」・「社会的に承認」という部分であるが、血縁と婚姻は常識的にも容易にうなずけるであろうが、この２つだけにすると重大な欠点がでてくる。１つは、血縁の範囲をどのように限定するかがわからないという欠点である。ここから家族の定義はできないという結論がでてくる。もう１つは、非血縁者が家族構成から除外されることになるということである。非血縁者を除外すると家族の過去や未来が視野にはいらなくなり、序章で指摘したように、現在の圧倒的多数を占める「家族」（家族を規定する前にすでに家族をそのような集団であると決めている）だけが家族であると勝手に前提していることになるであろう。しかし、私は前提を置くことを頭から否定するつもりはないのであって、なぜそのような前提を置くかが、それなりに納得できるかたちできちんと説明されなければならないと思うのである。

　つぎに、「生活での共存」の意味を具体的にはっきりさせておこう。これについては同居・別居をめぐっての２世代夫婦を例に考えるとわかりやすいだろう。同居している場合でも、家計が基本的にはそれぞれ独立していて食事も別であればバスやトイレも別にあるということになると、老親夫婦は別の家族であるということになろう。これにたいして同じ敷地内あるいはすぐ近くに別居している場合でも、食事はほぼ一緒でその他一緒の活動が多いならば、老親夫婦とは同じ家族ということになる。いずれを望むかは自由であるが、どちらを選ぶにしても経済的条件が大きく作用するし、また社会規範（慣習的意識）もまたかなり影響するはずである。

　さらに、「社会的に承認」が私の家族構成原理の特徴であるとともに、きわめて重要な内容を含んでいることを具体的にはっきりさせておこうと思う。現在時事的にも大きな課題となっている夫婦別姓問題が格好の具体例である。夫

婦別姓についてどのような考えをもっていようとも、現在の日本で社会的に承認されていないことは、ほぼ周知の事実である。そうすると、「社会的承認」を家族の定義の要件とする私は夫婦別姓に反対なのかという疑念が当然でてくるであろう。あえて主観をまじえて言えば私は賛成なのであって、この定義は賛成の理論的根拠としての性格をもっているのである。ただし家族と家庭を区別するという見方にもとづくので、詳しくはあとで再び述べることになるが、ここでは法律といった社会的条件が重要な位置にあることが容易に確認できるであろう。

　家族の本質が「エロス」にあることは疑いもない事実である。これについてはさまざまな家族の絆、とりわけ家族内の活動と家族外の活動とを対比して考えてみれば、容易にうなずけるはずである。極端な例として愛情がなくなって惰性で家族生活をつづけている夫と妻の家族内の日常活動を考えてみればよい。一言で言えば、他人の前ではあるいは他人にたいしてはけっしてしない活動を無意識にしているはずである。いくつか具体例を挙げておこう。夫の下着を箸でつまんで洗濯するという話がある。確かにひどい話かもしれないがともあれ洗濯するのである。家族外の人の下着を一体誰が洗濯するだろうか、そして洗濯してもらうであろうか。女性が着替えること、化粧をおとすこと、男性が下着姿でゴロゴロしていることなど、いくらでも例を挙げることができる。これらが愛情という願望あるいは理念を採用しない理由にほかならない。[14]

　最後に、〈生産主体としての人間の生産〉を基軸としているところに、私の視方が原理的意味として特徴づけられると思う。すなわち、これまでに示してきた「生活」や「人間」にたいする基本的な見方にもとづいて、家族が生活の一部分であるとともに生活のすべてを覆っているということにほかならない。これについては、このあといろいろなかたちで展開されるであろう。

3 家庭とは？

家庭とは理念としての家族である

またもやテーゼを掲げることからはじめよう。

家庭とは「理念としての家族」である。

この節では、新しい見解の表明として、家庭という概念についての印象をあらかじめ鮮明にしておくために、このような結論的措定からはじめて、家族と家庭とを区別して考えるべきであるという私の立場から両者の関係を具体的に問うというかたちで展開される。「措定」という言葉に込められているように、これは家庭の定義（あるいは規定）ではないのである。あえて規定しようとしても、これ以上の規定はできないのである。というのは、「理念」とはひとによってそれぞれ違うし、人がどんな「理念」を描くかはそれぞれ自由だからである。とりわけ価値観が多様化している現在では、もしかしたら人の数だけ理念があるかもしれない。家族は「社会の必要性」にも結びつくという意味でまったく私的性格・私的領域であるとはいえないが、家庭は徹頭徹尾私的性格・私的領域である。すでに指摘しているように、常識的にも学問的にもこの2つが混同されている場合が圧倒的に多いのであり、ここでの展開は、すでにこれまで述べたことにも表れているように、概念的に区別すべきであるという主張そのものにほかならない。

そこでまず、わたしたちの日常生活でのいろいろな体験を具体的に考えてみることからはじめよう。家族社会学や現代家族論などで論議される場合には、論者がはっきりと意識しているかどうかはともかくとして、背後に社会が想定されているのが普通である。どの程度社会が想定されているか、どのように社会が想定されているか、その想定の仕方はいろいろであろう。しかし、日常生活では社会との関連がほとんど想定されていないのがふつうである。想定されているのは家族生活と密接にかかわっていると思われる他の集団であるにすぎない。親族、隣近所、学校、会社……などを思い浮かべればよいであろう。た

とえば結婚披露宴のスピーチで、家族生活の「先輩たち」が、新郎新婦によい家庭生活をおくるための（大抵の場合）自分勝手なアドヴァイスとして、「新婦におかれましては、夫の御両親にも孝養をつくし……」とか、「夫の会社での立場をわかってあげて……」とか、「隣近所とのおつきあいも大事にして……」とか、「子どもができると小学校へあがるまでは奥さんの子育が大変なので……」といったことをしばしば耳にするはずである。社会生活が厳しいということもときどき耳にするが、それは私的な家庭生活を制約する漠然とした条件としてにすぎず、社会と家族との関係がはっきりと意識されているわけではない。外交辞令的なスピーチはともかくとして、新郎新婦の幸せを心から願ってのスピーチの場合は、家庭を意識していると思われるのであるが、家族を無視しているわけでもなくこの2つがなんとなくまじりあっていると言えよう。だからすでに文献例を挙げたように、家族と家庭のどちらの言葉を使ってもいいたいことの意味にはほとんど影響しないので、機会があったら注意してきいてみればよいだろう。

　家族と家庭は概念としては区別されるのであるが、実際の生活では重なっているといった方がむしろ適切であろう。その重なり方あるいは重なる度合いが人によって千差万別なのである。そこで、家族と家庭の区別と2つの関係をはっきりさせるために、すでに確認した家族の本質部分、すなわち、a「社会の必要性」、b「構成員の必要性」に着目しながら、実際の家庭生活で人々がどのように活動しているかについて具体的に考えてみよう。

社会の必要性について

　すべて何事について考える場合にもそうなのであるが、社会の必要性についてはその一般性と特殊性に分けて考えることが大事である。一般性とはどのような社会、どのような時代であっても必要であることを意味する。たとえばどんな社会であろうとも、程度の差はあれ、家族は、客観的には「生産主体としての人間」を生産するという社会的必要性に応じる存在である。私が家族否定論（あるいは無用論）に賛成できないのはこのような考えによるものである。

家族に替わってこの必要性を担う何か（新しい集団とか新しい社会的機関など）が具体的にしかも現実に可能なかたちで示されないかぎりは、私は家族否定論や家族無用論を認めるわけにはいかないと考えている。これにたいして特殊性の方はそれぞれの時代・社会によって当然異なるだけでなく個人の意識においても異なるのである。それぞれの時代・社会によって異なる特殊性については、どれだけの生産主体を必要とするかということとどんな生産主体を必要とするかということ、量と質の両面から考えることが大事である。

① どれだけの生産主体を必要とするか

これについてはさしあたり人口（人口構成を含む）と受けとめてよいであろう。具体的には高齢化問題と「途上国」の人口問題を思い浮かべればわかるはずである。最近の日本では、ほぼ周知のように低出生率が取り沙汰されるようになってきている（日本社会学会大会のテーマ部会で93年度にはじめてテーマとされた）が、これはその典型的な例といえよう。つまり極度の低出生率は、長期的には労働力人口の絶対数とそれの全人口に占める割合を減少させることになる。これは高齢化問題と経済発展にとって重大な問題であることは、誰にでも簡単にわかることであろう。しかし、子育てに必要な費用や家族意識の変化などのために、人々の家庭生活は社会の必要性には必ずしもこたえていないのが日本の現実であろう。もう1つの例としてこれまたほぼ周知の中国での「一人っ子政策」を挙げることができよう。これが主に経済的発展と消費のバランスにかかわる問題（それだけではないが）であることもまた、容易にうなずけるところであろう。しかし、これもまた経済的不利益を蒙らないために、多くの中国人がそのような家族生活にしぶしぶ従っているというのが中国の現状のようである。[15]

② どんな生産主体を社会が必要とするか

これについてはその社会の複雑さと結びついて相当に複雑であり、「○○社会論」というかたちで展開しないかぎりはその複雑性を具体的に示すことは困難である。しかし、ここでは考え方がポイントなので単純化して述べようと思う。筋道立ててきちんと考えるには、いつでも出発点に戻って考えてみること

が大事である。すなわち、人間の生産、家族の存続、さらには社会の存続の必要条件をもう一度思い起こしてみることである。そうすると、労働主体・生活主体・協同主体それぞれについて「どんな」が問われることになる。労働主体については、その社会の生産力の発展に応じた労働主体という質的な面と、その社会の労働編成に応じるという量的配分が問われることになる。生活主体については家族ともっともゆかりが深く、しかもどんな労働主体を社会が必要としているかに大きく左右されるであろう。具体的には男女の性役割分業と教育制度そして企業内制度が社会の必要性と深く結びついている。

協同主体については、その社会の民主主義の成熟度と社会規範とを結びつけて社会にとっての必要性が考えられなければならない。すなわち、民主主義がかなり未成熟である場合には、社会が成熟をうながす方向を求めているか、成熟を抑制する方向を求めているかによって、どんな協同主体かという中身が違ってくるであろう。また一定の成熟度に達している社会でも、そのときどきの社会状況と社会的編成のそれぞれのレベルによっても違ってくるし、それらの相互関連によって現実には相当に複雑になるであろう。いずれにせよ、以上簡単に触れたことが具体的に問われることになろう。それぞれの家庭生活が、社会の必要性に必ずしも合致しているわけではない。つぎに示す個人の必要性が多様であるため、両者はしばしば衝突するのである。

個人の必要性について

個人つまり家族構成員それぞれの必要性（これの充足が家庭の条件）については、社会の必要性との関連つまり一致・不一致という点からと、家族員全員の必要性との関連という点からの2つの点から考えなければならないであろう。個人の価値観が多様であるため、社会の必要性よりもぐっと複雑なので、これについても考えるための大事なポイントを指摘するにとどまることになる。

① 社会の必要性と対比して

社会の必要性はその社会の性格によって違うが、個人の必要性は価値観の多様性に応じて相当多様なので、考える大事なポイントとして階層、年齢、性差

の3つについて触れることにしよう。社会はそれぞれの階層に応じた生産主体の生産を求めるであろうが、個人の必要性とは一致しないことが相対的に多いであろう。一例を挙げれば直接生産者層にたいしては、その社会の生産力水準に必要な労働技能と労働の社会的編成に従う勤勉さを、大抵の社会は求めているはずである。しかし、労働技能はともかくとして「勤勉さ」の方はギブアンドテークのかぎりであって、時にはそれさえも無視する（損得勘定抜きの活動の多い）生産主体であるかもしれないのである。年齢についても社会は「年齢にふさわしい」生産主体を求めるのがふつうであるが、個人の必要性はそんな杓子定規ではないはずである（だから批判的若者論がでる）。性差については女性解放運動があり、年々前進していることを考えてみるだけでよいであろう。加えて新しい家庭の実験をぜひとも考えにいれる必要がある。詳しくはあとで述べるが、これは社会の必要性と真っ向から対立するものである。

② 家族構成員全員の必要性と対比して

家族構成員の必要性については、全体的と部分的の2つの点から考える必要があり、これが現在とりわけ重要な意味をもってきている。先に示したファミリィアイデンティティの具体例を思いだしていただきたい。あの例では、どんな「家族」であろうともすべての構成員にとっては家族なのであるが、すべての構成員にとって意識のうえでは必ずしも「家庭」ではないのである。しかし、これは厳密には正しい言い方ではない。ここでもう一度家族の存立条件を思い出してみよう。「社会的承認」はともかくとして2つの存立条件は同時に家庭の存立条件でもある。そうすると意識のうえでは家庭でなくても現実には家庭の条件が一定程度そなわっており、ファミリィアイデンティティは実は一定の現実を客観的にはネグレクトしている意識なのである。このように考えると、個人の必要性は家族の必要性ともしばしばぶつかるが、家庭の必要性とは基本的にはぶつからないという性格のものといえよう。このことはあとで述べる「望ましい家庭」を考えるにあたって重要になってくるであろう。

註

1) 論評といっても、私の場合には自分の見解を対置することを意味する。というのは、ある見解にたいして批評家としていろいろ述べる仕方は、それはそれとして一定の意味があるだろうが、同じ対象を取り上げる者はみずからの見解を対置することが責任ある論評であると考えているからである。
2) 上野千鶴子他編『変貌する家族　1家族の社会史』1991年　岩波書店　9ページ。「先験的な定義が役に立たない」という立場にたいしては、私自身が本文ですでに述べているようにその通りだが、では家族という調査対象をどのような基準で選定するかが当然問われることになるが、それが示されていないかぎりは彼女の意図に反して家族についての「先験的イメージ」が想定されていることになるのではないだろうか、という疑問が残る。
3) 同上書10—33ページ
4) ここに家族と家庭を区別する現実的根拠の例がある。家族は当事者の意識にかかわらず客観的な存在であるが、家庭は一定の客観的根拠をもちつつも主観に大きく左右されるのである。
5) 一般に家族観の違いと思われているものは、じつは家庭観の違いである。だから家族生活でのいろいろな葛藤がうまれるのであり、みずからの家庭生活を慎重に考えれば、思い当たる例がいくらでもあるはずである。
6) なぜ賛成できないかについて簡単に述べておこう。経済的にかなりゆとりのある独身者を例として考えてみればよい。彼は好ましい家族生活に必要と思われる「装置」を揃えることはおそらく可能であろう。しかし、一緒に享受する人がいなくて「装置」だけでは家庭と言えないであろう。
7) 本文で挙げた『親子で家庭をどう育てる』はその好例であって、家族と家庭とを区別することの意味は、社会的に家庭を家族にしていくこととともに個別的には家族を家庭にしていくという2つの含意がある。前者についてあとで述べるように「社会的承認」がきわめて狭いのをどのように拡げていくかという含意があり、後者についてはぞれぞれが家庭を意識的につくる必要があることを意味している。
8) 詳しくは本文で展開するが、家族構成ひとつをとってもこれまでの血縁と男女の結婚に限定しなくてもよいということが大事であり、あるいは愛が理念、願望であるといったことが納得できればよいのである。
9) 専門家には周知のことであるが、M．ヴェーバーは社会的行為論の意味について『行為』とはここでは、行為者または諸行為者がそれに主観的な意味をむすびつける時、またその限りでの人間の態度（中略）のことをいうべきである」として、この「主観的な意味」を解明する行為論を理論的に主張した。
10) このような現実的動向が子どもの人間形成にどのような影響を与えているかについては具体的にいろいろ論じられているが、集団分化という発想はそのための理

論的基礎を提供するものとして位置づけられる。
11) 性関係をともなわない具体例については、あとで述べる。
12) 具体的には社会福祉や離婚を想起すれば、制度的に社会と切れている家庭を家族として社会的に承認する必要性が容易にうなずけるはずである。
13) これは家族生活だけでなく日常生活全般にあてはまることであり、だからこそ私は客観的意味を重視するのである。
14) エロス的という言葉がわかりきった言葉として使われているので、私は「他人行儀」ではない意識・振る舞いという意味を与えることにする。
15) 中国で「一人っ子政策」が実施されていることはほぼ周知のことだが、社会主義社会では国家政策が市民社会というクッションなしに人民生活を直撃する。したがって社会保障や雇用などによる賞罰がはっきりしている都市部では政策が貫徹するが、農村部ではかならずしも貫徹していない。

第3章　家族生活の問題状況

　家族の危機が叫ばれてからすでに久しい。そして家族生活をめぐる問題現象（とみなされている）についての紹介・論評もまたあとを断たないばかりでなく、出版物はますます多くなっているようである。家族についての見方が多様であると同じように、「家族をめぐる諸問題」についての見方もまた多様である。この多様性はいささか奇妙な多様性なのである。わたしたちが「病気」になった時、病名が医者によって違う場合があるが、誤診でないかぎりは、ある症状にたいしてある医者は病気であると言い、別の医者は病気ではないと言ったら、当事者はおそらく困惑するであろう。ところが「家族をめぐる諸問題」での多様性は、ある事態が論者によって問題であったりなかったりする多様性なのである。私自身の見方を例にすると、一般に離婚は家族問題とされているが、離婚そのものが家族問題であるとは考えていないし、また家族のなかでの葛藤が必ずしもすべて家族問題であるとも考えていない（その理由はあとで示されるであろう）。この違いは家族問題の見方の違いによるのだが、離婚以外にもある事柄が家族問題として扱われたり扱われなかったりしているし、葛藤は大抵は家族問題・家族病理として扱われている。だから理論的には混沌としているとしか言いようがない状況である。この章では、すでに確認した家族と家庭とを区別するという立場にもとづいて家族問題とは何かについて検討し、「社会問題としての家族問題」という捉え方を鮮明にしたうえで、最近（1970年代後半以降）の家族問題にしぼって具体的に考える。とりわけ現代日本の家族問題発生の必然性を示すとともに、最近の10数年については「問題状況」というかたちで特徴をはっきりさせ、一般に「家族の危機」といわれているのはなんであるかを、社会と個人とのかかわりで確認したい。というのは、家族にたいする見方が社会面と個人面のどちらかに傾いているのと同じように、家族問題についてもまた理論的には同じ傾向があるように思われるからである。す

なわち、理論的に社会を重視すると基底還元主義（原因をすべて社会のあり方に単純化する見方）になりがちであり、個人を重視すると社会が単なる背景として位置づけられる傾向（社会と家族問題との関係が欠落する見方）にほかならない。

1 家族問題について考える

家族問題の見方はたくさんある

　家族生活をめぐる諸問題については、一般には家族問題・家族病理・家族解体・家族崩壊などいろいろなかたち（あるいは表現）で論じられている。たくさんある見方のなかで、わたしたちは家族問題についてどのように考えたらよいのであろうか。まず常識的理解としては、家族生活に関することすべてがなんとなく家族問題であると思われていることを指摘することができる。例としては、結婚・夫婦関係・子育て・親子関係・都市と農村の家族・日本と外国の家族・家族についての時事的話題……。しかし、これらは家族生活についての１つのテーマであってここでいう家族問題ではないのだが、たとえば統計による家族生活の変化の説明や「豊かさ」によるライフスタイルの多様性の解説など、家族が平穏無事であるという暗黙の前提あるいはそのような印象を与える論評は、客観的にはこの常識的理解と同じような見方ということになる。しかし、現代日本の家族生活については、いろいろな問題をかかえており、しかも家族が「危機的状況」にあるという見方が相対的には多いので、最近の代表的な見方についていろいろと考えてみることからはじめよう。この場合、これまでの常識的家族像の激変に注目している場合が圧倒的に多いといえよう。しかし、「家族の危機」についての捉え方もまたさまざまであり、はじめに挙げた「家族解体」、「家族崩壊」、「家族病理」、「家族問題」という表現で捉えられる見方は、単に表現の違いにとどまらず見方そのものの違いを意味するのである。この意味ではどんな言葉を使うかはすごく大事なことであることを強調しておこう。そこでまず混同されやすい「家族解体」と「家族崩壊」という見方につ

いて、その意味をはっきりさせることにしよう。

「家族解体」とは、かつて大家族であったものが次第に小家族化していく、具体的には非血縁者を含む大家族→非血縁者を含まない「複合家族」→直系的多世代家族→核家族（……→やがてはこれまでの家族形態の解消）という歴史的傾向を思い浮かべればよいであろう。つまり文字通り解体であるが、このような傾向にたいしては相反する2つの見方がある。1つは、家族のこのような歴史的傾向を歴史の必然として家族生活の肯定的傾向であるとする見方である。この見方では個人の解放とりわけ女性の解放という観点が根底にある場合が多い。したがってこの見方では、「家族解体」はなんら問題ではないということになる。この見方そのものについては別に検討する必要があるが、家族問題とのかかわりでは家族のあり方についての見方なので、検討からはずしてよいであろう。しかし他方では、「家族解体」を家族生活の否定的傾向つまり問題であるとする見方もある。核家族化の一定の進展はおおかたの認めるところであるが、核家族化自体が直接的原因であるかどうかはともかくとして、核家族化にともなう諸問題があることは確かである。たとえば育児ノイローゼなどは核家族でないならば、さまざまな要因があるにしても、おそらくあまり生じないであろうとも思われる。つまり、この見方では一方では核家族化・小家族化が進行するなかで、いわゆる「個人化する家族」という見方とも結びついて、つぎの「家族崩壊」に近い見方という性格といえよう。[1]

「家族崩壊」とは、「家族解体」とは違って家族生活を継続して営むことができなくなることを意味する。この事態をめぐっては「解体」という表現も使われており、また「崩壊する家族」とか「崩壊の危機に直面している」とかといったいろいろな言い方がされている。家族のどのような事態を「家族崩壊」とみなすかはそれほどむずかしいことではない。これについては、いろいろなケーススタディが多数なされており、最近はそのような文献がとみに増加しているが、それらのいくつかを紹介してもあまり意味がない。というのは、それらは事実経過やその過程での当事者の気持ちを詳細に示すことに意味があるのであって、エッセンスにはあまり意味がなく誤解が生じるおそれがあるからで

ある。したがって、どんな現象が紹介されているかにしぼって指摘すると、子どもの非行・親の役割放棄（この2つでは大抵は暴力がともなう）・家族分解（これにはいろいろなケースがある）などが挙げられる。一見して誰の目にも問題現象であると映ることがはっきりしている。[2]

家族病理と家族問題

つぎに、あいまいに使われている家族病理と家族問題という2つの見方を対比して考えてみよう。先の2つと同じようにそれぞれについてもまたいくつかの違った見方がある。とりわけ家族問題についてはその違いが著しい。家族病理という見方のもっとも一般的なものは、社会病理という見方を家族にも適用するという性格のものである。そこで社会病理という見方を簡単に確認する必要があるのだが、ここ10数年の動向には簡単に確認できないようないくつかの見方が認められる。しかし、具体的な事実について、なぜそれが病理であるか病理ではないかという「病理」の意味についての違いがあっても、いささか乱暴な言い方だが、「病理」ではない現実を想定しないかぎりは病理という把握はできないはずである。「病理」でないということは表現方法はいろいろあるにしても、なんらかの「正常な」状態を想定することに帰着する。

この「正常な」状態をどのように設定するかということは、序章で家族の定義の仕方について考えたのとちょうど同じ性格の問題をもっているのである。だから、想定される「正常な」状態あるいは想定の仕方が納得できるものであるならば、私は「社会病理」という見方を頭から否定するものではない。つまり、社会病理については基本的な見方において一定の意義があり得るとは考えられるが、家族病理ということになると、私は批判的に考えざるを得ないのである。理由はきわめてはっきりしており、「正常な家族」という基準をはっきり設定できるかという疑問にほかならない。このような発想にたいする批判的見解を、私は旧著ですでに示しているが、その後それにたいして納得できるような反批判がまだ現れていないので、ここでは具体的には触れないでおこうと思う。[3] 家族観や家族意識が多様化していることについてはすでに触れており、

あとの章でも触れられるが、だとすればおおかたが納得できるような「正常な家族」を設定することはほとんど不可能ではないだろうか。いわゆる「病理」が語られる場合には、逸脱とか障害ということが大抵いわれるのであるが、これとても特定の価値観にもとづいているもので、一般性があるとはかならずしもいいにくいはずである。だから10数年前に、かの「イエスの方舟」がマスコミで大きな非難を込めて報道されたのであろう。[4]

家族問題という見方についても、私見を展開するまえに簡単に触れておくが、これについてもまた家族病理とは違った多様性が認められる。はじめに指摘したように家族をめぐる諸現象をすべて家族問題として表現するケースがあり、常識的にそのような意味で使われることも多々あることは確かであるが、ここではこの見方を省いてもよいであろう。そうすると、家族病理と同じ意味つまり病理という言葉を、問題という言葉に替えただけという表現の違いに過ぎない場合があり、これについては家族病理という見方と同じ性格であると受け止めてよいであろう。これらの見方は、どちらかといえば個人と家族という相対的に狭い範囲にとどまる見方といえよう。これを社会との関連にまで広げるとすれば、「社会病理」としての理論的根拠がはっきりしているような見方にもとづいて家族病理の見方を示す必要があると思われる。

これにたいして独自の家族問題把握として、私は「社会問題としての家族問題」という見方を主張したいのである。これとてもけっして一様ではないが、現時点でそれらを詳しく紹介することにはあまり意味がないし、本書の性格からして次節では私自身の見方による簡単な展開にとどめ、他の見解については必要と思われるかぎりで触れることになるであろう。[5]

2 社会問題としての家族問題

考える糸口として

前節でやや抽象的に考えてきたのにたいして、ここではごく常識的に「家族をめぐる諸問題」について具体的に考えつつそれらの意味を整理してみること

からはじめよう。大学の講義で「家族問題」についてどんなことを聞きたいかを、予備知識のない学生たちにアンケート風に書かせてみると、先に挙げたような常識的な「家族をめぐる諸問題」についてのいろいろな回答がかえってくる。これには専門家の見方の影響もあるものと推察される。たとえば『図説家族問題』（湯沢雍彦）では、家族の変化に焦点をあてた多様なデータが豊富に盛り込まれている。しかし、湯沢は他方では『家族問題の社会学』（1981年　サイエンス社）のなかで、より限定したかたちで家族問題について論じてもいるので、彼の見方はこちらの方にあると受けとめてよいであろう[6]。ともあれ「家族をめぐる諸問題」という見方は、「問題」という言葉の意味を拡大解釈した常識的な受け止め方なので、人々が解決を迫られているという問題の意味に限定すると、家族病理・精神病理という見方が相対的に多く認められるし、湯沢の後者で示されている見方もそうである。そこで限定された意味ではどうであるかを簡単に確認しておこう。具体的には家族問題と思われるものについて何を想起してもよいのであり、誰でも何か具体例を思い浮かべることができるはずである。すぐに思い浮かばなければ新聞などの「身の上相談」をみれば簡単に具体例がみつかるであろう。具体例を挙げるときりがないので、1つだけ挙げてその見方がどんな性格であるかをごく一般的におさえておこう。

典型的な具体例として1970年代末に一時期マスコミを賑わした〈台所症候群〉あるいは〈主婦症候群〉について、私の旧著で挙げた例がわかりやすいので、若干短くアレンジした引用によって考えてみよう。

「53歳の専業主婦、結婚生活32年になる、巨大団地に一家4人で住んでいる。ある日、突然、台所に入れなくなってしまった。入ろうとすると、頭がいたくなる、目がくらむ、ひどい時には震えがくる。家事は好きで得意でもあった。台所は南向きにあり、家中でもっとも広く、調理器具もそろっている。……台所の光景はすっかり変わった。彼女が寝込んでいる期間、家族の食事はインスタント食品か店屋物になりがちだった。たまに気をとりなおしてスーパーにでかけても、献立を考える気力がない。グリンピースの缶詰や大福もちといった、おかずにならない物ばかりで、なぜ買ったかわからない」[7]

この例では、家族のなかに特に問題になるようなことはなく、夫婦円満で平穏無事な生活である。つまり一見なぜだかわからないという典型的なケースである。しかもこれは単に主婦だけにかぎった問題現象ではないのである。子どもが「登校拒否」におちいったり、まじめな会社員が「出社拒否」におちいったり、さらには世間的にまじめだと思われている人が突然傷害事件を起こしたり尊属殺人をしたりという出来事を、わたしたちはマスコミ報道でしばしば見聞している。これらはここ10数年のあいだに新しく現れて、そのたびにマスコミを賑わしており、いまでもつづいている。しかし、最近ではよほどセンセーショナルでないと、マスコミは取り上げなくなっている。
　これらの例に示される状況についてはあとで詳しく触れることにして、ごく常識的な対応の仕方について簡単に触れておこう。このように理由が具体的にはっきりしないとしたら、一体どんな解決の方向があるのだろうか。つまるところ現実的保証が必ずしもはっきりしないと思われる2つの仕方に帰着するであろう。1つは、心がけを変えること（身の上相談の回答に多い）であるが、一見してどこがわるいかわからないとしたら、心がけをどのように変えたらよいのであろうか。また変える方向が少しばかりわかったとしても、タテマエとしてはともかく実際の生活での心がけをはたして簡単に変えることができるだろうか。もう1つは精神療法をうけること、応急的効果はあるだろうが、具体的な兆候がないので予防的対処はほとんど不可能である。これからもどんなケースが起こるかわからない。としたら、個別的レベルで考えるかぎりでは、その根源的解決はまったく偶然性にゆだねられることになり、無責任なようだがその行方は神のみぞ知るとしかいえないようだ。
　この限界を越えるには、考える範囲を社会的レベルにまで拡げる必要がある。あとで述べるように、その方がわかりやすいのだが、さらにはごく最近の新しい状況については社会的レベルで考えないかぎりは、たぶん理解できないはずであり、また解決の方向がみえてこないであろう。社会的レベルで考えるとは、単に社会の影響（背景）を視野に入れるということではなく、社会問題として家族問題を考えるということである。社会問題として家族問題を考えるとはど

んな見方なのだろうか。社会問題についてもまた、家族問題と同じように社会的な諸問題というかたちで、常識的見方も含めていろいろな見方があるので、考え方をきちんとさせるためにまず、社会問題についての見方をはっきりさせておかなければならない。

社会問題について考える

常識的に家族問題と思われているものには、具体的な現れ方だけをみるならば、「個人的問題」にみえたり「社会的問題」にみえたりする。だからテレビのトーク番組での発言では、出演者たちが心がけをだしたり、日本の社会が悪いと言ったり、その両方だと言ったりする。それらの発言は別に間違っているわけではなくそれぞれがそれなりにもっともな意見だが、評論は接する人になんらかのヒントを与えるという性格をもってはいるが、それ以上には出ないのである。評論のヒントを生かして考えるためには、評論的な考え方にとどまっていないで、そこから一歩抜け出さなければならない。そこで社会問題として考える基本について、評論的見方だけにとどまらないために、ややむずかしいかもしれないが違いをはっきりさせるかたちで簡単に確認しておこうと思う。

常識的・評論的な社会問題の見方（主に時事的問題が取り上げられるし、書店の社会問題コーナーがそれを象徴している）は、テレビでのトーク番組の発言と大同小異である。科学的見方としては、社会問題＝労働問題という見方が長い間支配的であったし、高度経済成長以前はそれでおおよそことたりていた。しかし、高度経済成長の過程でそのような見方だけでは間に合わない「新しい社会問題」が噴出してきたのである。つまり、経済学的見方だけでは不充分なのであり、この新しい現実をどのようにみるかという課題がつきつけられることになったが、「経済学的見方だけ」という表現に注意してほしい。

「新しい社会問題」がすぐれて人間の問題として現れたこともあって、一方ではアメリカ社会学（厳密には社会心理学）の影響も手伝って、経済学的見方とは無関係に、人間の心理とか性格とかに注目する見方が現れたが、他方では経済的基礎に根源を求める見方が相変わらず存続していた。そのような理論状

況を打破する方向についてかつて真田是がすぐれて示唆を与えている。彼の社会問題についての具体的な見方は、見解が発表された時期によって若干異なるのであるが、それまでの社会問題＝労働問題という経済学的見方だけでは対応できないような「新しい社会問題」にたいして、基底還元主義でないかたちでの理論展開を開拓したものであると言えよう。高度経済成長を1つの契機として、日本の社会問題が多様化・複雑化してくるが、そのような新しい現実に応じた新しい把握にもとづく社会問題の分類や、個人レベルと社会レベルの両方を視野におさめた「行為としての社会問題」と「状態としての社会問題」というネーミングを使った見方は、こんにちでもその意義を失ってはいない。[8]

　私自身は、真田見解における「行為としての社会問題」という視方に示されるように、新しい社会問題がすぐれて人間の問題であるという点に注目し、家族の見方の基礎となる生活と人間についてこれまで示してきた見方にもとづいて、社会学における社会問題という見方をはっきりさせるという考えをもっている。しかし、その全面的展開はしないで、家族問題の見方によってつぎに具体的に述べようと思う。

家族問題は社会問題である

　社会問題としての家族問題という見方を示すまえに、社会問題についての私の見方が真田見解と若干異なるので、社会学における社会問題について簡単に確認することからはじめよう。すでに簡単に述べたように、経済学における社会問題は、経済学の枠内では基本的には労働問題として理解される。これもまた誤解を避けるためにことわっておくと、経済学がそれ以外の家族問題を扱わないということを絶対に意味しない。

　社会学における社会問題とは、人間の生産と関係の生産に結びつく問題である。換言すればどのような人間が生産されるか、どんな関係が生産されるかという問題にほかならない。とするならば、どのような人間たちがどのような関係を生産しながら、自己および他者を生産しているか（＝生活しているか）を具体的に考えていく必要がある。人間の生産はさまざまな社会分野で分担され

第3章　家族生活の問題状況　71

ているが、ここでは当然家族生活に限定しつつも、他の生活分野にも当てはまる論理をもっている見方が要請されることになる。そうすると家族生活の具体的あり方、つまり家族生活の物質的条件と人間的諸活動の実態が問われることになる（この意味では経済学的見方とは深く結びついている）。

　家族生活の物質的条件は、2つの点からおさえられる。1つは、経済活動での生産関係でどのような位置にいるかということである。もう1つは、消費水準ということで、これはそれぞれの社会の生産力の発展レベルがどうであるかということである。家族問題はこの2つの点からみて、物質的条件が確保されているかどうかが問われることになる。この点からみた家族問題は、経済学的な労働問題・貧困問題と重なる性格のものである。

　つぎに、家族生活のもう1つの条件である人間的諸活動についてはかなり複雑である。というのは、物質的条件の方は社会的規定性（＝家族の受動性）が圧倒的に強いのにたいして、人間的諸活動の方は能動性に転化する可能性を含んだ相対的独自性が、社会的規定を受けながらもいろいろなかたちで発揮できるからである。さらに家族構成員の主観も加わるのであるが、社会問題としてはあくまでも客観的にどうであるかに限定したほうがよい（〈第2部〉で再論されるであろう）。この点からみた家族問題は、いわゆる「精神的貧困」といわれているものを想起すればよいともいえるが、理論的には「精神的貧困」だけではかたずけられない問題を含んでいる。それぞれの家族に共通しているのは、その社会全体の民主主義の成熟度であり、それぞれの家族では、構成員の必要性を条件づける価値観とりわけ協同主体としての価値観と民主的意識の成熟度であり、それらが絡み合うので複雑多様なのである。[9] 理論的には「生活力」という概念が必要なのであるが、ここでは家族生活に必要な人間的諸活動ができているかということと、どんな協同主体をつくるような関係が生産されているかということに注目するにとどめる（詳しくは91ページ、170ページ参照）。

3　現代日本の家族問題の推移

家族問題は質的に変化している

　これまでの見方の圧倒的多数は実際に（実は主観的に）「問題・病理である」と思われる諸現象を対象とする性格のものである。確かに、1970年代中頃までは、家族問題が高度経済成長以前よりは多様化・複雑化してわかりにくくはなったが、家族問題として実際に現れる「問題現象」、たとえば育児ノイローゼ、家庭内暴力、母子の過度の密着など、を取り上げるだけでもその解明は可能であった。しかし、高度経済成長の影響が国民生活に深く浸透してきた1970年代後半頃からは、「問題現象」として直ちに表面化しない部分こそが重要になってきているというのが私の基本的な見方であり、私は単に「問題」ではなくて「休火山的問題状況」とネーミングしている。つまり「問題現象」としていつ「噴火」するかわからないという状況にほかならない。事実あとで具体的に述べるように、一見平穏無事でなんの問題もなさそうに思われていた家族のなかで、ある日突然「噴火」するかのように見える事件がしばしばマスコミに登場していることが、最近ではめずらしくないのである。このような特徴を鮮明にするに先だって現代日本の家族問題の推移をまず簡単に概観しておくことにしよう。

　現代日本の家族問題の史的推移についてはさまざまな見方があり、これまでにいろいろな観点から独自な時期区分がいくつもだされている[10]。それらにはそれぞれ一定の意義があると思われるが、私は、日本社会の史的展開と家族生活の変化、そしてとりわけ家族問題の性格の変化動向に着目して、戦後復興期、高度経済成長期、それ以降（ただし経済的展開の時期とは少しずれている）の3つの時期区分で充分である、とみている。これまでにだされている時期区分の多くは家族生活の変化に着目しているが（変化の見方の違いはある）、私は、家族生活の変化とかかわらせながらも、家族問題の性格の変化にこそ第一に着目した方がよいと考えているので、そのような見方が具体的に鮮明になるかた

ちで以下その推移を簡単に概観しよう。

家族問題の推移を概観する[11]

① 戦後復興期

戦後復興期の家族問題については2つの点を確認することが大事である。1つは、この期の家族問題は主に労働問題・経済的貧困問題であったことである。戦争の爪痕は、現在では日本人のかなり多数にとっては体験的事実ではなくて歴史的事実になっているが、すくなくとも必要最小限の事実は確認しておかなければならない。1945年の敗戦によって日本は海外の植民地をすべて失うことに加えて、工業地帯を中心とする大都市の戦災（空襲など）によって、物質的生産力が激減したことを第一に確認できる。第二には、戦争による人的被害（戦死・傷害）に加えて戦時中の耐乏生活によって労働力が質量ともに大幅に減退したことを指摘することができる。第三には、上記の結果として国民生活における飢餓的状況の一般化がかなり長期にわたって続いたことである。もう1つは、戦後改革（いわゆる民主化）にともなう価値観の混乱によって、とりわけ世代間（顕著な例としては嫁と姑）での家族内葛藤がふえたが、これはかならずしも家族問題ではないということである。ともあれ、この期の家族問題は主に物質的条件の確保における問題であり、労働問題・経済的貧困問題に吸収される性格であった。

② 高度経済成長期

経済分野では1955年から高度経済成長がはじまるが、その影響が国民生活に具体的に出てくるのは数年ほどずれて1960年頃からである。この時期には社会問題そのものが単に労働問題にとどまらない多様性を帯びてくる。日本社会全体としては経済成長による消費水準の向上がはじまるが、他方では経済的格差もまた拡大していく。この期の社会問題は、単純に労働問題・貧困問題に解消されないような新しい性格のものとして現れるのであり、公害問題・都市問題・過疎問題・青少年問題・婦人問題・文化問題などなど常識的に具体例を思い浮かべることができるであろう。家族問題もまた独立した新しい社会問題の1つ

であるが、具体例をいくつか挙げておくことにしよう。親子の断絶的様相と過度の密着、夫婦間のコミュニケーションの不足や役割分担のアンバランス、生活時間配分のアンバランスや余暇活動問題など、単なる経済的問題に還元できない人間的諸活動をめぐる問題が多様に噴出してくるのがこの時期である。その特徴がどんな人間を生産するかに深くかかわる性格であることによって、つぎの時期の問題状況を準備するのである。

③　ポスト成長期

最近10数年については、さしあたり「ポスト成長期」とネーミングしておこう。具体的に現れる問題現象としては、この期の家族問題には高度経済成長期でのそれと大きな違いはない。しかし、問題現象として現れないところでの深刻化あるいは「潜在化」こそが特徴であり、次節で詳しく述べるので、違いだけを簡単に指摘しておこう。それは、誰の目にも一見して明らかに家族問題と思われる現象が極端に増加したり、それまでとは質的に違った家族問題が続発しているということではない。家族問題をめぐっての一方の識者のように、家族生活がだいたいにおいて平穏無事であるという見方は、そのような現実が根拠になっていると思われる。事実、いろいろな種類の統計資料たとえば非行や自殺の統計資料が示す数字は、家族生活がまったく平穏無事でないまでも、家族問題についての具体的実相がそれほど大きく激変したことを物語ってはいない。ではどのような変化が進行しているのであろうか。「問題状況」という見方によってつぎに示そうと思う。

4　問題状況という見方

家族の変容を考える

家族生活の変化についてはすでにいろいろなかたちで語られており、しかも語りつくされているといってよいであろう。家族構成については1世帯当たりの人員が5人近くから3人近くに激減したこと（小家族化）、核家族化の進展と単独世帯の激増、いわゆる少産化傾向、家事分担の一定の変化、家族機能の

「外部化」の動向、「個人化する家族」・「多様化する家族」、ライフサイクルの変化、男女平等の一定の前進などなど……。それらの変化動向については日々の生活体験やマスコミなどによって一般的にも大ざっぱに知られており、「専門書」にも統計的数字で埋められている。ここでさらに数字を整理し直したり、具体的な事例を加えても、それは屋上屋を重ねるにすぎず、現時点ではあまり意味がないように思う。大事なことは、そのような変化がわたしたちの家族生活にとって本質的に何を意味するのかをはっきりさせることである。家族の「変化」とか「変貌」とかという表現ではなくて「変容」としたのはそのためである。

家族生活の危機がさかんに叫ばれており、その意味するところが論者によっていろいろと異なるのであるが、私は、家族生活の変容にともなって家族がおかれている問題状況のなかに、家族の危機をみいだしている。したがって、問題状況としての家族問題については「変容」とのかかわりでみる必要があると思われる。そこで「変容」の意味を考えるために、家族生活が円滑に営まれるための基本条件あるいは最小限の条件を、前の章で述べたことと重複する部分もあるが、見方をより確かにするという意味で再確認しておこう。ごく当たり前のことであるが、生活資料の確保＝一定の収入があることは家族生活を円滑に営むための不可欠の条件である。つぎに適切な人間的諸活動＝家事・子育てもまた不可欠であり、「適切な」については現在ではいろいろと多様であろうが、まったくないというわけにはいかないだろう。かりに全部外食の場合でも、洗濯が全部クリーニング屋というわけにはいかないだろうし、部屋などの掃除もある程度は必要であろう。これに加えて、関係の生産＝家族員相互の各種コミュニケーション、協同活動も不可欠であり、もしまったくないとしたら家庭を完全に失った家族としかいえないはずである。これに加えて不測の事態への対応もまた、家族生活を円滑に営み続けるためには不可欠である。[12]

家族生活を円滑に営むという点から家族の変容を考えると、結論を先にいえば、1つの家族だけで家族生活を円滑に営むことがむずかしくなった、無理をしなければ家族生活ができなくなったということである。よそ目には平穏無事

のようでも、大抵の家族は無理をしているのである。自分の家族は無理をしていないと自信をもって言える人はどれだけいるであろうか。高度経済成長は確かに消費水準の向上をもたらしたが、お金がなければ消費水準を向上させるどころか維持することさえできないはずである。そのために大人は稼ぐことに多くの時間を使い、子どももまた将来多く稼げるように、単なる受験勉強に多くの時間を使うのがこんにちの日本人の姿である。物質的条件の確保＝稼ぐことと人間的諸活動＝家事・子育て・コミュニケーションとは家族生活の両輪であるが、前者に傾いた家族生活が多く、後者を大事にすれば経済生活が苦しくなり、両方をうまくやろうとすれば、わかっていても無理を重ねることにならざるを得ない。したがって、多くの日本人はストレスがたまったり健康を損なう生活が強要されているといえよう。

家族生活の変容によって人々にもたらされた状況を、以上のようにみるとすれば、家族生活がどんな課題に直面しているかの具体的な問い直しが、いまほど必要な時はないと思われる。この課題にこたえるためには、家族の定義を考えたのと同じように、家族の変容だけをみるのではなくて、家族生活の枠をこえて生活全体の問い直しが必要であるが、「現代生活論」を全面的に展開する準備が私にはまだ充分にととのっていないので、家族生活とのかかわりで重大な意味をもつ生活の変容のきわだった特質として、「生活の社会化」と「人間の絆」の希薄化にしぼって考えてみることにしよう。

「生活の社会化」を考える

日常生活が速いテンポで変わってきていることは誰でも感じているであろうが、「生活の社会化」の急速な進展が大いにあずかっていると考えられる。この「生活の社会化」の意味を、すでに確認した生活の意味にもとづいて正確におさえることがきわめて大事である。ごく一般的には家族機能の外部化つまり家族がこれまで担ってきた機能の多くが外の集団・機関に移ったと理解されている。「集団分化」の著しい進展によって家族機能の「外部化」がすすみ、しかもそれは家族機能のほとんどすべてにおいて可能になってきたことは確かで

ある。単身生活が簡単にできるようになり、また単身生活でなくてもすべての生活を家族に頼らなくてもよいというかたちで、生活が便利になったと大抵の人は感じているはずである。子どもの教育は学校まかせ、ちょっとした風邪や傷でも病院へ、交通・通信手段の発達、外食産業やコインランドリーの利用、さらには半導体ICを中心とした高度技術工業製品の日常品化。

　しかし、このような「生活の社会化」を手放しで便利だとか良くなったと言ってよいのであろうか。ここで私の「生活」の基本的な見方を想起してほしいし、それが現実の見方を厳密にするにあたって威力を発揮することになる。生活はモノ、ヒト、関係の生産であった。モノの生産の方は労働の社会化でありその進展は程度の問題であって、社会化がすすめばすすむほど生産力はあがるが、ヒトの生産の方はそれほど単純ではない。なぜならば、「生活の社会化」は労働の社会化とは違って、活動の社会化と費用負担の社会化の両面から考える必要があるからである。そうすると「社会化」されたのは一体どちらであろうか。活動と費用負担の2つの指標によって「社会化」の性格が違うと考えられるものを具体的に整理してみると、①保育所から大学にいたる各種教育機関、②医療機関、③社会福祉関連の施設・サービス、④各種公共施設・設備、⑤水・エネルギーの利用手段、⑥交通手段、⑦情報伝達手段、⑧商業化としてのいろいろな産業、⑨その他、を挙げることができる[13]。

　これらはわたしたちの日常生活のなかでほとんど毎日体験していることばかりだから、2つの指標を当てはめて考えることは誰でも簡単にできるはずである。だから具体的な説明を2つの例で簡単に済ませることにしよう。①②③は活動が全面的に「社会化」されているとともに費用負担の「社会化」が一定程度されている例である。⑤⑧は費用負担がまったく「社会化」されていない例である。全体として考えてみると、活動の「社会化」が著しくすすんでいるのにたいして、費用負担の「社会化」はあまりすすんでいなくて、労働の社会化や活動の社会化とは違って時には後退することさえある。後退については医療費の負担を想起せよ。整理すると、「社会化」は活動の面ではすすんでおり、費用負担については全面的な「社会化」、部分的な「社会化」（程度はいろいろ

ある)、まったく「社会化」がない、というふうに分けられることになる。

「生活の社会化」をこのように考えると、それらの「社会化」を全面的に享受しようとすればするほど費用負担が多くなる。では享受を控えめにすればよいではないかと思われるかもしれないが、控えめにすることがはたしてできるであろうか。たとえば水・エネルギーや交通手段を考えてみると、「社会化」されたそれらを利用しないではすまされないであろう。この意味では「生活の社会化」が強要されており、「社会化」がすすめばすすむほど費用負担がふえるのである。人々の生活は経済活動つまり相対的高所得の追求に傾斜し、人間の生産にたいする活動がおろそかになり、関係の生産はお金を稼ぐかぎりの活動になる。一言で言えば生活を豊かにする手段としての「稼ぐこと」が目的になってしまうのである。以上のように考えることによって、「生活の社会化」の具体的意味とその問題点がはっきりと確認されるであろう。

「人間の絆」の希薄化

目的と手段との転倒が一般化するということは、人間の生産・関係の生産に必然的に大きく影響することになる。「人間の絆」とは、いろいろな生活レベルでの関係のあり方を意味する言葉であり、「ゲマインシャフト」と「協働様式」からヒントを得たさしあたりのネーミングであるが、私はあらゆる関係ではなくて関係そのものに意味があるという人間本来の関係を頭に描いている。人間の現実的な関係には、関係そのものに意味があるものとなんらかの目的のための関係とがある。前者の例としては、家庭関係(家族関係ではない!)、友人関係、いろいろな共同関係(協同関係ではない!)が挙げられる。後者の例としては、売り手と買い手といった商品交換者の関係を挙げるだけで充分わかるであろう。簡単に言えば、損得をあまり意識しない関係と損得勘定にしたがう関係ということになるであろう。

このような見方にもとづくと、高度経済成長期を通して「人間の絆」の希薄化が徐々にすすんでおり、具体的には「地域の解体」、師弟関係の衰退、クールな両性関係、そして「自分主義」などを想起すればよいであろう。このよう

な動向にたいする評論は数多く現れてはいるが、単なる評論にとどまっているようであり、ここ10年間ばかりの日本社会では「人間の絆」の希薄化がさらに急速にすすんでいると思われる。私は、日常生活での人間関係においても、あるいはいろいろな社会的諸問題に立ち向かういわゆる「革新的」運動においても、この問題がなおざりにされていることが圧倒的に多いのではないかと考えている。[15]目的が「崇高で」あることと目的を達成するための活動とは、必ずしも同じ性格であるとはかぎらない。

　「人間の絆」の最後の砦とも考えられる家族生活にも、1980年代にはいってからこの動向が徐々にしかも人々にはあまり意識されないで浸潤してきたことによって、「家庭のない家族の時代」が進行しはじめたのである。さきに指摘した商品化を主とした「生活の社会化」は、その浸潤を押し進めるにあたって大きく作用した。さきに述べたようにお金さえあれば「生活の社会化」がもたらす便利さの恩恵を最大限に活用できるようになったので、「貧しいながらも楽しいわが家」は昔語りとなってしまった。

　「現金勘定」が家族生活に浸潤してくるということは、それがあらゆることを考える場合の、そしてあらゆる活動の尺度になることを意味する。モノを中心とした損得勘定が支配的になると、人間関係もまた知らず知らずのうちにモノを媒介とした損得の関係に傾斜する。そのような家族生活でもともあれ客観的には人間の生産が続けられている。なぜならば、人間の生産をすべて担っていないにもかかわらず、人間の生産に全面的にかかわっているのが家族だからである。だから極端な場合には、人間関係をほとんど放棄してモノとしか関係をもたないという人間さえ生産されることもあり、そのような家族で生産される人間は当然著しく変質することになる。

人間のあり方が変化している
　「生活の社会化」は避けがたい歴史の進展であり、無条件に否定すべきではないが、商業化を軸として進展したことによって「人間の絆」の希薄化もまた進行したのである。さかのぼれば明治時代からということになるであろうが、

「欧米に追いつけ追い越せ」という日本のスローガンが実質としては経済的発展の追求に著しく傾斜し、経済合理性あるいは経済至上主義が一貫していたことが大きく作用してこんにちの「経済大国」ができあがったと考えられるが、そのことによってもたらされた生活のあり方の問題を2つの点から垣間みた。相対的高所得の追求それ自体も人間のあり方を変えるが、高度経済成長の終焉とともに国民生活は新しい事態にさらされることになった。不安定な経済状況や政治の貧困が継続するなかで、一部分の大企業のなりふりかまわぬ「儲け主義」があずかって階層間格差がさらに拡大していき、相対的高所得の追求が困難になってきたことである。私は、いわゆる「バブル」以前に（現実にすでにそうであったが）警鐘の意味をも込めて生活不安の一般化を指摘したのであるが、「バブル」の崩壊とともにいまや誰の目にもこのことは明らかになってきている。その結果、「豊かさ」のなかでの生活不安が著しく増えている。これは費用負担として「社会化」されていない部分にほかならない。このように考えていくと、生活の仕方＝人間の生産の仕方が変化したことを、はっきりと確認することができる。

　一般に価値観をはじめとしていろいろな多様化が語られているが、私は画一化にこそ注目する必要があると思う。労働の社会化が商品生産とあいまって品物を画一化（規格品）したのと同じように、人間の生産の社会化もまた生産される人間を画一化する。問題状況を考えるにあたってもっとも重要な意味をもつのは、このようにして日々生産されることによって人間のあり方が画一化の方向で変化したことにほかならない。現代日本の人間のあり方にはいろいろな見方があるであろうが、上に述べたような事情によって、問題状況と結びつく人間のあり方として、私が旧著で挙げた心理的飢餓状態、主体的活動の減退、未来志向の乏しさという3つの特徴は、現在ますます進行している。

　心理的飢餓状態は、生活不安と密接に結びついている。すなわち、相対的高所得の追求が1990年代にはいってさらに困難になっているにもかかわらず、社会全体としては強要に近いかたちで新しい欲求がさらにつぎつぎに生産されつづけており、心理的飢餓状態とはこれにたいする継続した欲求不満の増大を意

味する。主体的活動の減退については、とりわけ「生活の社会化」におけるサービス産業の発展と結びつけるとわかりやすい。サービスのパック化（旅行、冠婚葬祭、レジャー）そして既製食品を想起せよ。欲求充足にあたっては（お金さえだせば）人々は自分たちでは具体的なプランニングをしないで、ただあてがわれた軌道に乗るだけ（たとえば結婚式と新婚旅行のパック化）でよいのである。未来志向の乏しさについては、「人間の絆」の希薄化のもとでは他者との関係を継続した関係として考える必要がなく、生活不安は未来を見えなくする。つまり、未来を考える必要がない、あるいは考えたくても考えることができないので、人間は単純に今を生きるしかないのである。人間の現在が人間の未来であるにもかからず、現在のあり方が意識的な未来志向を著しく乏しくしている。このような人間のあり方を人間性の危機と言わずしてはたしてなんと言えるであろうか。

問題状況としてみる必要がある

　家族問題の推移と家族の変容について確認したいま、最近の家族生活がどのような特徴をもつものであるか、そのような状況のもとで一般的にどのような人間が生産されているかが最終的に問われることになる。家族問題をめぐって問題状況としかいえないということは、家族生活のそのような現実にもとづいて必然的に導き出されるであろう。だから、最近の当たり前と思われる家族生活について根元的に問い直す必要があるのであって、つまり何か特別な事情があったりしなくても問い直す必要があることにこそ問題状況としか言いようがない家族生活があるということを意味する。根元的に問い直すとは、いつでも家族の原点に戻って人間の生活の仕方、さらには人間のあり方を具体的に問い直すことであるが、最近の日本の生活のもっとも特徴的と思われる変化とそれによって生産される人間のあり方の特徴を確認したことによって、家族生活の全体的問題状況をつぎのようにみることができる。

　それは、私が旧著ですでにネーミングしている「休火山的問題状況」とみることである。休火山とは、周知のようにいつ「噴火」するかわからない存在で

あるが、「噴火」するエネルギーを内に宿していることは確かであろう。このエネルギーの「噴火」こそが欲求充足に向けての人間の主体的活動にほかならない。人間のあり方の変化が、このエネルギーの「噴火」の行方をきわめて不安定かつ不規則なものにしていると考えられるのである。先に挙げた3つの特徴とかかわらせて具体的に考えてみれば、容易にうなずけるであろう。心理的飢餓状態とは、欲求が常におさえられていてエネルギーのはけ口がふさがっていることを意味する。肉体的飢餓状態は外見でわかるが、心理的飢餓状態は一見平穏無事にみえるので、おさえられているエネルギーがいつ「噴火」するか、何が原因で「噴火」するかは簡単にはわからないのである。だから、突然の家庭内暴力、尊属殺人などのような「噴火」は、対象を身近な者とするのがもっとも簡単だからであり、不可解にみえる「噴火」がこんにちの人間のあり方においては必然であるといえよう。したがって、大部分の家族ではたまたま「噴火」をまぬがれているにすぎないといえるのではないだろうか。

　現代社会で人間の主体性がもっとも発揮されるのは、他者との関係の生産においてである。主体的活動の減退は肉親をも含めて他者との関係の生産を著しく困難にするのであり、そのことは同時に他の人間を生産する生活主体としての存在を希薄にする。自分自身が生活主体でなくて生活主体としての他者をどうしてわかることができるであろうか。これは家族生活に不可欠な人間的諸活動＝家事・子育て・コミュニケーションに積極的に取り組まないことを意味するのであって、ファミリィアイデンティティの不一致や家庭内暴力などは問題状況のもたらした結果であると考えられる。

　未来志向の乏しさというあり方もまた、いつ顕在化するかわからない問題状況にはっきりと結びついている。一般的には目的意識的に未来を志向するのが人間の特質であるが、この特質がこころもとなくなって自分の行動がどんな未来に結びつくかほとんど念頭にないことが未来志向の乏しさにほかならない。サラ金地獄や自己破産、「成田離婚」などはその現れである。このような問題状況をいかに打開するかが課題としてつきつけられているが、問題状況という見方のなかにその論理がある。すなわち、「噴火」するエネルギーをどこに向

けるかということにつきるのである。

　家族問題についての「休火山的問題状況」という捉え方にたいして「潜在的家族問題」と同じ意味かという問いを受けることがある。意味はほぼ同じではあるが、捉え方が大事であることを強調したい。ややむずかしいかもしれないが、問題を科学的に捉えるには捉え方のなかに問題解決の論理があることが要請されるのである。私の捉え方はその問題状況のなかに問題解決の主体的条件（だけではないが）があること、より具体的にいえば、いわゆる無気力なのではなくエネルギーがあることに着目したものである。「潜在的家族問題」という捉え方は間違いではないにしても、問題解決の論理を含んでいないという点で、私の捉え方とは大きく異なっている。

註
1 ）一般的には「家族崩壊」に近い見方であるが、いわゆる「伝統的家族」といわれているものを家族像とする立場では、その家族像とは違った家族への変化の意味として使われることもある。
2 ）伊藤友宣『家庭という歪んだ宇宙』（1990年　筑摩書房）、石川義博・青木四郎『思春期危機と家族』（1986年　岩崎学術出版社）、四方寿雄編『崩壊する現代家族』（1992年　学文社）など多数。
3 ）詳しくは、飯田哲也著『家族社会学の基本問題』1985年　ミネルヴァ書房　191—196ページを参照。ただし、社会病理や家族病理という見方についてはきわめて多様で複雑な理論問題という性格をもっており、いろいろな見方をそれぞれ批判的に検討することはきわめて煩雑である。そこで誤解を避けるために2 つの点だけことわっておこうと思う。1 つは、社会病理学の立場から家族をみる場合、家族病理が社会の問題性の現れであることを説得的に展開しているケース、もう1 つは、精神医学から明確な基準にもとづいて分析しているケースであり、私はそれらをも頭から否定するものではない。
4 ）「イエスの方舟」とは、千石剛賢というひとりの「キリスト者」が信仰をよりどころに家庭的結びつきと思われる共同生活を営んでいる集団であり、マスコミや構成員の親族が「娘の誘拐か」とか「娘を返せ」とかといった非難をあびせ、一時期解散状態があったが現在も存続している。
5 ）前掲書に加えて、飯田哲也著『家族の社会学』1976年　ミネルヴァ書房の「第九章　社会問題としての家族問題」を参照。
6 ）前掲『家族社会学の基本問題』190—191ページ

7）『朝日新聞』1982年1月8日朝刊
8）真田是・後藤和夫『社会体制と社会』（1970年　青木書店）、真田是『資本主義社会と社会問題』（1972年　汐文社）
9）なぜ民主主義の成熟度かについては、唐突な感じがすると思われるので簡単に説明しておこう。民主主義についてはいろいろな見方があるが、一般的には人間の尊厳あるいは人間を大事にすることと言えばあまり異論がないであろう。そこで自由・平等の重要性もさることながら、私はとりわけ友愛を重視している。友愛抜きでは自由・平等がやがては形骸化するのではないだろうか。その意味で民主主義の成熟度はどのような人間および関係を生産するかということと不可分なのである。
10）前掲『家族社会学の基本問題』208―211ページ参照
11）同上書「第八章　家族問題の性格の変化」で詳しく展開しており、見方の基本はいまも変わっていないので、ここでは歴史的にみる必要があるという意図を込めて、展開と特徴のエッセンスのみを示してある。
12）不測の事態とは、突然病気になるとか怪我をするとか、あるいは老齢化が急にすすむといったことを思い浮かべればよいであろう。昔は家族員の数が多く、親族関係や地域関係が最低限の相互扶助機能をそなえていた。
13）その他の例としては、さしあたりは余暇のあり方を念頭においている。
14）ＪＲではより速い列車が現れると遅い列車が廃止され高額料金を払わざを得なくなるのが常である。典型例として、「のぞみ」の導入でそれまでの速い「ひかり」（停車駅の少ない）がなくなったことを、挙げることができる。この例にはかならずしも実感できないひともいると思われるので、いまだ記憶にありかつ過去の出来事としては済まされない「阪神・淡路大震災」（1995年1月17日）を想起してみよう。あとで出版した本書の姉妹編ともいえる『現代日本家族論』、それをさらに発展させた『現代日本生活論』（いずれも学文社刊）でも触れているが、電気・ガス・水道・公共交通がストップし、さらには日常必需品を購入する商店も利用できない状況を考えてみれば、「生活の社会化」がひとびとの生活そのものになっているか、それ抜きには生活できなくなっていることがわかるであろう。
15）革新運動とは国民生活の諸問題を解決する1つの手段であるが、運動自体が目的化（運動していることの自己満足）していることが多いのでは？

第4章　望ましい家庭像を求めて

1　考え方と現実

自由に考えよう

　この章では、これまでの章のように短いイントロからはじめないで、いきなり本論にはいる。というのは、この章はこれまで述べたことにもとづくとともに、一定の価値選択が導入されているからである。そこでまず、望ましい家庭についての基本的な考え方を示してみたい。言いたいことはただひとつ、
　「理想の家庭のタイプはない」
　ずいぶん無責任にきこえるかもしれないが、ここではタイプという表現に注目してほしいのである。ここでもまた私のいう「発想の転換」が貫かれることになる。そこで「発想の転換」として、家族・家庭をしばらくだけはなれてやや一般的に考えてみよう。これまでの支配的な発想では、何事を考えるにあたってもあるいは主張する場合でも、大は社会や世界のあり方から小は個人の生き方にいたるまで、なんらかの理想にもとづいた〈タイプとしてのユートピア〉を描いて（あるいは想定して）訴えるというかたちが圧倒的に多いのである。しかし、ユートピアは所詮はユートピアであって現実とははるかにかけ離れている。とはいっても私はユートピアを示すことが無意味だとは考えていなくて、「新しい欲求」の生産としておおいに意味があると考えている。しかし、現実科学としての社会学（社会諸科学も）の立場からは、一方では理想をうちに秘めながらも、ユートピアにならないような発想がぜひとも必要なのである。ではどのように考えるか。
　いろいろな分野・レベルで「望ましいこと」を現実批判を含めて主張する場合、そしてまたそれにたいする反批判をする場合は、二者択一というかたちで

の対抗関係がみられるか、その折衷というかたちがだされることが圧倒的に多いのである。しかし、私は、「こうあるべきである」という立場からのなんらかの対抗関係を措定するという発想に異を唱えるものである。このような発想は、特定の価値観を絶対化するという性格のものであり、しかも絶対化している価値観を暗黙の前提として対抗関係を措定するものにほかならない。そのような発想はいろいろな分野に認められるので、具体的にいくつかの例を挙げてどんな発想であるかを確認しておこう。

　1970年代に「集団保育」か「家庭保育」かという論議があったが、そのような問題のたて方がほどなく消えていったようである。また道徳教育をめぐっては、具体的には「国家のための道徳」か、「民主的道徳」かという対立が教育の現場・教育運動ではいまでもあるようだ。そこには子どもの主体性（あるいは人権）がどれだけ考えられているかはなはだ疑問であり、私自身はそのような発想に反対を表明しているが[1]、そのような対抗関係の措定もやがておそらく消えさるのではないだろうか。地域のあり方をめぐっても似たような対抗関係の措定（企業本位と住民本位という対抗）があるようだ。これらの諸問題についてはそれぞれ独立して考える必要のあるテーマなので、ここで深くは追っかけないが、1つだけ確実にいえることは、地域を例にしてみると実際に対抗関係があることは確かだが、単純な対抗関係にない部分、たとえば「地域における産業空洞化」の危機という現実もまたあるのであって、具体的な現実分析にもとづく実践の問題であるということである。だから単なるユートピア（＝願望）だけにならないかたちで「自由に考える」には、きちんとした現実認識が不可欠なのである。本書で一貫して発想の転換を主張しているのは、このような理由もあずかっているのである。ではこれまでいろいろと考えてきた家族と家庭についてはどうであろうか。

人間の生産・関係の生産には公式はない

　家族や家庭について述べるまえに、私立大学でのゼミナールの教育について語ることからはじめよう。大教室でのマイクによる講義とは違って、小人数の

第4章　望ましい家庭像を求めて　87

　クラスでの相互論議の授業は人間の生産・関係の生産の活動そのものである。1970年代までは授業の進め方のパターンはだいたいきまっていた。80年代にはいるとそれまでのパターンではうまくいかなくなってきた、つまり高校からおくられてくる大学生の実態（＝人間のあり方）にそぐわなくなってきたのである。私のなかで（おそらく他の同僚教員たちも）新しい模索がはじまり、結論はまもなくでた。すなわち、自分の教育理念をベースにおきながらもきまったパターンはないということであり、年々変化する大学生の姿をできるだけ早く正しくつかむことがその年の具体的な活動の仕方＝授業の進め方を導きだしてくれるということにほかならない（まちがえてうまくいかない年ももちろんある）。90年代にはいると学生の姿を正しくつかむことまでがむずかしくなってきた。大学での教育活動は試行錯誤を繰り返しながらの学生たちとの「精神的格闘」の様相を帯びてきており、現在も続いている。

　人間の生産・関係の生産は実際にはそれほどむずかしいのである。なぜならば、関係の生産を通してしか人間の生産ができないからであり、関係の生産は自分ひとりの活動ではないからである。ところが、第3章でみてきたように人間のあり方が変化していて、関係の生産自体がむずかしいという事態に毎年直面しているのである。関係の生産を目的意識的に追求しないかぎりは、1週間に1度教室で顔をあわせるだけでは、関係の生産はまずできないといってよいであろう。この2つの生産に深く全面的にかかわる家族生活では、夫婦関係や親子関係の適切な生産活動がどの程度できるであろうか？　集団分化が極度に進展するなかで「情報化」も急速に進行しており、家族が客観的には生活の全部にかかわっていると同時に生活にかかわる度合いが少ないという矛盾した状況に置かれている。だから上に述べた大学での教師と学生の関係と同じように、夫と妻の関係や親と子の関係においてもお互いの姿がわかりにくくなっている。夫婦関係や親子関係についてのこれまでの通念がくずれてきているからこそ、「自由に考え」、「自由につくる」ということを、慎重に考えることが大事になっているのである。このことは、実生活でもいわゆる「家族論」[2)]の主張においても、そうなのである。

家庭の多様性が家族構成、家族機能、家族関係、生活条件、家族意識など家族生活のあらゆる面に認められるこんにち、それらをある特定の価値観で裁断しないで、具体的な家庭像は個々人の自由に委ねるというのが私の基本的な考え方である。とりわけ家族構成、家族関係についてはそうである。これまではどちらかといえば常識的な家族観が支配的であり、この場合には常識的でない家族のあり方は排除・否定される傾向があった。逆に常識的な家族観に反対する立場の家族観の多くには、自分の主張する家族のあり方こそが正しいあるいは望ましいとされる傾向が認められるのである。つまり、家族論についてもまた先に指摘した対抗関係を措定するという発想と同じようなことがあてはまるのであり、とりわけフェミニズムの立場からの家族論や「革新的」と自称している家族論にはこの傾向が強いようである。しかし、生活における個人の必要性（あるいは主体性）はきわめて多様であり、特定の価値観に収斂しないはずである。だから、かりにその主張にかなりの客観的な正しさが含まれていたとしても、大多数からの共感はおそらく得ることができないであろう。大多数からの共感を得ない主張は単なる自己満足にすぎない。

　くりかえし強調するが、家族は社会の必要性に一定程度制約されるが、家庭は徹頭徹尾自由な生活領域である。家族と家庭を区別したのもそのためである。人は自分にとって好ましい家庭像を他の人にまで強要する必要はない。したがって、望ましい家庭像については、ある特定の家庭像を提示するのではなくて、望ましい家庭像を追求するにあたってこれからの家庭を考えるために必要な素材を提供することになる。しかし、子どもをほしくないという場合はともかくとして、子どもを射程に入れるとまったく自由ではないし、成人の場合にも、その人自身が他の社会生活に協同的存在としてかかわっているかぎり、これまたまったく自由ではないのである。なぜならば、人間は関係の生産を通してしか自分自身も他の人間も生産できないからであり、関係の生産は自分勝手にはできないからである。つまり、家庭には家族の要素、とりわけ社会とのかかわりでどんな生産主体を生産するかということが一定程度そなわっている必要があることをことわっておいて、次章の課題へと展開していこうと思う。

第4章　望ましい家庭像を求めて　89

いま家族生活では何が……

　「いま家族は……」というかたちで論じられることが多くなっている。それぞれの家庭とは現にある家庭である。これから新しく家庭を創ろうという場合は、これまでに述べたことを参考にして「自由に」追求すればよいが、家族を自分ですでにつくっている場合はどうであろうか。この場合にはまったく「自由に」というわけにはいかない。しかし、家庭であろうとする努力ははっきりと意識しなくても、大多数の家庭ではなされているはずである。どんな家庭を求めるかは各人の自由であるが、先に指摘したように家族員すべてにとって家庭であるためには、それぞれがまったく自由に活動するというわけにはいかないのであって、それぞれがお互いにどんな関係を一致してつくっていくかがきわめて大事なことになる。

　相対的に多い家庭としては、国勢調査の結果に数字としてもはっきり現れている夫婦家族と直系的家族という構成をとっており、したがって、相対的に多数の人々が体験している家庭であり、具体例としては自分自身の家庭や身近で直接見聞している家庭を思い浮かべればよいであろう。家族の多様化がいろいろといわれているが、家族構成という面では必ずしもそれほど多様化しているわけではない。家族の多様化といわれる状況については、家族関係と家族生活に結びつくライフスタイルという面でいろいろな工夫が進行しているといえよう。しかし、これとても単純に多様化とみるよりも画一化の同時進行もあり、程度の差とみる方がよいであろう。つまり多様化と画一化は対立しているのではなく、家族生活のどこに焦点をあてるかによって多様化にみえたり画一化にみえたりするのである。

　家族関係の焦点は夫婦関係と親子関係である。すでに問題状況のなかで述べたようにこの面でもまた画一化と多様化の同時進行を認めることができる。多様化の具体例については、ほとんどいい尽くされているといってよいであろう。とりたてて新しいことではないが、ここでは「稼ぐ」ことにかぎって指摘しておこう。「稼ぐ」ことについては、画一（化）を主とし多様化を従とするといってよい。つまり実態としては「男は外」（＝稼ぐこと）は依然として主要な流

れなのである。女性の「職場進出」がすすんでいることを無視するのかという反論が、当然でてくるであろうが、そのような反論の根拠は女性就業者の統計数字によるだけという単純な考えによるものである。男性の場合、若干の例外はあるが、ほとんどが生涯にわたって（健康で仕事があるかぎりは）就労しているのにたいして、同じように就労している女性がどれだけいるかを考えてみればよい。ある調査時点での数字（＝統計数字）が過半数であることを根拠に女性の過半数が「職場進出」したという見方を、一体誰が実感として受けとめるであろうか。それはたんに「就労機会」が多くなったということにすぎない。このことは、多数のパートタイム労働の存在や結婚・出産・子育てのための退職がここ毎年100万人以上いること（ここ10数年つづいている）、などを考えただけでわかることである。さらにいろいろな意識調査でも、「自分の能力を生かす」、「女性も働くのが当然」という回答は、10〜20パーセントの間を上下している結果が多い。かつて主婦論争がはっきりした決着のないままに終わったのは、第一次論争では職場進出か家庭重視かという問題のたて方、第三次論争では家庭婦人か職業婦人かという（似たような）問題のたて方という私のいう旧い発想によるためと思われる[3]。

生活力について

つぎに、生活構造あるいはライフスタイルについて考えてみよう。これについてもいわゆる「消費生活」における選好とのかかわりで多様化がいわれているがはたしてそうであろうか。とりわけ生活構造は経済的条件に大きく制約されるという意味で、むしろ画一化が進展しているはずである。個人のライフスタイルでは画一化のもとでも確かにある種の多様化が進展しているが、これについても再三強調しているように、物質的条件と人間的諸活動の2つから考えるという原点にしたがうならば、単純に多様化とはいえないはずである。あらゆるものが商品になるという現代日本では、商品化の枠内での「多様化」＝消費選好がすすんでおり、どちらかといえば商業ペースにひきずられているように思われる。階層や年代によって自由に使える金額に大きな差があるので、大

多数の消費選好は一点豪華主義か一時期豪華主義になり、そのかぎりでの多様化ではないかと思われる。たとえば学生時代や独身時代だけ一定程度リッチであるとか、車だけ、衣類だけ、食事だけ、家具だけといったどれかが相対的に豪華であるとか、さらには1年に数日間だけリッチな生活をするという多様化ではないだろうか。物質的に豊かであることは確かに望ましいであろうが、それが家族生活の条件の1つであることを、すでに再三にわたって確認してきた。では家族生活における活動の面ではどうであろうか。

　そこで、新しい視点としての生活力（詳しくは第2部を参照）について付け加えておこう。最近「家系家族」にかわって「利系家族」という見方がでてきている。「利系家族」とはお金で結びついている家族のことである。はたしてそうかといえば、「家系家族」から「利系家族」へという見方は、家族の歴史的推移を考慮してみると、あまりにも単純な見方であろう。私有財産制以後、家族は家計の単位であるために本質的には常に利系家族であったし、これからもそういう状態がたぶんかなり長くつづくであろうと思われる。経済力は家族が家計の単位であるかぎりは、家族の集団的特質に含まれているのであり、「家系家族」と「利系家族」は単なる程度の問題、あるいはある面での「個人化」がすすんだために、以前よりはストレートに「お金」が前面にでているだけである。だからこれまでは生活力と言えば「お金を稼ぐ能力」という意味であったが、発想の転換を貫くと、生活力は違った意味として人間の未来を切り開くキーワードの1つとして新しい意義を帯びて蘇らせることができるのである。それは3つの生産を含んだ新しい概念として蘇らせることにほかならない。

　生活力とは、お金を稼ぐ能力（これまでの常識的見方）だけでなく、どんな人間、どんな関係をつくるような力を発揮しているか（そのような能力がそなわっているだけでは不充分である）という意味で、家事・子育てについての能力と好ましい人間関係をつくる能力を一括した概念として、私が新しい内容を盛り込んだ概念である。労働主体としてお金を稼ぐ能力だけでなく、生活主体と協同主体をも含む意味で、このような「生活力」概念は人間性に合致した概念であり、家族についてだけではなくさまざまな他の生活分野にも適用できる

のであるが、詳しくはあとで述べることにして、以上のことを念頭において「自由に考える」家庭の追求をすすめようと思う。

2　家庭像はいろいろある

常識的な家庭

　現象としてのあるいは個々人のイメージとしての家庭像を挙げるならば、おそらく収拾できないほど多様であるだろう。しかも、ここ10数年の間に新しい現実、新しい試みが現れている。ちなみに家族構成と性関係についてのいろいろな見解や試みの例を若干挙げてみると、核家族適合論、修正直系家族論、家族多様化論、家族否定論（あるいは無用論）、サイクル結婚論、オープンマリッジ、スウィンギング、新共同体（論）、姉妹世帯共同体（論）などなど枚挙にいとまがない。家庭をめぐるそのような状況のなかで、幸せな家庭生活への切符を考えるための前段の考察として、それぞれの家庭生活をイメージするにあたって、何が大事であり何が副次的であるかをはっきりさせる方向で考えてみたいと思う。具体的には、家族の本質を基本的にみすえながら、家族生活の諸側面について整理してみることを意味する。実際の家庭生活はそれら諸側面の組み合わせにほかならず、とりわけ常識的な家庭はそうである。

　ところで、私が発想の転換を一貫して主張し、これまでの常識的家族観から脱することの必要性を再三強調しているが、そのような主張が常識的な家庭観や家庭の存在を否定するものではけっしてないことを、ここでははっきりとことわっておこうと思う。これまでは常識的な家庭観（家庭観だけでなくなにごとについても）から脱するという主張の大部分は同時に常識的家庭（観）の全面的な否定を明示するかどうかはともかくとして含んでいた。しかし、そうではなくて夫婦別姓の主張は実際には夫婦同姓にすることをいささかも否定しない。このことは、「イエスの方舟」を家族と承認することがいわゆるふつうの家族を否定することにはならないことと同様である。したがって一般的に常識にとらわれないで考えるということと現実に常識的に生きることとはけっして

矛盾しないのである。さしずめ私自身はきわめて当たり前に生きていると自分では思っている。だから常識的な家庭もまた望ましい家庭像のなかの1つのタイプであることはいうまでもない。

　常識的な家庭については、家族の諸側面によるいくつかの組み合わせが大事であり、諸側面それぞれにはいくつかの異なる選択肢が考えられるのである。もっとも一般的には家庭をつくらないこと（単身主義）も選択肢の1つだが、これは家庭ではないので除外してよいであろう。構成についてはつぎのような選択肢が考えられる。すなわち、夫婦のみ、母子・父子のみ、夫婦と子ども、多世代構成であり（厳密に言えば成人に達したきょうだいだけの家庭も加わるがおおむね一時的なものであろう）、私はこれら常識的家庭を一括して「婚姻・血縁家庭」とネーミングするのが、さしあたり適当であろうと考えている。母子のみという家庭にはいわゆる「未婚の母」というかたちで母親が自覚的に選択したものがあるが、これについては夫婦別姓の家庭と同じように考えるべきであるという私の思いが込められている。

　関係や機能についても、構成と同じようにいくつかの選択肢がある。主に役割分担として現れる関係では役割分業の現状はまだまだ固定的であり、両性の平等という見地からは固定的でないほうが一般的には望ましいと思われるが、そのことは、ある1組の夫婦が生涯にわたって「男は外、女は内」という性役割分業をつづけることを排除するものではなく、夫婦ふたりできめればよいことである。さらに一歩すすめて考えると、「女は外、男は内」も選択肢の1つになるが、ここまでくると現状ではやや常識をはみだしていることになりそうである。機能については一般論としてはともかくとして、それぞれの家庭ではライフスタイルの選択と考えてよいであろう。

新しい家庭の実験

　価値観の多様化に応じた家族観の多様化のなかで、これからの家庭について考える格好の材料として、家族生活についての新しい試みが続出しているようである。1994年が国際家族年であるためか、元旦から『読売新聞』が「家族」

という題で連載した記事はそのような試みの紹介であった。すでに指摘した夫婦別姓の場合は、これまでの日本人の常識をはみだしている家庭の典型的な例の1つである。これを例として最初に提示したのは、これが今後の家庭のあり方に結びつく格好の例だからである。夫婦別姓の試みが自覚的になされるという歴史はそれほど古くはないが、最近その主張と実生活での試みが、女性解放論とも結びついてにわかに脚光を浴びるようになってきている。夫婦別姓の「家庭」は、現時点での日本社会では私の定義にある「社会的承認の必要」という要件に照らすと「家族」ではないのである。主観的意図はともかくとして客観的にはそうであることを、わたしたちがはっきりと確認することはきわめて大事である。

このように確認すると、私が夫婦別姓に反対の考えをもっていると受け止められるかもしれないが、そうではなくて賛成するがゆえにこのような確認をしているのである。私の家族の定義で明示したように家族構成の原理には「社会的な承認」が不可欠である。これをもうすこし具体的にいえば、家族構成の歴史的変化は、社会的承認による家族の範囲の変化にほかならない。この社会的承認は法的にはっきりしていることもあれば、慣習的な意識によってなんとなくということもあった。これまでは家族構成の変化ははっきりと自覚されないままに、どちらかといえば社会の変化に規定される面が強かった。私の主張は、まだ社会的承認にまでいたっていない「家庭」を新しく「家族」として承認していくという主張にほかならない。夫婦別姓を承認せよという主張を、主観的価値観に依拠しないで理論的に表明するというのが私の意図である。この意味では、以前は否定的に取り上げられていた「イエスの方舟」が、最近のマスコミの一部で肯定的に取り上げられていることも、家族の能動性として同じような意味をもっているといえよう。だから「イエスの方舟」もまた家族としての社会的承認という要件を欠いた「家庭」といえるのである。他の例についてはあとで一括して整理して示そう。

家族構成の面だけではなく、家族関係の面でも新しい試みとして「家族新聞」の発行を挙げることができる。なかには非常に長い歴史をもっている例もある

が、社会現象としてはまだ新しいといえよう。これをめぐってもいろいろな評価の仕方があるが、まだあまり知られていないという意味で新しい試みといえるので、実例を簡単に紹介しておこう。元会社員Hさん（62歳）、『おはよう新聞』を昭和54年に発刊し通算200号になる。B4判2ページの月刊で子どもたちを含めて全員で身近な出来事や考えを自由に書くものである。娘が婚約者の家へ製本した冊子をみせて「いい家族ですね」という理解を得たとのことである。「新聞」を配る範囲はそれぞれの家庭によっていろいろだが、全国家族新聞交流会というのがあって、単身赴任にともなう問い合わせがふえているそうである。「家族新聞」の発行は最近の家族の現状からして「生活の知恵」の１つであるといえよう。しかし、これを家族関係のあり方として絶対化したり絶賛したりすることには、私は賛成することができない。やや極端にいえば、「家族新聞」はない方がよい、いや、あっても趣味程度でよい。しかし、現時点ではコミュニケーションの不足を補うという意味をもっていることを私はいささかも否定しないし、新しいネットワークの形成にも結びつく意義を評価することができる。新しい家庭の実験（性の実験も含む）は、家族構成や家族関係にかぎらずいろいろなされているが、つぎにまとめて考えてみることにしよう。

常識をはみだした家庭

先に指摘した「イエスの方舟」がその典型的な例であろう。これを取り上げたテレビ報道では、ニュースキャスターの筑紫哲也が「はたして家族なのか？」と問いを投げかけているが、私は「家族」ではないが「家庭」であるとみなしている。そしてすでにたびたび触れているように、現時点では夫婦別姓もそうである。ドラマの世界でしか知らないが（実際にあるかもしれない）、レスビアンとは違って性関係抜きの３人の女性の共同生活の例も考えられる。そこであり得ると考えられる家庭（家族になるにはそのための条件づくりに一定の時間を必要とするであろう）のタイプを構成にしぼって整理すると、次のようになる。常識的な家庭をさしあたり「婚姻・血縁家庭」とネーミングしているので、それとの区別を際だたせるような表現で示してみよう。

a、性関係をともなう同性家庭
b、性関係をともなわない同性家庭
c、婚姻・血縁のみでない多世代家庭
d、非血縁のみの家庭
e、血縁のみの家庭
f、複合家庭

　aはいわゆるホモやレズと言われている同性愛による家庭であり、これについてはとくに説明を必要としないであろう。bはさきにちょっと指摘したのであるが、たとえば離別、死別、未婚など理由はどうであれ単身の同性同士が合意してつくる家庭であり、寡聞にして実例を知らないが、テレビドラマにはあるので、実際のモデルがある、もしくは可能性がある家庭と考えてよいであろう。cはすでに挙げている「イエスの方舟」を思い浮かべればよいであろう。現在は2世代家庭だが、さらに世代が広がる可能性があると考えられる。dは「新共同体的家庭」として「実験」例があるが、cに転化する可能性もある。eは姉妹世帯共同体であり、かつてのナヤールなどの家族を思い浮かべればよいであろう。fは定型のはっきりしない家庭であり、自由な家庭としては充分可能性があると考えられる。

　現代日本ではこれらの家庭は、養子などの縁組みによって擬性的な「婚姻・血縁家庭」とすることによってのみ社会的承認という要件を充たす家族となることができる家庭である。ここでぜひとも確認しておく必要があるのは、それらが「異常」であるとか家族とは無縁であるとかと思わないことである。なぜならば、「社会的承認」という1点をのぞいては家族としての要件をすべて充たしているからである。

　このように考えると今後の家族を予想することができるし、さらに単なる予想を越えて社会的に家族のあり方の方向を示すこともできる。いや、常識をはみだした家庭について語ること自体がすでに方向を示しているといえるであろう。常識をはみ出した家庭については、現時点で考えられるかぎりにおいて挙げてみたのであるが、だからといって私はそれらの家庭を特別勧めているわけ

ではない。繰り返し強調するが、常識的な家庭生活を営んでいる人にとっては、それらの家庭が選択肢の1つであることを認める必要があるということに尽きるのである。自分は選択しないが認めることはできると、ものわかりのいい反応が日本人にはままあるが、実際にはそれほど簡単ではないのである。ここではただ1つだけいっておこう。自分の子どもがそれらの家庭を選択しようとしたら、ものわかりのいい反応ができる人はどれだけいるだろうか。[7]

3 理想の家庭について

考えることはいくつもある

　家族についていまほど多く論じられることは、おそらくこれまでなかったであろう。家族の定義がいろいろあることについてはすでに述べたが、家族論は女性論やさらには男性論も加わって一層多様であり、簡単に整理できない状況にある。しかし、発想の性格となると多様なわりには共通性が強いように思われる。発想の仕方として自由に考えることを主張してきたが、自由に考えるとは固定した常識的発想にとらわれないということであって、無制限に自由に考えるとかえって望ましい家庭の方向から遠ざかるかもしれないのである。この節ではすでに述べた発想の転換にもとづいて、考える必要がある家庭の諸要素について示し、項をあらためて家族を視野にいれる必要性について述べることによって、私の最終的結論を導きだそうと思う。

　どんな諸要素をどのように重視するかについての私見を述べるが、家庭の諸要素についてどれを重視するかはもちろん各人の自由である。しかし、どんな家庭を目指すにしても、家庭あるいは家族でないものつまり単なる集団をつくるわけではないので、どんな意味であろうとも人間の生産に全面的に（すべてではない！）かかわることになるし、さらに付け加えれば構成員すべてにとって家庭であることが当然要請されることになる。そこで各人の自由であるという前提のもとに、必要な要件について考えてみよう。

　構成については考えられ得るかぎりについてすでに述べており、考えるため

の材料を最後に再び具体的に示そうと思うので、どんな家庭を目指すにしても家庭観の一致が不可欠であり、その前提のうえにもっとも一般的には家庭目標、家庭関係、家庭機能について考える必要がある。これまで家庭目標（または家族目標）という言葉をまったく使っていなかったので唐突と思われるかもしれないが、これは家族の集団的特質についてそれぞれが自分の家庭を考えるにあたっての言葉であり、望ましい家庭を目指すにあたっては家庭目標はぜひとも考える必要がある重要な要素である[8]。

　第二にはどのような家庭関係を生産するかということであり、これは家庭関係として意識されていないが、大抵の人は考えるのであり、婚約したテレビタレントに「どんな家庭をつくりたいですか」とレポーターが質問するのは、家庭関係についてなのである。タレントからの「明るい家庭をつくりたい」とか、「お互いに隠し事をしない家庭」とかといった応答を思い浮かべれば、それが家庭関係についてであることがわかるであろう。

　第三には家庭機能についてどのように考えるか、これはライフスタイルの選択の問題である。具体的イメージを思い浮かべてみよう。食事については外食・インスタント的食品・手料理をどのように選択・組み合わせするか、家庭としての娯楽をどうするか（定期的あるいは時々一緒にとか、各人の好みにすべてまかせるとか）など、「生活の社会化」との関連が問われることになる。

　第四に全体としての家庭観のおおよその一致が必要であるが、これはライフサイクルやライフコースさらにはライフスタイルをイメージする問題であって、それぞれ意味が違うができれば一体として考える方がよいであろう。たとえば住まいについて庭つき持ち家・借家、マンションも賃貸かどうか（ライフスタイルの問題）、そしてそれに応じて、生涯のどんな時期にどんな住まいが望ましいか（むろん金銭的条件の制約はある）は、家庭構成や家庭関係など家庭の諸側面について当然考えなければならない。家庭構成員それぞれの相対的独立を重く考えるか日常での緊密さを重く考えるかによって、しかも子どもの成長をも視野におさめると、かなり多様な家庭観があり得るであろう[9]。

家族を視野に入れる

　前項で述べたことは必要最小限の例であり、考えるか考えないかということも含めて自由なのであるが、それはすでに述べたように家庭と家族の違いのためである。社会的必要性を考えてもわかるように「家族」がまったくの私的性格というわけにはいかないのにたいして、家庭はほとんど私的生活領域であって、どんな家庭生活を営むかは基本的には各人の自由にまかせられる生活領域である。しかし、上の「ほとんど」という表現にこめられているのだが、無条件に自由というわけにはいかない。「家庭」が「家庭」としてだけにとどまらないで同時に「家族」でもあるかぎりは、社会の必要性に応じて人間を生産するのであり、とりわけ協同主体としての人間を生産する存在であるかぎりは、まったく自由な生活というわけにはいかない、つまり家族を視野にいれて家庭生活を営まねばならない、ということが私の見方から導きだされるであろう。自由な家庭の創造は、この意味では人間ひとりひとりの生き方にかかわる問題なのである。付け加えるならば、「いたるところで鉄鎖につながれている」人間が、鉄鎖を断ち切ると同時に新しい絆をどのようなものと考えるかということにほかならないといえよう[10]。

　個人の必要性は自由な家庭という考えだけでおさまらないこともないが、家庭生活は社会をまったく無視してはあり得ないし、構成員それぞれがなんらかのかたちで社会にかかわって生活を営んでいることを考えると、家庭創造において社会の必要性をどのように考えるかが、見過ごすことのできない重要な意味をもつことになる。家族をも視野に入れるにあたっては、第1章での生活・人間・家族のとらえ方が主役を演じる。繰り返し強調するが、家庭が家族でもあるかぎりは人間の生産にたいしてその社会に応じた責任をもつ存在であることをも意味する。つまり、どんな人間を生産するかが鋭く問われるということにほかならない。

　しかし注意せよ。どんな人間を生産するかを社会の必要性とのかかわりで考えるということは、そのときどきの社会の必要性に無条件に応じることをけっして意味しないのであって、まさに人間ひとりひとりの生き方が問われ、その

生き方とのかかわりで社会の必要性がつまり家族が視野にはいるのである。

具体的には他の人間を生産できる人間（第3章での「問題状況」を想起すればよい）、いろいろなレベルでの関係の生産に参加できる人間、つまりどんな協同主体を生産するかがとりわけ重要である。関係の生産にどのように参加する人間を生産するかは自由であり、この意味においてひとりひとりの生き方が問われる問題なのである。当人の参加しない自由に加えて、参加しない自由を行使する人間の生産を私は否定する。なぜならば、自分が客観的にかかわっている関係の生産に参加しなくても客観的にはその関係を生産しているのであり、しかもそのような人間を生産していることになるからである。したがって、このような社会の必要性からも自由でありたいならば、私見では家庭をつくらない自由を行使するのが妥当であろう。

理想の家庭を考える

「望ましい家庭像」を求めるというこの章のテーマからして、各人の自由にまかせるというだけでは不充分であって、「理想の家庭」について具体的に考えることを避けて済ますわけにはいかないであろう。どんな家庭をつくるかあるいはつくらないかは基本的に自由だとこれまで述べてきたが、家庭をつくらない自由はともかくとして、まったく自由勝手に家庭生活を営むわけにはいかないという理由が2つある。1つは、実際の家庭生活は客観的には社会的要請としての家族の要素を含んでいて、それを無視するわけにはいかないからである。もう1つは、主観的には自由に考えることができるが、その場合にも現在の限られた範囲内の考えにおちいりやすく、長い将来にわたっては自分の意に反して客観的には「望ましくない家庭」になってしまうかもしれないからである。「今が幸せならばいい」と思う人もいるであろうが、第3章で示した「問題状況」を思い出せば、これだけは考えた方がよいということをおさえておく必要があるだろう。ともあれ基本的には各人の自由にもとづくならば、なんらかの具体的家庭像を示すことができないので、ここでは次章につなぐ意味でいくつかの「必要条件」と「可能性」を示すにとどまる。

理想の家庭について考える基本的な視点は個人の必要性と社会の必要性、そして生活力である。個人の必要性については、家庭目標、家庭構成、家庭関係、ライフスタイルの4つの点から考えてみる必要がある。まず家庭目標をある程度の具体性をもってはっきりさせることが必要である。これまでの「家族論」では、これが意外と言われていないように思われる。実際には未婚の人々はこれをもっており、あるデータによると年齢が高くなるにつれて次第に現実的・具体的になるらしいという傾向が示されているのである。[11] その善し悪しはともかくとして、高度経済成長以前には大抵の家族にいわゆる「家風」というのが暗黙の前提としてあった。「家風」といえばきわめて抽象的に感じるかもしれないが、実態は家族生活の営み方としてきわめてこまごまとしたものであった。このようにいえばいかにも古くさいようだが、家庭目標とは「新しい家風」の主張であるといってもよい。かつての「家風」は過去から受け継がれたもので無条件に従うものであったが、「新しい家風」は自分たちで自由につくっていくものあるいは変えることができるものであり、未来につながるという性格のものである。

いろいろな可能性が考えられる

　家庭構成については、すでに常識から抜け出すことを再三にわたって述べているので、「婚姻・血縁家族」にこだわらないことを確認するだけで充分であろう。この確認が、自分自身の実際の家庭生活でそのことにこだわらないことを絶対化するものでもなければ、こだわることを否定するものでもないことはむろんいうまでもない。「望ましい家庭」としていろいろな可能性が考えられるのであるが、ここでは、血縁・性・年齢にこだわらないという程度の前提にもとづいて、構成と役割分担について考えられ得る具体的ケースを若干補足的に述べるが、この2つによって家庭の他の面はおおよそ自然に決まると思われるからである。

　すでに述べた「常識をはみだした家庭」の構成を考えると、私のいう意味でのエロス的関係が唯一の結合の絆である。非血縁の家庭の一種である同性同居

については2種類考えられる。性関係をともなうものとともなわないもので、前者がいわゆる「同性愛」によるものであるが、後者についてはさらに2種類あって、1つは、結婚前の若い世代同士、これは早晩解体する可能性が強い。もう1つは、未婚・離死別にかかわらずいわゆる熟年以上の世代同士、これはエロス的関係が存続するかぎりは解体しないと思われる。このほかにもいろいろな非血縁の家庭が考えられるが、さしあたり「新・親子家庭」と「新・複合家庭」とでもネーミングできると思われるものを、家庭を自由につくるあるいは自由に発想することの具体的イメージとして描いておくにとどめる。

「新・親子家庭」とは実質的には養子縁組であるが……、養子縁組と言えば、これまでの通念ではいろいろな事情の違いがあるにせよ未成年の子どもを養子にするか、子どもの配偶者を養子にするか、そして古くは「家」の存続のためかであった。「新・親子家庭」とは成人同士の自由な結びつきによる家庭である。結びつきのプロセスは配偶者選択のプロセスと同じであり、具体的なきっかけはどうであれ、高齢世代の者と若年世代の者（夫婦でも単身でもいい）とが合意して新しく家庭をつくるのである。親がいなかったり子どもがいなかったり、あるいは血縁の親や子どもと気があわなかったりといったひとで、親子関係のある家庭を望むケースを想定してみればよいであろう。「新・複合家庭」とは、これまた成人同士（子どもがいる場合もある）の自由な結びつきによる家庭である。すなわち、複数の夫婦が合意して新しく1つの家庭をつくるのであり、これまではきょうだいでのケースが実際にあったのであるが、親子関係と同じような理由が考えられるであろう。[12)]

最後に、家庭機能と家庭関係についてはまったく自由ということにつきるかといえば、必ずしもそうとはいえないということを付け加えておこう。家庭が家族であるか（＝社会的に承認されているか）どうかにかかわらず、成人にたいしても未成年者にたいしてもすべてではないが全面的に「人間の生産」にかかわっているので、どんな人間をつくるかということへの結果にはそれなりの責任がともなうことが考慮されなければならないであろう。私の価値選択が色濃くはいっていることをことわっておいて、どんな家庭をつくるにせよ、家庭

生活を営むにあたっての最重要課題として「生活力」を常に念頭におく必要があることを強調したい。

　繰り返しになるが、大部分の人々にとってそれぞれの家族の必要性と社会の必要性は現実には常に矛盾してきたし、これからも当分のあいだ矛盾が解消しないと思われる。しかし、真に望ましい家庭にとっては、この矛盾がないところにある。したがって、そのような社会のあり方（具体的にどんなあり方かについては合意が必要）を求めることもまた、望ましい家庭を求めることの要件の１つにほかならないのである。家族の必要性に社会の必要性をできるだけ接近させることである。このことは、次章に直接結びつくのであるが、これまでは望ましい家庭生活の追求として物質的生産力に傾斜した考え方が支配的であったし、いまもそうである。そのことが人々の意に反して望ましい家庭をつくることを困難にしているのであり、現代家族の問題状況で確認した通りであって、発想の転換としての「生活力」についての主張の意義もまたそこにあるといえよう。そこで次章では〈第１部〉の締めくくりとして自由な家庭をつくっていくための条件について、発想の仕方をも示すかたちで考えることになる。

註
1）飯田哲也・加藤西郷編『思春期と道徳教育』（1989年　法律文化社）は、執筆者全員によるこのような発想の合意にもとづくものである。この書の合評会で、道徳教育を一貫して否定していたあるベテラン中学教師が「このような道徳教育なら反対しない、工夫できるかもしれない」という発言があり、教育現場からの賛意を得ていることを、つけ加えておこう。
2）ごく当たり前のことであるが、「自由に考える」とは固定的観念にとらわれないで考えることであり、「自由につくる」とは自由な考えにもとづきながらも、一緒につくる他者との関係を考慮することである。だから私は「他者との関係を考慮すること」の根底に友愛をすえていて、それ抜きの自由を自分勝手と考えている。
3）主婦論争の概略については、飯田哲也『家族社会学の基本問題』（既出）の「第九章　主婦問題と配偶者選択」を参照。さらに詳しく知りたいときは、上野千鶴子編『主婦論争を読む』（1982年　勁草書房）を参照。
4）博報堂生活総合研究所編『「半分だけ」家族』（1993年　日本経済新聞社）では現

代家族の特徴として論じられている。
5）『読売新聞』1993年9月19日朝刊、紙面上で私もコメントしている。なお、池田良孝編・著『家族新聞をつくる』（1993年　ビジネス社）につくり方など詳しく紹介・解説されている。
6）テレビドラマの世界であるが、単身の熟年女性3人が「家庭」をつくるにいたるプロセスが描かれてあった。人生キャリア、経済状態、得手不得手がそれぞれ違う3人がお互いに他を補って生活し、時には怒り時には甘え合う関係は家庭以外のなにものでもないと感じるのは私だけであろうか。
7）かつての国際結婚についての肉親の反応を思い出せば、常識をはみだした家庭を承認することが実際にはそれほど簡単ではないことがうなずけるであろう。日本人にとっていまでこそ国際結婚はそれほど変わったことではなくなっているが、かつてはいざ自分の子どもが外国人と結婚するとなると、相当の抵抗感があったのである。
8）私自身は旧著で理論構成の青写真として家族目標を提示しているが、家族社会学ではほとんど取り上げられていないので、今後の理論的課題でもあると考えている。
9）「望ましい家庭」には特定のタイプがなく多様であるということを別の表現で言えば、自分自身の家庭像をできるだけ具体的に確立することが肝要であるということにほかならない。
10）家族生活あるいは個人生活について、いわゆる「共同体社会」の崩壊にともない、親族や地域との関係の変化を「自由なき連帯」から「連帯なき自由」、そしていま「自由な連帯」がもとめられており、どのような連帯をつくっていくかはそれぞれの生き方による、と私は考えている。
11）1983年3月に創刊してから1986年頃までの短い期間ではあるが『結婚潮流』（潮流出版）という月刊誌があり、私自身も1年間ばかり執筆陣の1人だったのでこの種の雑誌としてはわりと丁寧に読んでいた。目玉記事の1つとして「100人の釣書」というのがあり、独身男性の結婚相手に望むことがいくつかの項目で示されているのだが、興味深いのは結婚生活つまり家庭イメージであり、年齢が若いと恋人との同棲イメージの傾向、30代にはいると自分の母親など具体的な家族構成による家族関係のあり方など、具体的な家庭イメージの傾向がはっきり認められる。
12）配偶者選択とはちがって、このような家庭をもとめる人は相対的には少ないであろう。しかし、ともあれ合意にもとづく新しい家庭の創造は充分に選択肢の1つとなるのである。だから「親子見合い」や「家族見合い」があってもいいのではないかと思われる。ただし現状では、そのような家庭を家族にすると相続や扶養などややこしい問題があるので、家庭としてはともかくとして家族にするには法律問題をクリアする必要がある。

第5章　家庭生活の諸条件

　それぞれの人がそれぞれの家庭像を描くことは自由であるが、その実現がきわめてむずかしいことはいうまでもない。現実的条件を少しでも考えてみるならば自由な家庭の形成は夢物語と思われるであろう。これまでは発想の転換を主張はしたが、その場合にも事実をして語らせることを重視して、私自身の主観的と受け止められるような思いは極力ひかえてきた。ただし、私の価値選択があることを隠すつもりはないし、章を追うごとにその傾向が強くなっていることも確かであろう。そこで、〈第1部〉を結ぶにあたって私自身の思いをかなり前面にだして、望ましい家庭の諸条件を考えるというかたちで社会、家族、人間の関連に迫ってみることにしよう。

　はじめに第1章で確認した、「人間とは主体的活動であり、しかも協同的存在である」ことを思いだしていただきたい。現在の日本人の多くはこの当たり前のことを忘れているのではないだろうか。日々の行動で実際にはそうしているのだが、日常生活からほんの少しずれると人間本来のあり方が消え失せてしまっているのではないだろうか。「イントロ」的部分がやや長くなるが、いきなり「天下国家」について考えよとか、問題が多く不合理と矛盾に充ちた社会を根本的に変革しようなどというつもりはない。最終的には「社会のシステム」を変える必要があるとは思われるが、私の主張は唯一つ「できるところからほんの少しでも自分の生活を人間本来のものに変えよう」ということである。ここで大事なのは「生活そのものを変えよう」ということであり、「生活態度を変えよう」でも「考え方を変えよう」でもないということである。「頭ではわかっているが……」とよくいわれるように、考え方ではなくて生活つまり日々の活動を変えることはけっしてやさしくはない。しかし、てはじめになにか1つだけ変えることは、大抵の人にとって本気で考えればできないことではないということを強調しておこう。そして多くの人が可能な範囲で生活を変えるこ

とが、望ましい家庭の条件の大前提なのである。

ところで「望ましい家庭」の実現の条件については、これまではどちらかといえば物質的条件についてより多く語られている。意識については、意識的条件というかたちではなくて、自分の意識を変えるあるいは誰かの意識（典型的には男性の意識、時には女性の意識）を変えるというかたちで語られている場合が多い。しかも「意識を変えよ」という主張には、これまでに指摘しているように別の理念的な意識（考え方）が正しい意識として想定されていることが多いのである。この章では、家族あるいは家庭についての社会通念そのものを変えることを主張するが、だからといってなんらかの意識が絶対的に正しいと主張するつもりはない。そうではなくて意識の相対化とそれらの現実化の諸条件の相互関連と意味について指摘すること、それらを考えるにあたって〈第２部〉へつなぐ意味で理論の重要性を多少とも喚起することを狙いとしている。

1　意識的条件

支配的な意識について

一般によく知られている意識的条件としては「男は外、女は内」というのがある。固定的性役割分業として知られているこの意識は、一般的にあるいはタテマエとしての男女平等がかなり進展している現在でも、現実的にあるいは自分自身の場合となると相当根強く存続している。いわゆる「一般論は賛成で個別的には賛成でない」という相対的に多い意識であるが、そこにはホンネとしては一般論にも賛成しないという潜在的意識があると思われる。「普通の家庭は一対の男女からなる夫婦を中心としてなりたっている」、この意識は固定的性役割分業の意識よりはもっと強い。同性愛にもとづく「家庭」については、圧倒的多数の人は「普通ではない」と思っているであろう。この２つの例を挙げたのは、家族をめぐるさまざまな「常識」あるいは実態から無造作にピックアップしたというわけではない。この２つを対比して考えることが意識的条件ということを考えるうえで相対的にふさわしいと思われるからである。

まず前者について具体的に考えてみよう。実態としては根強く残っており、社会的条件としてはその物質的基盤すなわち私有財産制（のみではないが）という基盤があるので、取りのぞくことがそれほど簡単ではないであろう。しかし、この基盤は実際に個々の家族について考えてみると支配層だけにあるのであって、大多数の人々にとっては実際にはないのであり、知らず知らずのうちに強要されている一種の「幻想」として（時には可能性として）あるにすぎない。具体的に示すならば、支配層の家族では「お金を多く稼いでくる」のは主に男性である。これにたいして大多数の家族の場合は、男性は女性を支配できるほどのお金を稼ぐわけではなく、むしろ不足分を女性が稼いでいるケースがかなり多いはずである。ただ「能力」と好運によって多く稼ぐ可能性は男性の方が多いというのが、現在の社会の基本的な性格である。という状況のなかでとりわけ高度経済成長以降一定の様変わりが進行している。

　スーパーマーケットを例として考えてみよう。1970年代前半頃までは成人男性の姿はあまり見かけられず、とりわけきちんとしたスーツ姿の男性が買物籠をもっていれば、女性から奇異な目で見られたものである。しかし、80年代後半頃からは、男性の姿が多くなっただけではなく女性が奇異の目で見なくなってきたのである。私はこの「奇異の目で見なくなったこと」に注目してほしいと思う。これこそが「男は外、女は内」という意識的条件が変わりつつあること（まだ変わったわけではない）を意味する。しかし、注意せよ。このことは「男は外、女は内」という家庭内分業を全面的に排除するものではない。ある家庭の実際の姿がそうであっても一向にかまわないし、逆にまた「女は外、男は内」であってもよいであろう。これが、男と女の関係のあり方を相対化することにほかならない。性役割分業で意識的条件として一般的に否定されるのは「固定的」の部分だけである。

　他方、同性愛にもとづく「家庭」はどうであろうか。この場合は、先に挙げた「イエスの方舟」が10数年前に蒙ったと同じように、現時点では非難をこめた奇異の目で見る（心中でそう思う）人が圧倒的に多いであろう。私は寡聞にして確かな実例をあまり知らないが、もしマスコミにおける著名人（タレントや

政治家など)がそのような「家庭」をつくったならば、格好の話題としてテレビのレポーターが追いかけるであろう。現に離婚したさる俳優についてひそひそとささやかれているし、政治家の場合は致命的なスキャンダルになるはずである。「男は外、女は内」とは違って、この意識的条件は現在のところほとんどないといえよう。しかし、私の家族の定義では、社会的承認を得ればそれが家族ではないという根拠はないはずである。

夫婦別姓の家庭は目下社会的承認にいたる過渡期にさしかかっていて、おそらく遠からず社会的承認にいたるであろう。私自身の体験では、年賀状に夫婦別姓での連署を見た時、かつては「そうなのか」と思ったものだが、いまは奇異に感じなくなった、というよりは何も感じないといったところである。大多数の人が何も感じなくなれば、社会的承認の意識的条件が形成されてきたということを意味するが、すぐあとで述べるようにまだそうはなっていないのである。同性愛はいまだしであるが、前者が奇異でなくて後者が奇異であるといういかなる根拠もないはずである。同性愛では子どもができないということは根拠にはならない。子どものいない夫婦がたくさんいるではないか。加えて生物学革命の嵐のような進展。[1]

意識的条件についての考え方

意識的条件を考えるにあたってのもっとも基本的なことは、自分自身の家庭を含めてすべての家庭生活を相対化してみるということである。別な言葉で表せば、自由な家庭創造ということを徹底的に貫くということにほかならない。とはいっても同性愛など先に示した常識をはずれた家庭にたいしては、大抵の人は抜きがたい先入観に知らず知らずのうちに縛られていることが圧倒的に多いのである。

すでに述べたように、自由な家庭創造の追求として家庭あるいは性関係についての新しい実験がいろいろと現れており、それらの実験自体は現時点では時間的にはそれほど新しくはない。しかし、私が「新しい実験」と表現せざるを得ないところに、社会的限界があるといえるのである。つまりその面での発想

を転換しても、発想の全面的転換がないかぎりは、「新しい実験」は結局は「新しい実験」でありつづけるのであり、意識的条件が社会的にはできていないことになる。

　現在、日本では「実験」の域を越えはじめているのは夫婦別姓だけかもしれない。しかし、これとても目的意識的に私の言う〈意識的条件〉を社会的に創出しているとは必ずしもいえない。ある公立大学の教員をしていた女性の友人の話だが、彼女が結婚したとたんにあらゆる書類から「旧姓」が消えてしまったのに驚いたそうである。国公立大学に勤務する女性教員（そして公務員）はすべて経験しているはずである。しかし、たくさんある公務員の労働組合や「革新政党」が運動方針としてこの問題を掲げたことがあるであろうか。少数の女性と法曹界の一部が前面に打ち出しているにすぎないという、意識的条件としては寒々とした現状ではないだろうか。常識的な先入観にとらわれずに相対化してみる、あるいは実例が少数であることを変わっているというようなかたちで奇異な目でみないという、言ってしまえば単純なことなのだが、いざ具体的場面でそれを貫くとなると、それほど簡単ではないのであり、ましてや社会的合意の形成はさらにむずかしいといえよう。

　上の例でもわかるように、意識的条件を追求することは単純に意識を変えよということではなく、人間が主体的活動で協同的存在であることにもとづいて考える問題なのである。この点について付け加えて述べるならば、家族生活ほどそのような人間性を発揮する対象（＝協同的活動の対象）として取り上げられない社会分野はないのではないだろうか。そのような人間性が具体的な活動として現れる代表的なものに、労働組合運動や「革新的」社会運動・政治運動がある。日本におけるそのような運動組織において、家族（あるいは家庭）の問題がどれだけ取り上げられているであろうか。前者においては、育児休暇と時短を家族生活とかかわるものとして挙げることができる程度ではないだろうか。これとてもどちらかと言えば家族問題ではなくて労働問題であろう。後者では、「家族政策」としてまとまった運動方針がないに等しい状態であり、家族生活にかかわるものとして婦人政策、青少年政策が一応は該当するのであろ

うが、家族生活そのものをトータルにみるという発想がはたしてあるといえるであろうか、はなはだ疑問である。いろいろな生活分野についてトータルな政策をかかげるはずの政党とりわけ「革新政党」がトータルな家族政策を示したことがなく、家族生活については、いわゆる市民運動というかたちで部分的には取り上げられているが、その範囲を大きくは越えていないようである。[2]

　意識的条件とは、スーパーマーケットの例で示されるように、単純に観念的なものではけっしてなくて本質的には実践的活動なのである。私が強調したいのは、意識的条件をつくるとは、そのように活動せよということであり、しかも協同的存在として活動せよということである。協同的活動なしには意識的条件の形成は遅々としてすすまないであろう。この意味で意識的条件とはすぐれて実践の問題なのである。

考え方を具体化してみると

　家族機能については「生活の社会化」の進展によって相対化する意識が多く認められる。食事については外食が多い家庭もあれば、そうでない家庭もある。既製食品の利用についてもいろいろである。衣・住・娯楽・冠婚葬祭その他の生活でも選択肢はたくさんある。これに比べて家族構成の選択肢は少ないだけでなく、あまり増えていない。

　家族構成については、現在支配的である夫婦・子ども・血縁によるという意識を絶対化しないことが不可欠な条件である。「血は水よりも濃し」といわれているが、ヒトの生産においてはたしてどうであろうか。一般的意識としては確かにあるが、そして「生みの親」の絆の強さが小説やドラマなどでテーマになることが多いが、日本では不思議なことに「生みの親より育ての親」という逆の格言もある。日本の格言にはたとえば「２度あることは３度」と「３度目の正直」と逆のものがあり、ものごとを絶対化しない民衆の感覚があったように思われるがどうであろうか。ともあれ、血縁をかならずしも絶対視しなくてもよいのではないだろうか。だから、どんな家族構成であっても社会的人間の形成にのみ注目することで充分である、といいたいのである。

つぎに家族関係については、とりわけ夫婦関係のあり方はまったくの自由であって、いかなる絶対化もしないことである。フェミニズムからの反論があるだろうことを承知で言えば、もし一対の男女が現実的には「男は外、女は内」の生活をしており、両者が合意しているならば、それでよいではないか。テレビ番組だったか週刊誌だったかは忘れたが、ある女性が「うちの主人は……」と発言したところ、「女性解放論」者の女性が、「主人という言い方はやめなさい」と強圧的に言うと、「私が夫を主人と言おうがなんと言おうが勝手でしょう。私の言い方にとやかく言う権利はあなたにはない」と反論したそうである。「主人」という言い方はたしかに封建時代の遺物であるが、「絶対化」は共感を呼ばないと、私は言いたいのである。

しかし、ここから固定的性役割分業の擁護論と違うところだが、その場合には子どもがいないかぎりにおいては、という条件がつく。大人の家庭生活のあり方が、子どもにとっては客観的にはいかなる意味をもつかを考えてみれば明らかであろう。固定的性役割分業による家族生活の多くは、おおむね無意識のうちに男尊女卑をともないがちである、あるいはよそ目にはそのように映りがちである。子どもは日々の家庭生活でそのような関係の生産を直接体験しつづけることになる。とするならば、いわゆる専業主婦の家庭では、夫婦（とりわけ夫の方）が自分たちの選択をよほど自覚的に位置づけて日常的振る舞いをしないと、かつてあったテレビコマーシャルのように「お母さんつくる人、お父さんたべる人」というかたちで、子どもが知らず知らずのうちに固定的性役割分業の意識を身につけることになるであろう。

意識的条件についての2つの注意点

家事・子育ての活動をどのように考えるかということは、家庭生活を営むうえでは単に女性問題にとどまらず、男性を含めた家庭生活のあり方の問題であるとともに社会的な問題でもある。これまでの見解の多くには女性解放の視点に加えて「家事労働」の社会化という主張が色濃いように思われる。それらの見解は家事・子育ての活動のあり方を問うという一定の意義があるが、家庭生

活にたいする基本的見方と人々の意識的現実にたいする認識が甘いのではないだろうか。意識的条件をより厳密に考えるべきであるという意味で、2つの注意点を付け加えておこう。

性役割分業についての現実認識は厳密に自覚すればするほどよいという意味で、具体的現実の見方をまず付け加えよう。「男は外、女は内」が崩れつつあるといわれるようになり、実際にも男の家事への「参加」が増えていることは確かである。しかし、私は本質的には存続しているとみなしており、多くの「家族論」ではつぎのような現実がほとんど見落とされているのではないだろうか。すなわち、男性はあくまでも「参加」または「協力」であって、多くは責任がともなっていないということである。たとえ家事の半分の活動を分担していてもそうなのである。日常生活を思い浮かべるならば、お米・調味料（味噌、醤油、塩、砂糖など）・石鹸・洗剤・トイレットペーパーなどなど、これらがわが家にあと何日分くらいあるかをいつも知っている男性は一体どれだけいるであろうか。さらに男性の料理は高くつくのである（実は私自身の場合もそうである）。食料品（とくに野菜と魚）の値段はしょっちゅう上下するが、男性はこの認識に乏しい（こちらの方は私はだいたい知っている）ことに加えて家計全体への配慮に乏しい（配分についての責任感がない）ことによると考えられるのである。子育てについても同じであり、たとえば子どもの衣類について、下着や履き物までトータルに必要なものが大部分の男性の頭にはおそらくないであろう。「夫は家事をやってくれるし子どもの面倒もみてくれるけど……」という言い方の「……けど……」という表現が上記のことにたいする妻の気持ちを物語っているといえよう。性役割分業については、日常生活でも専門研究者の調査でも、このことを自覚すべきであることを強調したい。[3]

もう1つは、家事・子育てといった人間の生産活動の社会的位置あるいは人間生活にとっての位置をどのようにみなすかということである。人間生活にとってはモノの生産もヒトの生産も欠くことのできない生産活動であって、どちらかが片方よりも重要であるということはないのである。しかし、現状では多くの人はそういう意識をもっていない。外で働くことが家にいて家事をしてい

ることよりも上である、したがって人間の上下もそのようにみるという意識の方が強いのではないだろうか。ここに人々の錯覚した意識がある。これは生産活動について考えるのではなくて、お金を稼ぐか稼がないかを基準に考えるからである。このことをさらにおしすすめて考えると人間軽視になるし、事実言葉では人間尊重が語られていても、現代社会の現実つまり実際の活動では人間よりもお金を重視しているのではないだろうか。ただしこの意識については、物質的条件とりわけ制度・政策や社会のあり方と密接にかかわって歴史的に定着したものであり、また日々の生活では好むと好まざるとにかかわらずそうしないと「豊かな社会」を享受できないので、単純にいまただちに変えるべきであるとはいえないむずかしい問題を含んでいる。したがって、意識のもっとも基本になるという意味で、いつの日かそうなる方向へすすむべきであるという長期的問題であるという指摘にとどめておこう。[4]

2 物質的条件

物質的条件についての確認

物質的条件についてはあまり多くを語る必要がないようにも思われるであろうが、意識的条件とは何かを確認したのと同じように、きちんと確認して考えなければならない。ふつうに物質的条件といえば、家計が苦しいとか生活環境がよくないとか、あるいは生活に便利な施設・設備が不足しているとかといったことなど、わたしたちが日々の生活のなかでしょっちゅうぶつかっていることであり、具体例を簡単に思い浮かべることができるはずであるが、簡単に思い浮かぶことにはたいてい常識的先入観が入っていると思われること、また学問的にも物質的条件と言えば常識よりは範囲が広くて厳密には考えられているが、質的に常識と大差がないという2つの傾向を考慮して、ここでもまた常識的先入観を取り払うことからはじめ、意識的条件に対置して私がどんな意味で物質的条件という言葉を使うかを、まず確認しておこう。

物質的条件というと、私がこれまで述べてきた例もそうなのだが(実はやや

こしくしないために単純化したのである)、収入が一定程度確保されていることと簡単に思いがちである。しかし、物質的条件とは単に収入が一定程度確保されるというだけではないのであって、家庭生活あるいは人間生活にとっては途方もない広い意味をもっているので、順番にきっちり確認しておくことにしよう。まず、もっとも抽象的にむずかしくいえば〈時間・空間〉問題であるが、やや具体的にいえば、生活時間、自然をも含めた生活空間、後者をさらに具体的にいえば、地球規模での環境・国家レベルでの環境、そして地域・近隣さらに家族における住居ということになり、気の遠くなるような広範な諸条件の総体にほかならない。そこで、これらについてさらに具体的に考えてみよう。収入がどれだけ多くても生活時間の大部分を稼ぐ時間にあてていれば、物質的条件がよいとはいえない。行動範囲が空間的にどんなに広くてもほとんど新幹線や高速道路ばかりを利用して移動していたり、ビルが立ち並んでいる場所にばかりいたのでは、物質的条件がよいとはいえない。

　地球規模では、この頃大きくクローズアップされている環境保全問題は、いろいろな見方たとえば資源とのかかわりで「人類の未来はあるか?」とか「維持可能な開発」(いわゆるSDをこのような日本語訳にすると私の思想に合致する)といった問題提起がされているが、これまた生活の物質的条件の重要な構成要素である。しかし、この問題と家庭生活を結びつけて論じようとすれば、たとえば各家庭のゴミ処理から地球環境問題まで結びつけて論じるなど、百万言を費やす必要があるので、ここでは指摘だけにとどめるが、このような大きな環境問題に直接言及しないにしてもこんにちでは常にこのことを意識しておく必要があるということは、いっておいてもよいであろう。

　さらに私は、物質的条件という言葉に制度や政策、むずかしくいうと意識が一般的に物質化されたものをも含めて使いたい。同じ例でくどいようだが、夫婦別姓問題は制度では意識が物質化されたものであることを、わかりやすく示している。つまり家庭ではあるが家族として制度化されないということは、意識が制度化されるほどには広範に成熟していないということを意味する。この意味では意識的条件と物質的条件は密接に結びついており、整理の都合上分け

て述べているだけなのである。誰でもが知っている社会福祉政策といった政治・行政レベルのもの、たとえば企業内保育施設といったそれぞれの企業独自のレベルのもの、さらにはたとえば共同保育所といったいくつかの家庭が協同で互助組織をつくるといったレベルのものなど、具体的にはいろいろ考えることができるであろう。いわゆるボランティア活動も公的、私的いずれであろうと、適切な制度化を必要とするという意味で物質的条件といえるのである。物質的条件の意味をこのような範囲にまでおよぼすことにたいして、哲学的に（とりわけ唯物論哲学から）異論がでるであろうことを、私は充分承知している。しかし、哲学的に考えられる「物質」概念にこだわる必要が必ずしもあるとは思えないし、家庭生活の諸条件としての意識的条件に対置する場合には、このように考える方がすっきりするのである。[5]

物質的条件の現実とその問題性

　物質的条件を上のような一般的内容として確認すると、時間、空間、収入、制度・政策の4つの要素とそれらの相互関連が問われることになるであろう。これらの相互関連は家庭生活の範囲をはるかに越えた理論問題であり、きわめて複雑でややこしい性格なので、すでに指摘している現実（収入が多くても勤務外の余暇時間が少ないなど）と同じレベルの例について若干取り上げるにとどまるであろう。

　現代日本の物質的条件の特徴を結論的に一言で言えば、それぞれの家族にとっては4つの要素のあいだに格差とアンバランスに充ちているということである。すでにこれまでも若干は触れているのであるが、具体的現実について整理して考えてみよう。まず時間と収入との関連については、日々の体験から誰でもがほとんど感覚的にわかるであろう。お金と暇の両方があるという人がはたしてどれだけいるであろうか、そして現在そうであっても高齢の人はこれまでずっとそうであっただろうか、若年の人にこれからずっとそうであるという保障があるだろうか、ということを考えるだけで、現代日本ではこの2つの両立がきわめてむずかしいことが容易にうなずけるであろう。

では、空間はどうであろうか。これまた時間、収入と密接にむすびついていると同時に問題性に充ちている。人類にとっていまほど空間が拡大したことはないであろうし、今後どれだけ拡大していくかは見当もつかない。しかし、空間そのものだけをみるのでなく時間との関係でみると空間は縮まっているとみなすこともできるであろう。交通手段の発展と情報メディアの発展はそのことをわたしたちに実感させてくれる。しかし、これに収入をからませて考えるとそれぞれの収入に応じた（ライフスタイルによって違いがあるが）時間・空間の生活世界があることになるだろう。一般的に拡がっている空間が誰にでも同じように拡がっているとは必ずしもいえないであろう。空間については拡がりだけではなくさらに生活の具体的あり方との関連でその内容を考える必要のある物質的条件である。

　一般的にはこのように考えられる時間・空間・収入を、現代生活の著しい特徴として指摘した「生活の社会化」とかかわらせて考えることが、物質的条件について現実的に考えることにほかならない。家庭生活にひきつけて考えると、商業化をベースにした「生活の社会化」によって時間・空間の利用にアンバランスと格差がもたらされている。そこに単に「豊かな社会」を持続・発展させるだけでなく、それを享受できるような制度・政策のあり方が浮かび上がってくるのである。このような関連を具体的に視野におさめることなしに制度・政策を考えても現実的にはあまり意味がないと思われるが、現代日本の制度、政策が実はそうなのである。ところが制度・政策というと政治や行政など人々からはるかかけ離れたものに思われがちである。それは制度・政策といわれているものが中央集権的に多くの人々のあずかり知らないところでいつのまにかきまっており、人々もまたそんなものだと思いこんでいるためである。しかし、制度・政策は国家がすべてきめるものではなく、実際の生活の問題をどのように解決するかという人々の合意した工夫という仕方もあることに注意をうながしたい。具体的には国家や地方自治体以外のいろいろなレベルでの集団とそれにかかわる人々の工夫を意味する。そこで考え方の参考として現代中国のおもしろい例を紹介しよう。

中国の北京で、ある雑貨店の30歳前後と思われる女性店員とつぎのような会話をかわしたことがある。彼女は夫と4歳の息子との3人暮らしである。午前11時頃で、「おばあちゃんが子どもをみているのか」と私、「おばあちゃんなどいない」と彼女、「では幼稚園にいるのか」「中国にはそんなものはあまりない」「では子どもはどうしているのか」「私の夫がみている」「彼は仕事をしていないのか、それとも家で仕事をしているのか」「夫は自動車の修理工場で働いている、2人で働かないと生活できない」「では子どもは……」「私の仕事は5時に終わる、夫の仕事は6時からだから交代する」と。しかもこの夫婦の出勤時間は毎日同じではなく、勤務時間が同じにならないように組み合わせているそうである。四川省の成都のハイキングコースでたまたま知り合った小学4年生の女の子を連れた夫婦（30代半ば？）も交代で仕事に就いていて、2人とも列車の運転手だが、その日は2カ月ぶりに2人の休日が一致したので公園や名所古跡をできるだけたくさんまわっているといって、入場チケットの束をみせてくれた。中国のこのようなあり方がよいかどうかはともかくとして、共働きのための物質的条件の一例であり、いろいろなレベルで工夫できるといいたいのである[6]。

物質的条件と共同性
　意識的条件でも協同性がきわめて大事であったが、物質的条件では協同性にとどまらず共同性がさらに大事である。このことは現実的な困難さを考えれば容易にうなずけるはずだが、共同性は人間的諸活動のあり方に結びつく言葉なので、それは意識的条件で取り上げるものであってなぜ物質的条件で取り上げるのか、という疑問が当然でてくるであろう。しかし、制度・政策について具体的に考えてみればわかるように、じっさいには物質的条件と意識的条件が別々にあるのではなくて、両者がセットになってはじめて現実的意味をもってくるはずである。はじめからセットにして考えるとややこしくなるので、便宜的に別々に述べたのであり、セットにして考えることがいろいろな面でできるのであるが、セットにする要の位置に共同性が座るということである。

1つの家族では生活がむずかしくなり大抵の家族が無理をしていることについてはすでに述べた。現代家族の動向を考えると全体としてはこの趨勢は大きくは変わらないであろうと思われる。では、1つの家族の限界を打ち破っていく方向をどこに求めたらよいのであろうか。つまり家族生活を「社会的」にどのように補うかという課題に当然直面することになる。私は、この「社会的」という表現には3つのレベルの意味をこめて使いたいのである。3つのレベルとは、家族・地域、職場・経済、政治・行政であり、そしてこれに〈真に人間をつくること〉と〈真に共同性を創出すること〉という2つの目標を設定したい。これは目標であると同時に目標達成の手段でもあることをも意味する。ここで「したい」という主観的願望を意味する表現を使ったが、けっして単なる願望ではなくて、すでに確認した物質的条件（意識的条件も）の追求の具体的意味にもとづくならば、自然に導きだされるはずである。[7]

　実際にその通りの道筋でいくかどうかはともかくとして、論理的にはつぎのように考えられる。1つの家族では程度の差はあれ一定の無理をしなければ、物質的条件と人間的諸活動が保障される円滑な家族生活が不可能に近くなっているこんにち、家族レベルでは複数の家族の助け合い、すでに示した「新・親子家庭」や「新・複合家庭」などをつくる方向がまず考えられる。たとえば1組の夫婦が長時間外出するときに、子どもやお年寄りの面倒を交代で（規則的ではない！）みるといった助け合い、しかしいつも都合よくいくとはかぎらないであろう。しかもよほど気があっていないとなかなかうまくいかないし、そのような付き合いが苦手な人もいる。そこに家族と地域をセットに考える、つまり地域が補うという点での共同性の創出が必要になる。

　しかし、地域の共同性を回復・再生することはそれほど安易には考えられない実状である。小学校や中学校でＰＴＡの役員選出に苦慮することを思い浮かべるだけでもわかるはずである。つまり自分の家族生活以外にはなかなかかかわっておられない（ＰＴＡ活動は本当は家族以外の生活ではないのだが）のであって、地域の共同性はそれはそれとして追求するとしても、さらにその条件が問われることになる。そこに職場・経済という条件が浮かび上がってくる。

職場・経済は、セットに考える必要がある条件である。地域で自分の家庭生活の活動の余力が乏しいのは、職場に生活でのエネルギー（時間的・精神的・肉体的）を多くさくことを余儀なくされているからであり、現在の経済システムではそのような生活をせざるを得ないのである。そうすると職場や経済ではモノの生産の協同は当然としても、生活全体の共同性とストレートにかかわるわけではない。したがってその共同性に資するような条件をどのように制度化することができるかということが問われるであろうし、それなしには家族・地域の共同性の追求はむずかしいであろう。

　上記のことは、有能なリーダーとプランナーによって部分的には多少可能であっても、全体としての条件づくりは政治・行政の領域に属する。ここでは考え方として、共同性の発揮しやすい条件づくりとしての制度・政策を根底にすえることが肝要であるということにとどめる。

3　家族社会学理論への誘い

家族についての考え方を考える

　「家族の危機」が叫ばれつづけているこんにち、その打開の方向をどこに求めどのように考えていったらよいかという思いを背後にいだいて、いくつかの点から発想の転換を主張し、それぞれについて具体化してきたが、発想の転換はあくまでも家族を考えるための入口に過ぎない。しかも複雑になることを避けて、家族の諸側面やいろいろな条件についてやや並列的に展開してきた。並列的に展開したのは、発想を転換してみるとこれまでの常識あるいは通念がどのように違って考えられるかを、できるだけわかりやすく示すためである。しかし、家族についてのそれぞれの側面についてはある程度示すことができても、それは全体としての発想の転換にはならないのである。なぜならば、それぞれの側面をひとつひとつ取り上げてみれば、私はそれほど新しいことをいっているわけではないし、ほとんど当たり前のことをいっているだけだからである。それぞれの側面についてはすでにいろいろなかたちでいわれているし、また人

によって違いがあるが、どこかの部分を実行したり考えたりしているのである。新しい点があるとすれば、あらゆる点にわたって発想を転換しようと試みていること、および発想の転換でみえてくるものを相対化していることぐらいであろう。一般的にはある面では発想を転換していても、他の面では旧態然としている場合が多いこと、および何か「新しい」主張がなされる場合にその主張の絶対化が大抵背後にあることを、私は強烈に意識しているのである。このことは、これまで触れてきた具体例を思い起こせば容易にうなずけるであろう。

　新しい主張や新しい実験が氾濫しているなかで、いま必要なのはそれらをなんらかのプリンシプルにもとづいて、相互関連をはっきりさせるかたちで理論的に組み立てることである、と私は考えている。家族生活が社会的に営まれているという誰でもが認める一般的事実を前提として、家族・個人・他の集団・社会それぞれの関連をトータルに組み立てることにほかならない。そのためにはある程度の体系性をもった理論が絶対に必要であることを強調したいと思う。ここで1つの具体例をだして家族生活をみるにあたってのプリンシプルの必要性とトータルな見方の必要性を喚起したい。

　私はつい数年前、一つのなげかわしい体験をもったことがある。大学での父母懇談会で4年生の息子をもつ1人の母親から、「最近就職活動とかでお金をしょっちゅう送らされています。何にそんなに要るのかたずねても、とにかくお金がたくさん要る、お母さんに言う必要はないと……どうしたらいいでしょうか」という質問を受けたことがある。私は、心のなかでは「もう手遅れだ」と思ったがそのまま答えるわけにはいかず、ずいぶん心苦しい思いをした。これに一般的に答えるとしたら、そもそも現在の親子関係のあり方の問題点、それと社会的諸条件との関連などを少なくとも1時間程度は説明しなければならないだろう。もうすこし具体的にいえばその母親は息子との関係の今しか考えていないのであり、この「今しか考えない」という母親の生活態度と母親がそのような生活態度しかもてないのはなぜかということから説き起こす必要があるということである。それらの関連についておおよそわかっていれば、あるいは関連づけて考える必要があることをわかっていれば、数分程度のアドヴァイ

スで済むはずである。

　つぎに、文献の傾向について簡単に指摘しておこう[8]。文献の一般的傾向としてはこのような性格のものが相対的に多いということをいいたいのである。これまでいろいろ述べてきたことでわかるように、家族生活を考えるには実にいろいろな面から考える必要がある。そして洪水のように氾濫している家族関連の文献はいろいろな面をとりあげている。しかし、その多くは断片的・部分的であったり、全面的に取り上げていてもそれぞれの面の相互関連がはっきりしていなかったり、独立的に取り上げられたりしている。私には、理論がはっきりしていないか、理論構成がそのような認識をもたらすような性格になっているのではないかと思われるのである。現在のように複雑化している社会では、それを解きほぐす理論が不可欠であると考えているのは、おそらく私だけではないであろう。

理論は重要である

　「はしがき」でほんのすこし述べたが、「理論はむずかしい」という気持ちや「理論離れ」が、とりわけ大学生の間ではかなり進行しているように感じられる。社会学を例にしていえば、いわゆる「社会学理論」や各論における基礎理論についてはそうである。これには最近の生活のもつ問題性や人間のあり方などを含めていろいろな事情がからみあっていると思われるが、理論的研鑽に直接関係する教育と研究にかぎっていえば、顕著な事情を3つあげることができよう。

　第一に、教育についてはこんにちではほぼ常識化しているといってよいので、指摘だけしておくにとどめよう。いわゆる「受験体制」のために日本の学校教育はただ暗記するだけ、ひたすら「正解」をもとめるという実状であり、とりわけ正解がはっきりしがたい社会科がそうである。現実の社会についてごくふつうに考えれば当たり前のことであっても、教育政策などの事情によって実際とは違うタテマエとしての「正解」があって子どもたちはそれを暗記するのである。このような弊害にたいして、大学の試験に論文テストを導入すると、そ

のための思考力を一般的に養うのではなくて、解答のパターンを暗記的に勉強するという準備がされるにおよんでは、なにをかいわんである。

　第二に、社会学における理論研究のあり方にも一般的な理論離れの原因の１つがある、と私は考えている。一言でいえば理論と現実との分離にほかならない。日本の社会学の「理論状況」の全体に詳しく触れるところでもないし（もし触れれば退屈きわまりないであろう）、現在の私にはその準備もないので、必要と思われる簡単な指摘をしておこう。日本の社会学の多くは戦前から輸入科学の性格が色濃く、現在でもその性格は基本的には変わっていないようである。だから社会学における理論研究といえば、欧米の理論の紹介・考察が圧倒的に多い。世界の理論動向をおさえるという意味で、私はそのような理論研究をけっして否定するつもりはない。しかし、そのような理論研究（これに翻訳が加わる）だけでは果たしてどうであろうか。理論は理論、実態は実態という理論と現実が別々にならないと一体誰が断言できようか。

　第三に、日本の学問研究の国家的特徴として基礎理論あるいは基礎研究の意義の無理解を指摘することができる。周知のように、日本の国家政策の基本は明治維新から現在に至るまで、欧米の先進資本主義国に追いつき追い越すことであった。このことは日本人の社会的諸分野のなかに深く浸透しており、学問の分野も例外ではなかった。自然科学ではそのような国家目標に直接結びつく科学・技術の研究が重視され、基礎科学的研究が軽視される傾向が強かったようである。現在も、人文科学や社会科学が経済成長にとって実益があまりないとして、重視されていないことは国家予算に現れている。そしてこのような傾向が日本人の感覚に根付いているのではないだろうか。

　私は、このような実状のなかで理論はその思考方法に慣れるならば、そしてつねに具体的現実と思考の往復運動をするならば、あらかじめ思い込んでいるほどむずかしくはない、といいたい。さらには、いま理論はオモシロイともいいたいのである。これまで一貫して「発想の転換」を主張していることが、オモシロイことの根拠である。つまりこれまでの理論がすべて再検討のまな板のうえにあり、関心のある者ならば誰でも新しい探求に参加することが可能な状

況、つまり科学は理論的戦国状態に直面しているということである。

1つの体験が確信を生んだ

　基礎理論あるいは基礎研究が、一見して私たちの生活とは直接無関係に思われ、門外漢からはどうしてそんな研究をしているのだろうかとか、趣味のようだとか、思われる場合がしばしばある。趣味に似た場合がまったくないとはいえないが、どんな研究であろうとも人間生活と密接にかかわっているはずである。最後に、回想風に私の体験を語ることを通して理論への誘いの補足として、〈第1部〉を結びたいと思う。

　20年ほど前のことである。私は1人の生物学者と知り合う幸運に見舞われた。まだかけだしの社会学徒として、社会学理論を一応は専攻としていたとはいうものの、高度経済成長にかげりがみえはじめ、社会的激変の予感のなかで、理論研究の具体的方向どころか、理論研究の意味そのものもわからなくなりかけていたのが当時の私の姿であった。神戸で忘年会があり、西宮駅で阪急電車を待っているとき、冷たい夜風の吹くホームは当時の私の心境のようであった。それほど親密になっていなかったので、私はその生物学者に「K先生は具体的にはどんな研究をなさっているのですか」とたずねると、「蠅の目玉です」と。その時それぞれが乗る電車がきてそれだけの会話で終わった。自然科学と無縁な私は、そんな研究があるとは夢にも思えず、その時には門外漢の若い私なので適当にあしらわれたと思った。あとで考えれば、無知でしかも無恥としかいいようがないのだが……。

　数カ月後、K先生から招かれて彼の大学の研究室を訪問した時、数百本の牛乳ビンにまず驚かされた。牛乳ビンの中には肉眼では判別できないほど小さな蠅が数匹ずつ入っていた。麻酔をかけてピンセットで取り出された蠅を拡大鏡で見せてもらって二度びっくり、それぞれの蠅の目玉の大きさがすべて違うのである。驚くなかれ、K先生は蠅の目玉の大きさを自由自在に変えることができるのだった。具体的にどうするかは専門外の私には理解すべくもないが、とにかく蠅の目玉をその細胞分裂を抑制したりなどの操作によって小さくしたり、

さらには消滅させることもできるのである。この研究が私たち人間生活にとっていかなる意味があるのだろうか。私は大学の講義で基礎理論の大事さを語るときには必ずこの話を、黒板に下手な蠅の絵を描いて紹介することにしている。学生たちは、はじめは何を話すのだろうと怪訝そうな顔をしている。そこで「細胞分裂の抑制の意味を考えてみたらいい」というと何人かの学生が、そうかという顔をする。その顔をみて私はようやくいう、「そう、ガンに結びつくのです」、ほとんどの学生がうなずく[9]。私の回想はさらに続く。

　当時30代後半の年齢になっていた私は、社会学基礎理論研究についての自信を失っていただけでなく、社会学分野での研究者として生きていくことへの自信もほとんどなくなっていて、別の仕事に転身した方がよいのではないかと本気で悩んでいたのである。しかし、K先生の研究で受けた感動が私の迷いを吹き飛ばした。一見人間生活には関係がないように思われるこんな地味な研究を何十年もつづけている研究者がここにいる、そうだ、地道にゆっくりと歩こう。かつて歌の世界で明治の一女流歌人は「黄金の釘を打つ」と自信をもって詠み上げているが、私は心のなかでひっそりとつぶやいた。人類が営々として築き上げてきた科学という大樹に、生涯かけて小さな釘を1本だけでも打つことを目指して……。小さな釘はいまだに打っていない。しかし、その2年後に、カナヅチの最初の一打として、はじめての書き下ろし単著『家族の社会学』を世に問うたのである。

註
1）1970年代にはおおむね理論レベルで論議されていた妊娠・出産問題が急速に実際問題に進展したことは、人工受精、体外受精、さらには当事者以外の女性による出産という段階にきていることは、マスコミ報道なのでほぼ周知のことであろう。しだがって家庭創造には、倫理的問題はおくとして、生物学的には妊娠・出産が不可欠の条件ではなくなっている。
2）政治や行政レベルでの家族生活の変化の認識とトータルな家族政策は、これまではもっぱら政府・中央官庁からだされており、いろいろな面で批判的かつ対抗関係にある政党や運動組織は批判的見解の表明の域を大きくは越えていないように思われる。学問的にもそうだが、単なる批判は評論的性格にとどまるものであっ

て考える材料を提供するにすぎず、みずからの理論的貧困の現れではないかと思われる。
3) かつて私自身もそうであったが、家事・子育ての分担についての実態調査は、食事の用意・後かたづけ、洗濯、掃除、日常の買い物……といった項目について誰がするかというものだが、たとえば「ゴミだし」という項目だけでは、ゴミ袋にいれる作業をするのか、ただもっていくだけなのか、つまりその作業に責任をもつかどうかまでが問われていないのではないだろうか。
4) この観方を無条件に主張すると、固定的性役割分業を一層固定化することになりかねないのである。現在の経済至上主義という常識的にも支配的な価値観を変えないかぎりは、単純に主張するわけにはいかないのであり、その価値観を変えようというのが本書の重要な主張の1つである。
5) 哲学的に厳密に言えば、物質とは人間の意識から独立した存在であり、制度・政策は人間の意識による産物であって物質と言えないかもしれない。しかし、制度や政策はひとたび決定すると人間生活を条件づけるものとしてその時々の諸個人の意識から独立して作用することを考慮して物質的条件とした。
6) つぎの共同性との関連で補足すると、生活がしやすいようないろいろな配慮を制度化することも、相互援助として工夫できるはずであり、そこに新しい共同性の追求の特質があると言えよう。ただしそのような工夫にはどんな限界があるかということを自覚することも大事である。
7) すでに述べた人間のあり方としての協同主体を考えれば、このことは容易にうなずけるであろう。すなわち、共同性の創出は協同主体を共同主体に転化することなしにはあり得なく、この意味で目標は同時に手段でもある。
8) 具体的には、飯田哲也『現代日本家族論』第二版（学文社　2001年）を参照。

9) すでに現役を退いておられるK先生に、2002年3月に20数年ぶりに再会した。私は「縄の目玉」研究のその後についてたずねると、ガンに結びつく研究がK先生の後継者たちによって実用化に近づけているとのことであった。私は再び励まされる思いであった。

第2部　家族社会学の理論構成

イントロダクション

　理論というととたんにむずかしいと受け止められる、とりわけ最近の学生の多くはそうである。思うにいくつかの理由があろう。ある程度分かりやすい理論書が少ないこと、これには私自身の反省も込められている。映像文化が活字文化より好まれる傾向が強い。評論的論文の方が感覚にフィットする場合が多い。研究者の側で理論と具体的現実が分離（あるいは遊離）している場合が多い。これに加えて、本書の試みそのものがそうなのであるが、新しい発想にもとづく理論的提起には、概念構成の大きな改変があるが、いわゆる「理論的常識」が知らず知らずのうちに入っていて、新しい概念構成による理解を妨げるという事情もある。他方、新しい発想がない場合は欧米の理論の焼き直しあるいは単なる解説であったり、現実とはずれた陳腐なものが多いという事情もある。したがって、なまじ不充分な理論学習をしているよりは「理論的白紙」の方がよい場合もあり得る。

　とはいうものの、理論はやはり日常的な常識とは違うので、やさしいとはいえないだろう。だからそんな面倒なものよりは具体的現実に直接ぶつかった方がよい、という受け止め方もある。しかし、〈第１部〉の終わりで示したように、わたしたちの日常生活とは一見関係なさそうにみえる基礎研究の例は、基礎理論の大事さを百万言を費やすよりもはっきりと物語っている。基礎理論・基礎研究を具体的現実あるいは日常的体験とはっきり結びつけて受け止めるならば、そしてそのような思考に慣れるならば、消化できないようなむずかしさではけっしてないと私はいいたい。しかし、〈第１部〉でも指摘したように、ここでもまた端緒はむずかしい。〈第２部〉では、理論とは何か、理論を理解するに必要な条件（理論の必要条件となるといろいろと立場の違いがある）とは何かということから出発して、私の家族社会学の理論構成の全体像を示すことが試みられる。したがって、導入部としてのイントロダクションが〈第１部〉とはちがった意味で重要な位置を占めることになる。私は、1985年の著書

で理論構成の青写真をすでに示しているのだが、その後の自己反省、とりわけ上で指摘した具体的現実と結びつく説明の不充分さへの反省とその後の研鑽を通して、その青写真にいくつかの修正を加えることにした。

　まず、「理論とは何か」についての説明が不可欠であると考える。これについては専門家の間でもかならずしも一致した理解が充分にあるとはいえない。ときどき「〇〇理論」とか「△△理論」という表現に接するが、理論体系の可能性を秘めているというよりは、独自の視点あるいは考え方である場合が相対的に多いのである。そこで「理論とは何か」について私なりの確認をしておいた方がよさそうである。もっとも抽象的にいえば、「理論とは一定の現実にもとづく概念の体系である」、「理論には論理整合性が必要である」の２つを確認しておけばよいであろう。このように表現すると、理論はやはりむずかしいと受け止められるであろうが、けっしてそうではなく、とりわけ本質論的思惟にもとづく理論は、具体的現実に照らすと実はたいへんファジーなのであり、しかも一定のファジーが必要なのである。理論が硬直したものでなければファジーであることについては、これまでの家族生活の見方に示されているはずである。「概念の体系」といえばむずかしく思われるであろうが、部分的にあるいはある程度は日常生活で考える前提になっているはずである。たとえばどこかへ旅行しようとすれば、目的地の方向とだいたいの距離を念頭に浮かべるであろう。そして少なくとも交通手段、時間、必要経費を考えてスケジュールを組むはずである。そのためには旅行についての自分なりの考え方と旅行に必要な整理された一定の知識が働いているのだが、それをより厳密に整備したのが理論だといってよいであろう。

　もう１つ注意する必要があるのは、「体系性」と「体系（化）」とは違うということである。理論的に語る場合には当然のことではあるが言葉＝概念の使い方を厳密にする必要がある。私は、「体系性」とは体系を志向するがけっして体系にはならないという意味である、と考えている。なぜならば、体系は理論的完結を意味するのであって、さきに述べたようなファジーな性格ではなく、したがって理論的発展が論理的にはあり得ないからである。ヘーゲルは哲学体

系を提示し、コントもまた実証哲学体系というかたちで社会学を提唱したのにたいして、マルクスはどんな体系も示さなかったし、テンニースは体系性を螺旋的に追究したのであるといえば、私の意味するところがわかるであろう。

　当然のことではあるが、現実は不断の変化である。理論として完結する「体系」は現実の変化によって修正を余儀なくされるはずである。理論的追求とは、決して体系には達しない「体系化」の追求の営みである。

　ところで、〈はしがき〉で1990年代が発想の転換の時期だと述べたが、そしてその必要性についてはすでにいろいろ指摘されているが、全体としてはこれまでの理論の再検討と新たな模索の域を大きくは越えていないといえる。たとえば、1993年に発行されはじめた岩波講座「社会科学の方法」シリーズ全12巻はそのような新しい要請に応えようとする試みの1つであるが、理論的課題提起にとどまっている論文が多く、対象分野の単なる研究レビューにすぎないものさえある。とはいえ、現在新しい理論が求められており、いろいろな新しい挑戦が自然・人文・社会諸科学のあらゆる分野でなされている。

　〈第1部〉では、現実認識としての発想の転換をすでに試みているのであるが、〈第2部〉では、その発想の転換にもとづいて理論化の試みがなされる。というよりは、〈第1部〉で述べたことは〈第2部〉での理論にもとづくといった方がよいであろう。したがって、〈第1部〉との関連がわかるように、くどいようだが、いくつかの重複をいとわないつもりである。

第6章　理論構成の性格

1　基本視角

出発点が重要である

　すでに述べているように、何事においてもすべて端緒はむずかしい、とりわけ理論構成においてはそうである。この章では、〈第1部〉ではどちらかといえば現実に重点をおいて、しかも家族生活のいろいろな側面を充分に結びつけないで述べてきたのにたいして、それらが相互に結びつきをもったまとまりとして描くにあたってのもっとも基本的な見方とその性格が示される。そこでまず社会科学の古典を例として、理論的出発点をどこに置くかということの重要性を確認することから、理論構成への道がはじまる。

　F. テンニースは『ゲマインシャフトとゲゼルシャフト』の冒頭の「主題」ではつぎのように述べている。

　「人間の意志は、相互にさまざまな関係を結んでいる。……この肯定的な関係によって形成される集団は、……結合態とよばれる。……（この結合態は2種類あって……筆者補足）……前者がゲマインシャフトの本質であり、後者がゲゼルシャフトの概念である」[1]

　ここにはテンニースの主題が意志関係としての結合態を対象として、ゲマインシャフトとゲゼルシャフトの2つの基本概念による理論構成を目指すという発想の仕方が基本的に方向づけられている。つまりテンニースによれば社会学が「人間の共同生活の研究」という性格をもつとされているが、彼にあっては社会一般を問題にするのではなくて、あくまでも結合態という言葉で表されている「関係」を問題とすることにほかならず、その種類はもっとも基本的には2つである（3つでも4つでもない）ということである。

もう1つ例を加えると、K. マルクスは彼の基本的考え方が確立したことを示す『ドイツ・イデオロギー』のなかで、探求の出発点について、

「われわれが出発点としてとるところの諸前提はどんな勝手気ままな前提でも、どんな教条でもなく、それはただ勝手に頭のなかでのみ度外視されうるような現実的な前提である」[2]

と述べたあと、純経験的に確認できる自然と人間の存在を指摘して、両者の関係をまず取り上げることを出発点としているのである。そしてこの関係から出発して、すでに示したような「生産」についての基本的な見方（私とはすこし違うが）が導きだされている。

ここで上記の2人を例示したのは、社会科学の古典からアトランダムに思いつくままに挙げたのではない。私の社会学の理論的ベースがこの2人に負うところきわめて大であることを、ここでいっておいてもよいであろう。詳しく述べるところではないが、私の社会学の方法的基礎における社会認識の方をマルクスに、人間認識の方をテンニースに負うているということである。しかも、上記によって推察されるように、どのようにみるにせよ〈関係〉が探求の機軸として据えられていることも、確認しておいてよいであろう。この両者は、日本では必ずしも正しく継承されていないと思われる（前者がイデオロギー的にのみ、ときには公式として受けとめられることが多く、後者はきわめて皮相的に知られているにすぎない）。しかも最近の日本では影響力があまりあるとはいえないようであるが、私は、単なるイデオロギーやユートピアではなくて現実認識にもとづく未来への展望を考えるにあたっては、充分に理論的ベースになり得る思惟が両者にはあると考えている[3]。

なぜエンゲルスからはじめるか？

基本視角とはその理論の基本性格と理論的射程を示すものとして、1つの理論構成の生命とも言うべき重要性をもつものである。そこで主題である家族にもどって、F. エンゲルスの『家族・私有財産および国家の起源』に示されている基本視角の考察から出発しようと思う。いわゆる「家族論」全体のなかで

のエンゲルス見解にたいする対応については、彼の見方に全面的に依拠してその域をほとんど出ない立場、モルガンと結びつけた進化論的見解として研究史のなかに位置づけるにすぎない立場、過去の遺物として全面否定する立場、さらには無視する立場があるといえるが、はたしてそうであろうか？　私はこれらいずれにも与しない。ごく当たり前のことだが、エンゲルスの理論的意義と限界を考えることから出発する。そうすることによって、基本視角とは何であり、そして理論構成にとっていかに重要であるかを具体的に明らかにしつつ、私自身の基本視角を明示するならば、本質論的思惟ではなぜエンゲルスからはじめるかがはっきりするであろう。

　家族を捉えるにあたってのエンゲルスの基本視角は『起源』の1884年の序文に示されており、「マルクス主義」ではその文章の解釈をめぐる論争も含めて長い間基本視角の位置を占めてきたし、現在でも一群の人たちにおいてはそうである（ただし理論的にはその域をほとんど出ていないようである）。そこでエンゲルス見解の意義を確認するとともに彼の限界をも考えることを通して、基本視角の重要性について説明しようと思う。やや長い引用をする。

　「唯物論的な見解によれば、歴史における究極の規定的要因は、直接的生命の生産と再生産とである。しかし、これはそれ自体さらに二とおりにわかれる。一方では、生活資料の生産、すなわち衣食住の諸対象とそれに必要な道具の生産、他方では、人間そのものの生産、すなわち種の繁殖が、これである。ある特定の国土の人間の生活がいとなまれる社会的諸制度は、二種類の生産によって、すなわち、一方では、労働の、他方では、家族の発展段階によって、制約される。……労働の生産性はしだいに発展し、それにつれて、私有財産と交換、富の差別、他人の労働力を利用する可能性が、こうしてまた階級対立の基礎が発展する。……血縁団体に基礎をおく古い社会は、あらたに発展した社会諸階級のなかで破砕される。これにかわって国家に総括された新しい社会があらわれるが、この国家の下部単位は、もはや血縁団体ではなくて地縁団体である。この社会では、家族の秩序はまったく所有の秩序によって支配され、従来の全成文史の内容をなすあの階級対立と階級闘争とが、いまや自由に展開される」[4]

上記のエンゲルスの文章には2つの基本視角が示されており、『起源』の本文の展開もそうである。1つは、「家族の秩序」が社会を制約するという視角であり、もう1つは、「所有の秩序」が家族を条件づけるという視角である。この解釈をめぐっては、かつて旧ソ連でついで日本でも論争が展開されたが、この種の論争は大抵充分な決着をみないままに終わるのが常である。論争の展開の詳細は私の旧著にゆずることにして、ここで強調したいのはつぎのことである[5]。すなわち、次項で述べるように、エンゲルスが示した2つの基本視角には限界があるということ、文章の解釈のみに終始していては理論的発展がないということである。事実、その論争からの理論的発展はほとんどなかったといってよいのである。大事なことは、そのような基本視角から出発して（エンゲルスが展開しないままであったので）どんな理論構成が可能であり、その理論構成からどこまで現実が解明できるかあるいはできないか、を問うことである。このように課題設定することによって、基本視角の重要性がはじめて腑に落ちるし、どのように措定するかということが理論構成の生命といってよいこともきちんと受けとめられるであろう。エンゲルスの2つの基本視角は、次項の展開でわかるように、出発点としての意味をそなえているのである。

3つの基本視角

　すでに示唆したようにエンゲルスの2つの基本視角だけでは不充分なのであるが、彼が提示した2つの基本視角は100年以上経過したこんにちも生きている。生きていることについては、これからの理論展開そのものが示すことになるので、2つの意味を正確に確認することからはじめ、その限界を突破するために私自身のもう1つの基本視角を加えたい。あらかじめことわっておくと、以下の展開がエンゲルスの単なる解釈ではなくて、エンゲルスの見方で生きているものに依拠してはいるが、私自身の構成であるということである。だからこれまでしばしばなされているような、エンゲルスの文章についての解釈が正しいか正しくないかなどの論争には、私はほとんど意義を認めない。

　人間社会・生活（あるいは歴史）を捉えるにあたっての基本は、生活資料の

生産と人間そのものの生産に着目することである（エンゲルスは「直接的生命の生産」と表現しそれを2種類に分けた）。このことは、もしどちらかの生産がストップすれば、人間社会が存続できないことを考えれば、経験的にも否定できない事実であり、この意味でエンゲルスの基本的見方はいまでも生き続けていることが確認できる。そこで家族を捉える基本視角をもっとも一般化して言えば、一方では、家族は「人間そのものの生産」として社会的に位置づけられ、その意味において社会を制約するが、他方では、生活資料の生産のあり方としての「所有の秩序」によって家族は条件づけられる。このことをもう少し具体化してみよう。

　家族が社会を制約するとは、生産力として社会を制約するということを意味する。ここで言う生産力とは生活資料の生産についての物質的生産力を意味する（私は生産力という概念をこの意味に限定して使うし、また使うべきであると考えている。より広義の生産力があるが、概念的にまぎらわしいのであとで述べるように私は「生活力」概念を提示するものである）。生産力の具体的構成について簡単に確認しておこう。すなわち労働対象、労働手段、労働主体、そしてそれらの結合様式であり、経済学の場合はこれでことたりるのであるが（だから家族を労働力の再生産の場とする見方が圧倒的に多い）、社会学の場合には、「人間そのものの生産」としては人口、生産力の構成要素、関係の生産にかかわる存在という3つの面からの制約として位置づけられる。

　つぎに物質的条件が家族を制約するということについては、エンゲルスは「所有の秩序」による支配と述べている。ただちに思い浮かぶのは、お金を稼ぐ条件としてのそれぞれの家族の階級・階層的位置であろう。このことは、社会学的研究における家族調査のフェースシートにはかならず職業・収入という項目があることによって、いまでも生きていることは明らかである。つまりより具体的にいえば、いくら稼ぐか（量的にどれだけ獲得するか）ということとどんな仕方で稼ぐか（社会的分業における位置）ということにほかならない。「所有の秩序」については、階級・階層的位置に加えて秩序の内容（たとえば制度など）をより具体化する必要があるが、基本視角としては充分であろう。

さて、少なくとも高度経済成長以前とりわけ農業が相対的に大きい位置を占めていた時期までは、この2つの基本視角で間に合わないこともなかったが、現時点でははたしてどうであろうか。

私は、上記の2つの基本視角だけでは不充分であるとみなしており、第三の基本視角を独自に措定するものである。それは、家族生活における人間的諸活動を具体的に捉えるにあたってはぜひとも必要な基本視角であり、エンゲルスの見解からは導き出せないのである。たとえば同じ階層に属していても、具体的な家族関係が同じであることはほとんどないという簡単な事実から考えてみれば、不充分であることは明らかであろう。すなわち、家族構成員の関係（一般には勢力あるいは権威構造と言われているが）がどのようなものであり、とりわけ家族構成員の人間的諸活動（＝人間の生産としての家事・子育て活動）がその時代・その社会において必要な人間的諸活動をどのように分担しているかということであり、すでに若干触れている「集団分化」という新しい視角が必要なのである。これが家族を捉える第三の基本視角である。

すぐあとでまた詳しく述べるが、いろいろな意味で家族機能の変化がいわれており、とりわけ個別家族の「機能の外化」がかなり進展しているこんにち、集団分化という基本視角なしには、嵐のように進行している家族生活の変化を具体的に捉えることはできない。この第三の基本視角は、家族生活の急激な変化によって必要不可欠となったものであるが、だからといって、高度経済成長以前の日本社会にたいしては必要でないかといえば、けっしてそうではない。新しい現実がその基本視角の必要性をはっきりさせたのである。したがって、3つの基本視角を固定的原理としてしまうことを厳に慎まなければならない。ここ10年あまりの急激な変化がさらに新しい基本視角の追加を必要とするような新しい現実を生み出してはいないが、今後3つの基本視角で間に合わない新しい現実が出現した場合には、当然なんらかの新しい基本視角が措定されなければならないであろう。

2　論理一貫性

論理一貫性とは

　論理一貫性というとむずかしく聞こえるが、簡単に言えばつじつまがあっているということである。つじつまがあわないことを日常生活で大抵の人は経験しているはずである。ひとりで長く発言する場合とか、ひとつの問題について長時間論争する場合には、当人の頭がよほどしっかりしていないと、最初の主張と最後の結論が極端なときには反対であったりする。また、学生の発言で途中で本人自身がわからなくなってしまうことが、とりわけ初学者にはしばしばみうけられる。ひとりの人間でもそうであるとすれば、多数の人間が協同して何事かを論じる場合の一貫性はさらにむずかしいことも、容易にうなずけるであろう。このことは多数で執筆する専門書の場合に多く、1つのテーマあるいは対象について複数でしかもかなり多数で書く傾向が多くなっている社会学の分野では、すぐれた指導性をともなわないかぎりは、とりわけそうである。しかし、その場合には、それぞれの執筆者の論考を独立した論文として受け止めるならば、全体としての論理一貫性がなくてもさして問題があるわけではないが、そのことをあらかじめことわっておくのが良心的であろう。しかし、単著あるいは2、3人の共著となるとそういうわけにはいかないだろう。全体を通してどれだけ学問の生命である論理一貫性があるだろうか？　ここでは具体例を詳細に批判することが目的ではないので、単著（に等しいもの）と多数での執筆によるものの2種類について若干の例を説明素材とする。

　最近の社会学徒からはあまり読まれなくなっていると思われるが、かつて清水幾太郎は『社会学講義』（1950年　岩波書店）という一書をだしている。日本における社会学の概説書としては、これの水準にまさるともおとらないものはおそらくそれほど多くはないはずである。前半が「社会学論」としての学史的論考、そして後半が「社会集団論」としての自説の展開という構成であるが、後半の理論展開が個人レベル、集団レベル、社会レベルの3層構成になってお

り、この3つのレベルそれぞれの展開において採用されている方法的基礎が異なるのである。このことがそれら全体の理論的関係を理解することを困難にしている、と思われるのである。ここでは、これ以上詳しくは述べないが、理論における論理一貫性がきわめて重要であるとともに、きわめて困難な作業である、と受けとめてもらえればよいのである。

ひるがえって最近の家族社会学について考えてみると、論理一貫性をもった理論構成が著しく少なくなっているように思われる。理論があまり重視されない傾向や事実（現実および研究動向）の後追い的整理の傾向が相対的に強いということにもよるが、私は、2つの特徴を指摘したいと思う。1つは、さまざまな事情とりわけ研究の専門的分化の進行があるなかで、多人数での執筆が多くなっていて理論的統一が困難になっている（私自身による編著もそうであり分担執筆者にたいして課題と方向性に一致を求めている程度である）ことである。もう1つは、人間のあり方の変化が執筆者自身にも及んでいて、分担執筆における自分の位置の自覚が乏しい傾向にあることである。このような事情が理論的貧困を生み出すおそれなしとはいえないのではないだろうか。

具体的適用について

前項で述べたことを家族社会学の代表的な例の批判的検討によってより具体的にはっきりさせ、私自身の理論構成の青写真を示してから、次章以下の理論展開にすすもうと思う。すでに述べていることであるが、私の意図が正しく受けとめられるように、批判的検討が単なる批評ではないことを再び強調しておきたい。すなわち、批判の表明には責任がともなうのであり、批判した独自の観点から成熟度に程度の差はあるにしても自論を対置すべきであろう。

検討するに値する例として『新しい家族社会学』（森岡清美・望月嵩共著　1983年　培風館）を取り上げる。これについてはすでに旧著で述べているのだが、論理一貫性について考えるという点にかぎって生産的になる方向で批判的見解を示しておこうと思う。この書は、「発達アプローチを軸とし、それに相互作用、構造・機能などのアプローチをかみあわせて、全体を構成した」とされて

いる。この書は7章構成になっており、Ⅰ～Ⅴでは家族の内部分析と内部の変化の把握が発達アプローチにもとづいてなされている。ⅥとⅦでは家族と外社会との関係がとりあげられ、全体としての家族の変動から家族の未来を考えるもので、理論構成の1つの方向を示しているという意義があるといえよう。しかし、発達アプローチとしての論理一貫性と外部との関連はどうであろうか。外部社会の変化を家族の内部にもたらす変化導入者という視点は、社会の変化が家族にどのようにして変化をもたらすかの説明として、有効な手段の1つにはなり得ると理解されるが、その場合に内部分析の発達アプローチと理論的にはいかなる関連にあるかが説明される必要があるのではないかと思われる。つまり、家族の内部にたいして変化導入者のインパクトが家族の発達段階によって同じなのか違うのか、もし違うとしたらどうして違うのかについての理論構成が必要なのではないだろうか。[6]

　つぎにもう1つの例として多数の執筆からなる『現代家族論』(正岡寛司・望月嵩編　1988年　有斐閣)について、この書は、Ⅰ．家族はどう変わったか　Ⅱ．家族はどう発達するか　Ⅲ．現代社会のなかの家族　Ⅳ．家族問題の解決のために　Ⅴ．家族研究の焦点の5部構成になっている。それぞれの部に収録されている論考が独立論文であるならば、それはそれで一定の意味があることを私はいささかも否定しないが、必ずしもそうとも受け取れないようである。もしⅠ、Ⅱ、Ⅲが、さしあたりは独立したものであるとしても、Ⅳは理論的にも現実的にもそれらすべてにかかわる性格のテーマであり、これをも独立させることには疑問が残るのである。さらにⅤについては、Ⅳまでが主要には日本の現実を対象として論考されているのにたいして、そこで注目されているのはすべて外国の理論である。外国の理論を外国というだけで無意味とするものではないが、生活や家族という対象はとりわけ日本の特殊性(あるいはアジア的特質が顕著)の濃い分野であり、その適用の仕方が問われるであろう。この意味で共同執筆の場合にはどこに一致を求めるかがきわめて重要であるといわねばならない。Ⅰの理論的提起に独自性が認められるので、この論理が全体として貫かれるとどのような理論構成になるかが興味深いところであり、この意味でⅠ

の執筆者には、Ⅱ、Ⅲ、Ⅳ、Ⅴを組み込んだみずからの理論構成をいつの日か全体として提示することを期待したい。[7]

理論構成のアウトライン

生産的に批判するとは、問題点や疑問点などを示すだけという単なる批判的見解の表明にとどまらず、自論を対置するものでなければならない。そこで私自身の理論展開にあたって、あらかじめ〈第2部〉での理論構成の青写真を提示して、それぞれの位置づけをしておくことにしよう。〈第1部〉では発想の転換によって家族や家庭がどのように考えられるかをいろいろな面からやや並列的に述べたが、理論には理論的な組み立てが必要であるために若干むずかしくなっているので、展開の道筋とそれぞれの項目の理論的位置をあらかじめ示しておくことには一定の意義があると思う。

すでに理論構成の性格について確認したので、この確認にもとづいてまず家族の本質が社会のなかに位置づけられる。これは、その後の家族の諸側面を捉えるにあたっての原理的位置を占めるものである。そのなかで家族の本質部分としての客観的意味と主観的意味としての家族目標への言及は、これまで触れてきたように、家族社会学にとどまらず、私自身の社会学全体にたいする性格づけとしての意味をもっている。

つぎに、個人・家族・社会の3つのレベルについての理論をその関連を論理一貫性をもって示すことになる。これは「構成員の必要性」と「社会の必要性」という家族の本質部分にかかわる位置を占めており、家族生活のいかなる側面の把握もこの関連抜きには不充分である。したがって、家族の内部理論については、家族の諸側面を理論的にとりあげるが、社会的関連を（単なる背景としてではなく）片時もなおざりにしないことが必要である。[8]

個人、他の集団、社会を射程に入れた理論化、ここでモノの生産とヒトの生産という社会把握にもとづいて社会学理論の構成の方向をも示唆するという意味で4層構成の構想が示される。

家族と外社会との関連を、相互作用とか影響とか背景とかといったこれまで

第6章　理論構成の性格　141

気軽に採用されている発想とはちがって、社会にたいする家族の能動性、受動性、相対的独自性の3つの性格によって明らかにする。

　いささか抽象的になぞったが、理論構成といっても具体的現実による説明を可能な範囲で示すことが全体として試みられるはずである。最後に家族変動論を機軸とした巨視的動態論の展開が試みられることになる。ここでは、家族問題と家族政策が変動論との関連で当然取り上げられることになるが、理論の1構成部分としての位置づけに限定して述べることになろう。家族が社会との関連で3つの性格をもっているならば、それにともなう矛盾と解決の論理が理論構成にとって不可欠であり、家族問題と家族政策は家族を捉える論理の延長線上に位置づけられるということにほかならない。

註
1）F．テンニース、杉之原寿一訳『ゲマインシャフトとゲゼルシャフト』岩波文庫34ページ
2）K．マルクス、F．エンゲルス、真下信一訳『ドイツ・イデオロギー』国民文庫41ページ
3）私の社会学におけるこのような理論構成の方向づけについては、飯田哲也『テンニース研究』(1991年　ミネルヴァ書房）で展開されている。
4）F．エンゲルス、村井・村田訳『家族・私有財産および国家の起源』国民文庫8—9ページ
5）飯田哲也『家族の社会学』1976年　ミネルヴァ書房　128—174ページ、ここでは論争の整理を含めて『起源』をめぐる諸見解についての詳細な検討が試みられている。ここで1つだけことわっておくと、エンゲルス見解の解釈をめぐっては、片方が片方を「規定する」とされていることである。私が「制約する」と「条件づける」という表現を採用しているところに、単なる解釈ではないことが示されているであろう。
6）著者自身の思惟には想定されていると推察するが、もし私自身がこの関係を取り上げるとすれば、変化導入者が家族に変化をもたらす仕方は発達段階によって違うという視方を採用するであろう。なぜならば家族の発達段階によって家族生活の可塑性が異なると考えられるからである。社会の変化が家族にストレートに変化をもたらさないこと、また家族によって一様ではないことは経験的事実である。したがって、変化導入者と発達段階との関係は、家族の変化を捉える意味のある視点と思われるので、例として取り上げた。

7）ジンメルの方法を援用しての家族分析の方向づけは、これまでになかったので、その意味で著しく理論的関心を引きつける性格のものと言えよう。
8）家族と社会との関係について、〈〇〇社会の家族〉とするのと〈××社会と家族〉とするのでは、方法論がまったく異なるのである。前者では理論的には社会が与件として措定されており、家族と社会との関係が主要にはつまりセットとしては問われないのであり、後者では両者の関係こそが主要に問われるのである。

第7章　個人・家族・社会

　この章では、個人、家族、社会の基本的な関係に加えて、家族以外の諸集団が必要に応じて取り上げられる。たとえば地域・学校・余暇集団などがそうである。家族社会学にとってそのような関連が必要であることは、最近の家族生活の変化がはっきりと示している。1945年以降の日本における家族社会学の史的展開をみると、かなり長い間家族の内部分析が焦点であった。その動向は、ある意味では必要だったともいえる。なぜならばそれ以前の研究は主に制度論的アプローチと実態調査であり、内部分析の理論的整備が乏しかったからである。しかし、1970年代後半から、家族生活の急激な変化と家族をめぐる諸問題については、家族の内部分析だけでは解明できないことが誰の目にも明らかになってきて、家族と外社会との関連が問われるようになってきた。たとえば家族機能をめぐってその「外部化」がさかんに語られており、また事実においてもそうであるという状況のもとで、単に「外部化」の指摘だけでは理論的にも現実認識においてもきわめて不充分である。そのことは、すでに第1章で述べた「生活の一部としての家族生活」ということからもわかるであろう。より具体的にいえば、わたしたちは現在家族生活以外の生活を多様に展開しているというごく当たり前のことを、理論的にどのように整理するかということにほかならない。前章で挙げた私の基本視角の1つである「集団分化」という見方がこれの解明にとっての主役を演じるのである。なぜならば、家族と外部との関係においては、全体社会もさることながら他の集団との関連が、現在ではますます重要性を増しているからである。

　ひるがえって家族社会学の動向について考えてみると、たとえば家族と親族、家族と職業、社会的ネットワーク論、家族と地域など家族と外社会との関連はそれぞれについて論じられてはいるが、それら「外部」を全体としてはあまり論じられていない。しかし、これまた当たり前のことであるが、現代社会では

誰でもが家族生活以外のさまざまな関係をたくさんもっている。したがって、この当たり前のことをどのように整理するかということは、家族生活にとどまらず広く生活一般を考えるための重要な理論的課題である。この課題に全面的にこたえるには社会学理論の構築を待たねばならないが、この章では家族社会学の範囲でこの課題に理論的にこたえようとするものであり、一般的な展開については第9章で再論される。

1　家族の本質論

家族の本質とは

　「家族とは何か？」についての基本的な見方については、すでに第2章で述べているが、ここでは先に確認した家族の定義を重複を厭わずに再び掲げて、理論問題に焦点をあてて述べたい。つまり第2章ではどちらかといえば家族の諸側面を並列的に説明したのであるが、それらの相互関連と社会のなかに位置づける方向を目指して、家族の本質が鮮明にされるとともに家族否定論あるいは家族無用論に対する批判的見解の表明という性格をあわせもつことになろう。と同時に具体的な家族の実態調査における理論的指針となることが目指されるであろう。

　いうまでもないことであるが、実態調査では家族的現象のすべてを明らかにすることはできなくて、家族生活のある側面をしかも限られた範囲で明らかにしつつ一定の一般化によって新たな課題（現実的および理論的）を発見することにある。とするならば、具体的な対象となるある側面がどのような位置にあるかは調査にあたっては明確に自覚されていなければならない。「どのような位置にあるか」ということは〈客観的位置〉を意味することをとりわけ強調しておこう。というのは、家族調査の多くは意識調査が中心になっており、具体的な活動を調査に入れるにあたっては、意識と実際とのずれが問題にされる場合が相対的に多い。「役割行動」と「役割期待」をセットにした調査はその典型的な例であろう。しかし、意識の単なるずれではなくて、ここでは期待であ

れなんであれ主観的意図（意識）と客観的意味との関係、つまり他者にたいする関係だけでなく自分自身における両者の関係も重要なのである。したがって、他の側面については思い付きにも似た思考で追加するのではなく、2つの関係についての理論的意味が明確に自覚される必要があることを強調したい。ということをことわっておいて家族の定義を再び掲げよう。

「家族とは、血縁または婚姻などのエロス的契機と生活での共存によって結ばれ、その結びつきが社会的に承認されている人々によって構成され、客観的には社会の必要性にたいして主観的には構成員の必要性に応じて、生産主体としての人間の生産にかかわる人間的諸活動が意識的かつ無意識的に行われる人間生活の日常的単位であって、程度の差はあれエロス的関係という意識がそこでの人間関係を特徴づけている」

これに加えて、家族現象がそれぞれの時代・社会によって異なることにより、家族を他の集団や社会にかかわらせる視点として「具体的な構成、人間的諸活動の性格、人間関係の特質は、生産関係および生産力の発展水準によって条件づけられており、集団分化の進展状況、社会的規範もまた影響を与えている」という関連を再確認しておこう。

この定義の意味することについての説明はすでに済ませているので、その内容をまず並列的に再確認しておこう。①家族構成、②家族の社会的本質、③家族の主体的本質、④家族関係、⑤家族の社会的規定性、⑥家族の社会への規定性、の6つの部分からなっている。われわれは、〈構成員の必要性〉と〈社会の必要性〉という2つの必要性にたいして生産主体を生産するというのが家族の本質であるという確認（だから上記の②と③では本質という表現になっている）から出発して、家族の社会的位置を理論的に明確にする方向へ進まなければならない。

人間の生産としての家族

人間の生産としての家族は、本質的には生産力としての家族として社会的に位置づけられる。それは経済システムと社会システムの両面から位置づけられ

なければならない。ここで私の社会学の理論的立場での社会システムの意味するところを厳密に確認しておこうと思う。経済システムについては経済学の性格に照応してひとによってまったく違ったイメージを思い浮かべるということはないであろうが、社会システムについては、社会学の性格に照応してひとによってはまったく違ったものになるのである。大きくは2つあり、1つは社会システムのなかの1構成要素として経済システムが組み込まれており、経済を他の構成要素と同じレベルに位置づける、したがって社会システムは社会全体をトータルに捉えようとする概念を意味することになる。代表的な例としてT.パーソンズの〈社会体系〉という見方を挙げることができる。もう1つは、表現の違いはあっても経済システムに社会システムの構成要素のなかの特別な位置を与えるという概念構成である。代表的な例がK.マルクスの〈経済的社会構成体〉という概念にもとづく社会把握であるが、私は、後者を重視しつつも、そのいずれの立場をも採用しない。ではどのような立場か。

あらかじめことわっておくと、上記2つの社会把握に対置できるような明確な理論構成については、私のなかでまだ成熟していないので、ここではその方向を示唆するにとどまらざるを得ない。基本的方向は〈生産力としての人間の生産〉を社会的にどのように位置づけるかを明確にすることである。より具体的に言えば、これまで述べてきたことにもとづいて、人間の生産の社会的位置づけを、労働主体、生活主体、そして協同主体の3つの面からはっきりさせることにほかならない。

労働主体は経済システムにかかわる生産力であり、現代社会では社会的分業の担い手として生産力の一構成部分となっている。生産力としての家族については、より一般的にいえば量と質の両面つまりどれだけの生産主体（＝人口）を生産するかということとどのような生産主体を生産するかという2つの面から考えられなければならないことは、すでに述べた通りである（57ページ）。しかし他方では、このこと自体が経済システムに条件づけられており、両者を理論的にどのように関連させるかという課題が提起されることになる。

生活主体は社会システムにかかわる生産力であり、現代社会では日常生活で

の人間的諸活動が客観的にはどのような人間をつくるかということであるが、そのことはとりもなおさずどのような関係をつくる人間（＝協同主体）を生産するかを意味するので、この２つの生産はセットに考える性格のものである。そしてこの点については、いろいろな社会関係および全体としての社会システムのあり方にかかわる社会的活動にどのように参画するかということの２つの面から考えられなければならない。私自身の理論的未成熟のため、ここではこのような見方を一般論としては展開しないで（一般論として展開するためには独自の社会学理論の構築が必要）、家族を基本的には生産力として社会に位置づけるならば、すくなくとも上記２つの点を考慮する必要があることに注意をうながすにとどめておこう[1]。

個人にとっての家族

　すでに確認しているように、個人にとっての日常生活とは主観的には欲求充足活動であり、客観的にはモノ・ヒト（自分と他者）・関係のいずれかの生産活動である。したがって主観と客観の関連がとりわけ重要になる。具体例として余暇時間の過ごし方を取り上げて考えてみよう。余暇時間の過ごし方についての調査項目としては、テレビ・ラジオなど、休息・くつろぎ、新聞・雑誌、家族の団欒、スポーツ、読書、趣味、飲食・ショッピング、勝負事、芸術鑑賞……というのがだいたいのところであろう。これらの活動すべてはそのひとにとっては欲求充足活動であるはずである。

　家族生活との関連ではどうみるか、つまり客観的には家族生活の継続（あるいは発展）にとってどのような意味があるかが問われるのである。たとえば勝負事とりわけ賭事にたいしては、一般的には否定的に考えられている。しかし、父親が賭事をすることによって仕事からのストレスがある程度緩和されて他の家族員にやさしく接するということも考えられるであろう。賭事のように一般的にはかならずしも奨励されないような欲求充足活動であっても、そして当人の「発展」にとっても客観的にはあまり意味がなくても、家族生活にとっては客観的意味が異なることもあり得るのである。このことも具体的に考えてみれ

ば容易にわかることである。

　大人と子どもではなんらかの活動の客観的意味が異なることも重要な点である。同じ活動で主観的意味が異なる場合もあるが、これは大人と子どもの違いというよりは、単なる個人差と考えてよいが、客観的意味については、とりわけ家族生活では大人が子どもの模倣の対象であるという意味で異なってくるのである。具体的に鮮明な例としては、夫婦（子どもにとっては父母であり男と女である）の家事・子育ての分担を挙げるのが適切であろう。固定的性役割分業とかかわってかつて「わたしつくるひと、ぼくたべるひと」というテレビコマーシャルが論議になったことがある。それについての論評はともかくとして、ある家族生活で一貫して「母（＝女）つくるひと、父（＝男）たべるひと」であるならば、固定的性役割意識として子どもへの影響はテレビコマーシャルの影響とは較べものにならないほど大きいはずである。これが客観的意味にほかならない。ついでにいっておけば、父親や母親にかぎらず、いろいろなレベルで教育にかかわっている者すべてにこのことは当てはまるのである[2]。

　役割を例として考えてみると、実際の役割活動といわゆる役割期待とのずれはそれはそれとして一定の意味があるが、ここでは期待されているかいないかにはかかわりなくどのような役割分担を具体的にしているかいないか、そしてそのことが自分自身をも含めて家族員にたいしてどのような客観的意味があるかが問われるのである。とりわけ生活構造との関連での役割分担のアンバランスは重要である。たとえば共働きの夫婦の場合、かりに夫が家事・子育てを一切しないとしたら、妻が主観的には期待していなくても、それをしないことが妻や子どもにとって客観的にはいかなる意味があるかが問われるのであり、このような問いなしには役割分担がアンバランスであるということがいえないのである。この問いなしに役割分担のアンバランスについていうことは、主観的に設定された基準としての役割分担を前提とするか、感覚的にたいへんだなあというかたちでの「基準」によって現実をみているにすぎないのである。このようなかたちでの主観的意味と客観的意味が、他のあらゆる人間的諸活動にとって問われるのであり、この意味で家族は個人のすべての日常の振る舞いにか

かわっている存在にほかならない。

社会にとっての家族

いかなる社会にとっても普遍的に適用できる家族の存在意義つまり一般的な意義をまず確認しておこう。人間の生活とは社会生活にほかならないことから、〈第1部〉の生活について確認したことが基本的にはそのまま当てはまる。社会生活、したがって社会の存続にとっても生活資料の生産と人間の生産（しかも人口の再生産を含めて）は不可欠の2大条件である。したがって家族は、人間の生産を基本的に担う存在として、社会にとって不可欠な存在であることが、もっとも一般的レベルで確認することができる。この確認のうえに、つぎには社会にとっての量としての人口と質としての「人間の生産」の具体的内容が問われることになる。

社会がどのような人間を、どれだけ求めるかによって家族に期待される「人間の生産」は質量ともに異なってくる。まず質を捨象した人口としては、その社会の物質的生産力を担い得る程度と一般的にはいうことができる。ではどの程度か。その具体的展開は人口学および一定部分（とりわけ生産力水準との関係）は経済学に属するので、ここでは、生産力課題にふさわしい総人口数、年齢構成、地域的編成、そしてそれらををきめる諸要素および影響を与える諸要因、そしてそれらの相互関連などが人口学と経済学の課題となるという指摘にとどめる。ただし、この課題と結びついて家族のあり方、とりわけ出産問題と家族構成ということになると、人口学だけでなく家族社会学の重要な課題となることは、現代中国の「一人っ子」政策を想起するならば、容易にうなずけるであろうし、最近の日本でも低出生率が問題視されている[3]。

これにたいしてより主要なこととしてどのような人間を生産するかということが社会学では問われることになる。その具体的内実は社会の現実的性格によって一様ではない。たとえば物質的生産力の発展段階、産業構造の特質、民主主義の成熟度などを当該社会の重要な指標として挙げることができる。質的には多様であることは当然としても、この場合には一般性にもとづく特殊性という

見方が不可欠である。このことを現代日本社会についてやや具体的に考えてみよう。社会構造を一般的にどのようにみるかについては、見解の分かれるところであるが、その概念をどのように規定するにせよ、階級・階層による違いがあることは確かであろう。現代日本の生産力水準に応じる労働主体、たとえばオフィス労働で簡単なパソコン操作に習熟しているなど、産業構造の社会的ヒエラルヒーにはめ込める労働主体、現実的には企業に忠実な多数の中級労働者などを社会は必要としているであろう。そして民主主義とかかわってはどんな生活主体・協同主体であるかが問われるが、民主主義の内実についての考え方が一様ではないので、簡単には扱えない複雑性があるのが実状である。

　この複雑さは家族目標によるものであり、社会が求める家族目標がかならずしも個人や個別家族の家族目標と一致するとはかぎらないのである。家族生活における諸活動の客観的意味と主観的意味の両方を射程にいれることについてはすでにしばしば述べてきたが、構成員個々人にとっての2つの意味もさることながら、個別家族としての2つについても見落とすわけにはいかない。家族の客観的意味は社会とのかかわりでおさえられ、構成員それぞれの主観的意味は人間の活動一般と同じように欲求充足としておさえられるが、個別家族としては家族目標として別におさえることが必要である。このことによって社会の必要性と家族の必要性がどのように・どの程度矛盾するかが鮮明になる。この矛盾については次節で具体的に考えるが、家族と社会との関係については、第9章で理論的に再論される。

2　家族の社会的位置

生産力としての家族

　家族は、実際の姿があらゆる人間にとって好ましいものであるかどうかはともかくとして、現在のところ、次の世代を産み育てる唯一の集団であり、それに代わるものはないし、またそれに代わるものについての具体的提起はまだ現れていない。家族に代わり得るようななにかが具体的に提起されないかぎりは、

家族否定論は論理的には人類滅亡論につながるものである。したがって、わたしたちは広い意味での家族存続論、家族必要論の立場から考えることを当然の前提としなければならない。そうすると論理必然的に家族と社会との関係がいくつかの点で問われることになるが、基本的にはすでに確認した家族にたいする社会的「規定性」と社会にたいする家族の能動性を機軸として考えられることになる。これについてはすでに「基本視角」で一般的に述べたのであるが、ここでは現代日本社会の家族をめぐる現実から、より具体的に考えてみることにする。

考えるにあたっての基本は、いうまでもなく家族が生産力であるということであり、いかなる生産力であるかが具体的に問われる。生産力という概念はこれまでは「マルクス主義」における歴史学や経済学の基本概念の1つとされてきている。はたしてそれでことたれりとしてよいのであろうか。そこでまずさきに簡単に指摘した生産力という概念の意味をより厳密に確認し、社会学ではどこに力点をおくかについて述べることにしよう。「労働の生産力」についてK. マルクスは『資本論』のなかでつぎのように述べている。

「労働の生産力は多様な事情によって、なかんずく、労働者の熟練の平均度・科学およびその技術学的応用の可能性の発展段階・生産過程の社会的結合・諸生産手段の範囲および作用能力によって、また自然的諸関係によって、規定されている」[4]

このことを再整理して確認すると、労働主体のあり方、労働手段の技術的発展度、労働対象の開発度、そして労働過程でのそれらの結びつき方が、全体としての生産力の水準にあずかることになる。ここから家族が労働主体あるいは労働力の生産の場であるという経済学の立場からの見方がでてくる。それは家族の捉え方として正しいし、高度経済成長以前までは理論的にそれで充分だったのである。しかし、時代的制約もあって、「それらの結びつき方」を充分には射程にいれた見方ではなかったのである。これを理論的に所与のものとして、つまり生産様式の1構成要素として単純に位置づけるのではなくて、論理的には労働主体以前（あるいは以外）の人間存在をも射程にいれた理論的位置づけ

をする必要があるというのが私の基本見解にほかならない。したがって、わたしたちはこの思考のレベルにとどまってはいけないのであって、やはり3つの主体という見方にもとづいて「生産力としての家族」をおさえなければならない[5]。

家族は社会的に制約される

　家族の社会的「規定性」については、もっとも基底的には「所有の秩序」に制約されることになるが、これに加えて社会規範と集団分化の進展状況をも視野におさめると、現代日本ではどのように現れているのであろうか。家族生活の2大条件にもとづいて考えてみよう。まず物質的条件の獲得（または確保）については、社会的階級・階層の位置によって著しく制約されるが、ここでは3つの基本的階級である資本家階級、労働者階級、自営業階級を確認しておこう。人々がどれだけ意識しているかはわからないが、客観的には家族としてどれかの階級に属しているはずである。これはどのようにして収入を得ているかを考えてみれば容易にわかるはずである。これは「どのようにして」であって、どれだけ収入を得るかはこれだけでは簡単に決まらない。

　階級についてこのように単純化することへの異論や、さらには階級消滅論があることを、私は充分承知している。しかし、そのような見解は階級概念を自分で設定して自分で異論を唱えたり、あるいは階級の存在を否定しているだけではないかと思われる。いろいろな職業（収入の額を考えないで）、つまりどのような活動によって収入を得ているかをみてみれば、人々が3つの階級のどれかに属していることがわかるはずである。私は社会的分業のどの位置にいるか、自営業でない場合は「経営体」内分業のどの位置にいるかが階級・階層の基本的意味であるとみなしている[6]。

　家族の社会的「規定性」のなかでの性格が違うものとして、このような「所有の秩序」に強く制約（主に収入と時間による制約）されながらも、社会規範が相対的独自性をもって家族に影響をおよぼしていることをおさえる必要がある。性格が違うとは、すぐあとで示す家族の能動性の作用を受けやすいという

ことである。社会規範としては、具体的には法律、慣習、常識を挙げることができる。

まず家族法を主とした法律の規制が大きいが、どこまでを家族関連の法律とするかは簡単には決めにくいので、あとで述べる家族政策を考える素材となるであろう。つぎの慣習については、家族生活の土壌として広い意味で文化ともいわれている。食文化・衣文化・住文化、さらには冠婚葬祭の仕方などなど、文化という表現は誤りではないが、その意味が広く漠然としているので具体的に整理しないとなにもいわないことに等しいのではないだろうか。[7]

これも広い意味では文化に含まれるのであろうが、支配的な常識もまた家族を大きく規制している。常識については〈第1部〉で家族構成を中心にすえて、それが家族生活をいかに大きく規制しているかを具体的に示した。常識をはみだしている、あるいは変わっているとみなされることは、家族生活をその枠内におさめるという形の規制として作用している。

最後に、私の独自な視点としての「集団分化」による制約は、〈選択性〉も加わっていささか複雑な制約となっていることを、指摘することができる。そこで「集団分化」についてはつぎに項をあらためて述べることになる。

集団分化と家族

さきに挙げた社会的「規定性」については、程度の差はあれすべての家族に一定の影響をおよぼすという性格をもっているのにたいして、集団分化の進展はやや様相を異にする。

集団分化の進展のなかで、家族がどの程度条件づけられるかはそれほど単純ではない。というのは、集団分化は家族機能を他の集団が担うという場合、論理的にはあくまで可能性にすぎないのであり、具体的な生活過程では家族の選択が大きく作用して現実化するからである。集団分化については家族生活、とりわけ人間の生産との関連で、具体的な集団の種類も含めて第9章で再び独自にとりあげるので、ここでは考え方としてのみ触れておくにとどめる。

国家や地方自治体のように個人や家族の主体的選択をほとんど許さないもの

もあり、そしてそれらは家族にたいする比重がきわめて大きいのであるが、集団の圧倒的多数は、程度の差はあれ家族の必要性に応じて選択される種類のものである。むろん選択といってもいろいろな条件がある。たとえば余暇集団のように選択がほとんど自由であるものもあれば、学校のように選択がかなり制限されるものもある。

家族にたいする集団分化の影響は、すでに〈第1部〉の第3章で述べた「生活の社会化」の進展のあり方と結びつく選択性という性格によって二重の作用として現れる。再び確認するが、現代日本の「生活の社会化」は活動の面に傾斜していて、費用負担の「社会化」はきわめて限定されている。このような現実のもとでの1つの影響としては、一方では集団分化の進展がすすめばすすむほど家族（あるいは個人）の選択の幅が可能性としては確かに拡がるが、他方では収入に制約されることによって実際の選択の幅が必ずしも拡がるわけではない。このことは経験的事実に照らしてみれば明らかなはずである。たとえば学業成績を度外視して考えれば、私立大学への進学の選択の幅は史上空前の拡がりに達しているが、実際には経済的条件のために進学を断念すること、さらには学業成績さえも経済的条件に一定程度左右されることを思い浮かべれば、容易にうなずけるであろう。その他人間の生産にかかわる余暇活動のあり方、医療、福祉などの例は、身近に体験・見聞するところであろう。

もう1つの影響としては、実際にどのような選択をするかによる影響である。幸いにも経済的条件に合致してなんらかの選択をした場合には、そのことによってもまた異なる選択は異なる影響をおよぼすはずである。これについては特に例示する必要がないであろう。現代では家族生活の「多様化」ついては集団分化という視角抜きには考えられないのである。

家族の能動性

家族の社会にたいする能動性は、あとで述べる家族政策との関連で家族の未来にとってきわめて重要な視角であるが、これまではあまり注目されていない。この能動性については、具体的には消極的能動性と積極的能動性の2つに分け

て考えることが大事である。前者はおおむね過去的および現在的性格のものであり、後者は未来的性格のものである。

　家族の必要性と社会の必要性は程度の差はあれこれまで常に矛盾してきたし、これからも矛盾が簡単に解消するとは考えられない。しかし、家族の必要性をまったく無視して社会の必要性が貫かれることもないのである。つまり家族の必要性はなにほどかにおいて社会にインパクトを与えていると考えられるのである。この種のインパクトが家族の消極的能動性にほかならない。家族の存続なしには社会は存続しないのであって、家族生活の具体的実態そのものが社会に作用するという意味で、私はこれを消極的能動性としておさえるのである。政治・経済が家族の必要性をまったく無視しては成り立たないことを考えてみれば、家族の存在そのものが消極的能動性をそなえていることになる。

　家族の積極的能動性は未来を具体的に展望するときにのみ発揮される性格のものである。これまでの歴史においては主に変革期に発揮されたのであるが、民主主義の進展とともにふだんに発揮する可能性をもつものとして性格づけられる。すでにたびたび挙げている夫婦別姓がやはり積極的能動性の好例である（たびたび例示するのはこの例が家族の未来にとっての天王山的位置にあるからである）。これがかなり声高く叫ばれ法廷にまでもちこまれるようになったのは、それほど古いことではない。この積極的能動性の実効ある発揮については、2つの要件を確認することが必要である。1つは媒介集団という要件であり、例として地域、学校、企業、余暇集団を挙げておこう。もう1つは、実効ある作用のプロセスとして、1つの家族あるいは複数の家族の必要性（＝個別的欲求）を社会の必要性（＝集団的欲求）に転化するということである。

　社会との関連での家族には受動性、能動性に加えて相対的自立性という性格があるのだが、これらについては第9章で再び整理して述べられる。

註
1）この問題をめぐっては、かつて（1970年代前半頃）経済や政治とは違う「社会的なもの」（Das Soziale）を社会にどのように位置づけるかという理論問題とし

て提起され一定の論争があったが、決着を見ないまま中断している。その後あらたな問題意識から理論構成への挑戦が若干試みられているが、まだ試みの域を大きくはでていないという理論状況である。

2）現在いろいろなかたちで若者批判がなされているが、もっとも基本的には若者の姿は大人の鏡なのである。したがって、小学校から大学にいたるまでの教師は教育にたいする主観的意図とともにみずからの日常の振る舞いの生徒・学生にたいする客観的意味をも自覚する必要がある。すべてではないにしても、学ぶことの一部は教師を反映しているということである。

3）核家族化や小家族化とりわけ後者が問題視されるのは、その傾向自体に問題がないわけではないが、そのことが家族関係とりわけ家族における人間的諸活動の質にかかわるからである。

4）K．マルクス、長谷部文雄訳『資本論』第一部　青木書店　331ページ

5）労働主体としての人間にとっても、社会的分業が高度に発展しているこんにちでは、協同主体としての人間という面を組み込むことがとりわけ重要になっている。労働の生産性を考える場合、他の条件が等しくかつ労働者の熟練度が同じであっても、協同主体としてのレベルが異なれば労働の生産性が異なることを考えれば、このことは容易にうなずけるであろう。

6）階級消滅論や実態としての階級は存在しないという「操作概念」論についてはいろいろと論議のあるところだが、前者はいわゆる「経営革命」という認識を背景としており、後者は「対自的階級」へ転化する存在を想定していると考えられる。現象的にはそのように映るかもしれないが、本質論的思惟による経済的範疇としての階級という見方への批判ではないと思われる。

7）文化という言葉はきわめて曖昧な言葉であって、1つの国たとえば日本の特質を説明するのに安易に使用されることが往々にしてあるが、「文化的特質」とか「文化の違い」という表現だけでは何もいっていないのに等しく、その具体的内容が問われなければならない。したがって、何をもって文化とするかを具体的に明示する必要があり、私自身は一般的表現としての文化という言葉はほとんど使用しない。

第8章　家族の内部理論

　家族の内部理論は、戦後アメリカ社会学の影響もあずかって日本では相対的に発展している理論分野である。しかし、先に指摘した理論動向に照応して、外部との理論的関連はかならずしも整備されているとはいえない。しかも、いわゆる「核家族論」と「構造・機能分析」が暗黙の前提となっている場合が圧倒的に多いのである。すでに述べていることによって明らかであると思われるが、私は非「核家族論」の立場から理論構成をしており、加えて実際の家族生活では家族はひとときも外部と無関係ではありえない。したがって、一方では「核家族論」および「構造・機能分析」の成果（実態分析の方が相対的に多い）に学びつつも、もう一方では、内部についても外部を常に視野におさめながら独自の内部理論として練り上げていくこと、さらには家族から出発しないで生活から出発したことの当然の帰結として、新しい発想による「生活力」概念を理論構成に組み込んでいくことが本章の主な性格となるであろう。

　詳しくはあとで述べるが「生活力」概念は、私の発想の転換を典型的に示していると同時に、社会学がこんにちの人類的課題や国民的課題（たとえば「維持可能な開発」という課題を想起せよ）に独自にこたえるのはどのような点から迫るかということへの、私なりの主張が込められている。ここではその課題そのものについて論じるところではないが、いろいろな課題について、社会学がただ取り上げさえすればよいとは私は考えていない。多様な課題をつぎつぎに取り上げたとしても、別に社会学からでなくてもよい場合が相対的に多いのであるが、にもかかわらず「社会学的」として論じられている。私は、「社会学的」というからには、他の社会諸科学と異なる独自な迫り方が必要であり、人間のあり方に焦点を当てて哲学的でないかたちで取り上げることこそが社会学からの迫り方だと考えている（社会学の「永遠のテーマ」としての「社会と個人」問題を想起せよ！）。その場合には、基本概念が他の社会科学からの借

り物ではなく（経済学の基本概念の借用が多い）独自な基本概念が要請されるのであるが、その1つとして「生活力」概念を措定しており、そこにはこのような私の「社会学思想」が込められている。

1 家族構成・家族機能・家族関係

家族構成

　家族の内部分析としてはこの節の題にある3つの側面に加えて、役割・権威（勢力）・情緒構造が取り上げられることが相対的に多い。私はそれらを家族関係として一括して考えるとともに、機能主義的思惟にもとづくと思われる「構造」という用語を採用しない。例えば、役割構造という代わりに役割分担というがごときがそうであり、その方がわかりやすいはずである。[1]

　家族構成については、家族分析におけるサブ概念として、森岡清美の夫婦家族、直系家族、複合家族という3分類がきわめて便利であり、構成に限定した彼の核家族論の立場からは当を得たものであり、応用範囲も相対的に広い。しかし、私の立場からすると、すでに〈第1部〉で触れたように実際には該当しない家族があるので、若干の補強をする必要がでてくる。そこで新しい試み（＝挑戦）や提言をも視野に入れて、あり得ると考えられる家族構成について具体的に挙げてみることにしよう。現在相対的に多数を占めている「家族」をさしあたり〈婚姻・血縁家族〉として一括しておくこととし（ほぼ森岡清美の家族概念に当たる）、これとは異なる新しい試みや考えを視野にいれて想定してみると、スウィンギングやオープンマリッジ（そしてサイクル結婚論？が加わる）は性関係の一種にとどまるので除外することにして（ただし家族関係としては独自の位置を占める）、一夫多妻・一妻多夫・多夫多妻、複数「家族」などの「新共同体」（前二者は過去のものといえるかもしれないが実態として世界に存在しないわけではない）、姉妹世帯共同体、非血縁同居体、同性同居体などが考えられる。「夫婦別姓家族」については単なる表現の問題であっていずれは「夫婦家族」として社会的承認を得るであろうから、家族構成としては夫婦家

族のなかに組み込んでおいてよいであろう。このように考えると、つぎのような家族構成のタイプが析出されるが、上記の例はあくまで参考として挙げたものであって、存在する（あるいは存在し得る）家族をもれなくあつめて分類するという考え方を採ってはいない。つまり現在相対的に多い婚姻と血縁の有無と性関係の有無を指標としている。[2]

① 婚姻・血縁家族

② 非血縁家族

③ 非夫婦家族

④ その他の家族

これが大分類であり、さらに実態をふまえた小分類として整備する必要があると思われるが、さしあたり大分類と同じ考え方を採用して、現段階でも可能な小分類を示しておくにとどまる。したがって今後現れるであろうと思われる家族の予測を含んでおり、ネーミングはさしあたってのもので、今後さらに整理するという課題を残している。

①の婚姻・血縁家族については「核家族論」にもとづくと整理しやすいので、家族構成に限定した核家族論を主張する森岡清美見解をほとんどそのまま採用することができる。すなわち、夫婦家族、多世代家族、複合家族。

②の非血縁家族については、血縁の有無を指標とすると、血縁を主として非血縁をも含む家族、非血縁を主として血縁をも含む家族、非血縁のみの家族。

③についてはさしあたり非夫婦家族とネーミングしたが、正確には一夫一婦でない性関係によることを意味する。新しい実験あるいは今後の予想によるものなので、小分類がむずかしいが、②が血縁の有無を指標としたのにたいして、１対１の異性の性関係でない性関係を指標として考えることになる。男性同士の性関係、女性同士の性関係、複数交差の性関係、そして性関係をともなわないもの（性別は度外視）という構成が考えられるが、これはさらに血縁の有無をクロスすることによっていくつかの種類に分けられる。なお、過去に存在が認められる一夫多妻、一妻多夫、多夫多妻などは、価値判断を抜きにしても今後は特殊な事態がないかぎりは現れないと思われるが、人類史的に考えるなら

ば1つのタイプとして挙げておく必要があろう。④としたのはそのためであり、構成を鮮明にすることができない家族である。

家族機能

家族機能については、家族の定義の仕方の多くがそうであったように、家族の機能と思われるものを洗いだして整理する仕方は採用しない。さらに80年代に提示した私の見解は試論の域を出ないとはいえ、社会の必要性への射程がきわめて不十分であったことへの反省が加わっている。まず家族機能をもっとも本質的に示すならば、生産主体としての人間の生産にとって不可欠な生活資料の確保（生産または獲得）と家族生活における人間的諸活動（対構成員）、および社会的「生活力」の発展への関与（対社会的）となる。そこでこれらの具体的内容、たとえば人間の生産の内容として形成・維持・発展の3種類などを盛り込むことによって、家族機能は、表1のように整理されることになる。

一般に「家族機能の外部化」といわれたり、また家族機能縮小論が主張されているが、その意味を厳密にしておくことがぜひとも必要である。私自身は、

表1　家族機能

	対 構 成 員				対 社 会		
	生産主体の形成	生産主体の維持	生産主体の発展	物質的条件	生産主体の形成	生産主体の維持	生産主体の発展
労働主体	身体的成長	健康体の維持　病気の看護　疲労の回復	労働技能の発展	生活資料の確保	労働主体の育成	労働主体の提供	労働主体の発展
生活主体	慣習の伝達　生活技能の訓練	各種コミュニケーション・スキンシップ	協同活動		他の集団への参加能力の育成	生活道徳の維持	生活道徳の新たな創造
協同主体	言葉の習得　人間関係・協同活動の育成	上記とほぼ同じ	共同活動		上記と同じ	社会規範の維持	新しい社会規範の創造
セルフコントロール	人間的成長　忍耐力	役割遂行	学習活動		社会規範の伝達	上記とほぼ同じ	上記とほぼ同じ

単純な「外部化」・縮小でないことを、これまで一貫して主張してきている。それが私だけの見解でないことは、最近の森岡清美見解にも示されている[3]。つまり、「外部化」の進展という事実は確かだが、そのことが必ずしも「外部にすべて移行する」ということを意味しないことにほかならない。このことはわたしたちの日常生活について具体的に考えてみれば容易にうなずけるはずである。大抵のひとが体験しているもっともわかりやすい例として「育児」を取り上げるが、「育児」という言葉は一般的にはなんとなく低年齢層が対象である場合に使われており、何歳までを対象に「育児」というかはあまりはっきりしていないので、生産主体の形成=〈一人前にすること〉を「子育て」と表現するのが適切であろう。そうすると子育てが終わるのは現在では高校卒か大学卒ということになる。

そこで子育てという家族機能について具体的に考えてみると、学校などの教育機関に一定程度移行していることは確かな事実である。しかし、家族機能としては2つの点で依然として存続しており、これからも存続するであろうと考えられる。すなわち、学校でのいわゆる教科科目の内容については機能がかなりの程度移行しているが、すべてが移行しているとは必ずしもいえないという点である。もう1つは、すでに「生活の社会化」について確認したように（77ページ）、費用負担の大部分は依然として家族機能として個別家族が担っているのである。その他の家族機能についても同様なかたちで具体的に考えれば、家族機能の「縮小」がなんらかの機能項目がなくなってしまったことを意味しないことは明らかであろう[4]。

家族関係

家族関係の基本は役割分担にあるが、これについては、家事・子育てにかかわって考えられ得る具体的な活動を洗いだして実態調査しつつ整理するという手法が相対的に多いように思われる。そのことによって役割分担の動向がかなり明らかにされていることも確かであるが、家族機能についての考え方によって、大抵の場合家事・子育てに限定されており、「稼ぐ」ことは除外されてい

るのである。家族機能に「稼ぐ」機能があるのに対応してその役割分担があるのは当然であろう。にもかかわらず他方では性役割分業について語られており、役割分担のそのような論じ方は論理的矛盾以外のなにものでもない。ここには、これまでの発想つまり家族の内部構造（外部から切り離された）に焦点を当てることといわゆる「生産と消費の分離」とが安易に結びついた発想の弱点が現れていると思われる。これとは違って、私の理論構成の性格からして、役割分担についても家族機能と同様の考え方が当然採用されることになる。すなわち、家族生活における物質的条件の獲得＝「稼ぐこと」と家族生活としての人間的諸活動＝家事・子育てなどがどのように分担されており、そのことが他の家族関係とどのようにかかわっているかが問われることにほかならない。この〈2大基本機能〉という発想にもとづかないと、家族（と家族構成員）の費用負担をみるという視点が論理的には消失することになる。

　役割分担については、実態調査の多くがそうであるように、活動項目（炊事・洗濯・掃除・日常の買い物などなど）が一定程度整理されているにすぎないのであり、相対的に概念化しているものとしてT．パーソンズの手段的役割、表出的役割といった一般的概念構成があるにすぎない。この概念構成には摂取できるものが含まれているが、〈第1部〉で指摘したように、家事・子育てと家計にたいする責任、およびコミュニケーションと不測の事態への対応という家族生活全体を視野におさめた役割分担として理論的整理が必要であろう。

　勢力・権威関係（家族社会学の多くは構造と表現している）については、主として夫婦関係についてのタイプ分けがなされており、核家族論が暗黙の前提になっているとしか考えられない。寡聞にして親子関係とかその他の関係については、実態調査はあるが理論化の試みを私は知らない。情緒関係の研究は主に実態分析であるが、きわめて少ない状態にあるといってよいであろう。[5]

　これらの関係がどうなっているかを知ることに意味を認めないわけではないが、部分的実態しかまだ知られていないのではないだろうか。しかも〈家族の内部構造〉としてこの3つの「構造」が理論的には相互関連抜きでそれぞれについて論じられていることが多いのである。とするならば、当面必要なことは

第8章　家族の内部理論　163

３つの関連についての理論仮説でもよいから、それらを考える方向を示すことである。

関係の相互関連をめぐっては、たとえば「利系家族」という主張には、すでに指摘したような弱点があるのだが、「稼ぐ」（とりわけ妻）ということと家族関係の相関関係に実態論としてのメスをいれる試み（理論化への意識はおそらくないと思われる）といえる。

なお、第５章で指摘した性役割分業についての注意点がこれまでほとんど視野にはいっていないと思われるので、理論問題として再び確認しておくことにしよう。すなわち、家事・子育てについての実際の役割分担活動に加えて、それらに支障をきたさないように責任をもつという役割であって、実際の活動としてはみえにくいのであるが、意識と実態にまたがるという具体的現実に注意をうながしたいのである。

2　生活構造と生活力

家族生活の質を考える

家族生活を捉える立場はいろいろあるが、すでに取り上げた家族の諸側面に加えて、家族生活を全体として捉えるものとして生活構造が取り上げられるのがふつうであり、生活問題と言われているものにトータルに対応するためには理論構成の重要な構成部分としての位置を占めている。と同時に現実的に人々が日常的に感じている生活実感とは何かということを具体的に明らかにするには、生活構造という視点は一定の意味をもっている。しかし、生活構造は、つぎの項で述べるように、生活時間と家計が主に取り上げられており、数量的分析に力点があって質的側面は、たとえばライフスタイルといったかたちで別に取り扱われることが多いのである。そのような分析に意味がないわけではないが、両面をセットにして捉える方が望ましいことはいうまでもないであろう。たとえば生活構造において余暇時間の割合が一般的には増加しており、増加したこと自体にも意味があるが、その余暇時間をどのように過ごすかもまた問わ

れなければならないであろう。その場合当然収入面と支出面つまり家計がかかわってくるはずである。そこで、〈第1部〉で述べた家庭生活の諸条件の物質的条件とかなり重複するのだが、これに人間的諸活動を含めて考えることによって、生活構造の理論枠組みの方向を導き出してみようと思う。

　いわゆる「豊かな社会」と言われるようになり、経済成長のみをひたすら追求してきたことによるひずみへの反省からか、あるいは「経済成長は一段落という認識」?　からか、「生活大国」「ゆとりある生活」「生活の質」などなどという表現にしばしばお目にかかるようになってきた。しかし、その具体的内容とは一体なんであろうか?　私には人間的諸活動を具体的に組み込むという発想がほとんどないように思われる。つい先頃までのテレビコマーシャルにパイプを口にした熟年のタレント?　が「これまではモノの時代、これからはヒトの時代だ」と。テレビコマーシャルではそのような「お題目」で済まされるが、社会科学としては「お題目」では済まされないはずである。しかし、生活についての先の表現は「お題目」といわないまでも、これまでは無視ないしは軽視されていたことへちょっと視点を変えようという程度の思惟にすぎないのではないかと思われる。すべてとはいわないまでも大部分は単なるスローガンであったり、経済成長から「消費生活」へ、労働時間の短縮、具体性の乏しい「質」といった単純な発想なのではないだろうか。生活一般あるいは家族生活の質を考えることについて、次の項の具体的展開へつなぐ意味で、簡単な体験例によって生活構造論の新たな理論的整備の必要性を喚起したい。

実例としての生活空間

　生活構造についての見方を考えるための例として、導入的に日常生活における生活空間について述べてみよう。物質的条件をめぐって生活空間が拡がっているかどうかについてはすでに簡単に触れているが、人間的諸活動の具体的内容を組み込むとつぎのような見方になる。私自身は40分前後の犬の散歩をほぼ日課としている。歩くコースに一定のパターンがあるが、ときには犬の気分によってときには私の気分によって、いろいろちがった道を歩くこともある。

歩いて10分程度のところの八幡宮のそばにちょっとした空き地があって、秋の紅葉が絶品といってよいほど美しく、春は周辺の新緑が目に鮮やかである。その他もろもろの「発見」がある。もし犬の散歩がなければ、私の家から距離的にそれほど遠くはない場所でも、おそらく行くことはないであろう。とりとめもない日常生活の例であると思われるであろうが、これが人間的諸活動をも組み込んだ理論として生活空間を考えるにあたっての一般化に結びつくのである。

　たとえば私の近隣に住んでいる勤め人で、仕事の関係上物理的には私より広い空間をしばしば移動しているとしても、はたして生活空間が広いといえるであろうか。しかも経済成長にともなって急速に拡がった生活空間における移動は、航空機・新幹線など超高速の交通手段によるものであって、実質的には点から点への移動あるいは線の移動という内容であるといえよう。さきに私の生活空間のささやかな拡がりを挙げたが、考えてみるとその他の移動では点から点への移動が圧倒的に多いのである。自宅から大学へ、研究会・学会・その他の会議では会場のある建物へ移動するにすぎなくて、それ以外の移動しかも面としての移動はそれほど多くはない。

　そこで別の人間と比較する例として、登山をも含めて山歩きを山仲間と一緒に定期的にしている専業主婦について考えてみると、点から点への移動では私の生活空間の方がおそらく広いであろうが面としてはどうであろうか。私は山歩きの趣味があまりなくて、日本では数えるほどしか歩いたことがない。とすると、その専業主婦の面としての生活空間は私の犬の散歩とは比較にならないほど広いということになる。これに加えて山仲間という共同的な関係の生産があることも確認しておく必要がある。日本ではといったのは、私が中国に半年間滞在したときにそのような生活空間を体験したからである。[6]

　私の中国留学のそのときの目的は、中国人の日常生活をこの目で直接見ることであり、できるだけ多くのしかもさまざまな階層の中国人と直接話すことであった。すでに述べた成都での体験はその典型例の1つであり、とにかく歩き回って見知らぬ中国人をつかまえては下手な中国語で会話をした結果、親しい関係もかなりできた。中国での名所旧跡の観光は山歩きのようなことが多い。

一日中歩き回ったり、4、5時間歩き回ることはごく普通の過ごし方であり、面としての生活空間がこれほど拡がった生活はかつてないことであった。貨幣価値の違いのためお金もあり、時間もあり、そして広大な生活空間、そこに豊かな生活を実感する現実的根拠があると思われた。

点と面の違いを軸にして生活空間についての見方を例示したが、生活時間や収入についても単純に量に還元するのではなくて、その具体的内容を問うことが生活構造の把握にとって必要であろう。すなわち、相対的に多くの余暇時間があってもその過ごし方がどうかということが問われるし、収入に若干のゆとりがあってもそれをどのように使うかということが問われるのである。

生活構造について

日本での生活構造論はほぼ50年の歴史をもち、理論的にも実証研究においてもかなりの蓄積をもっている。しかし、社会政策学からはじまった生活構造についての研究は、経済学における生活研究という性格、社会学における生活研究という性格の2つの系譜に大きく分けられるが、社会学においては階級・階層と関連づけるもの、地域生活に焦点をあてるもの、生活体系という把握への志向をもつもの、その他生活構造という言葉を必ずしも使わないものなど、多様な立場がある。ここではそれらを全面的に検討するものではなく、家族生活を全体として捉える理論的位置を占めているという意味で、家族の生活構造を考えるにあたっての予備的考察としておこうと思う[7]。

さきに指摘したさまざまな立場における理論化の志向はそれぞれ一定の意義をもっていると思われるが、それらには共通の理論的性格（あるいは発想）があると考えられる。前項で指摘したように生活構造そのものとしての理論化の方向は、生活構造における諸要素（前項ではその1つとして生活空間に言及した）についてどうみるかということ、およびその諸要素とのかかわりで人間的諸活動をどうみるかということが、統合的に捉えられる必要がある。しかし、両者にたいする視点があり、その理論化の試みが一定整理されているとはいうものの、必ずしも統合的ではないように思われる。代表的なものとして、生活

水準・生活関係・生活時間・生活空間を生活構造の構成要件としているもの、経済学の系譜を継承した循環図式、機能主義的生活構造論などがあり、他方では行動パターンに焦点をあてた生活構造論もある。

生活構造という言葉を使わないが生活研究としては理論的に同列と考えてよい見解（生活体系・生活様式など）も多様にあるなかで、それぞれが生活研究についての一定の視点の提示・課題提起を行っており、その意義を認めるにやぶさかではないが、それらの視点・課題は具体的な実態把握によってより豊かで確実なものにしていく性格のものであり、ただちに理論化しがたいと思われる。したがって、生活構造論としてただちに一般的な理論化を試みるのではなく、家族生活を全体として捉えるにあたって、どのような方向が適切であるかについて、簡単に触れるにとどまる。[8]

生活空間、生活時間、生活経済、生活関係の4つが、生活についてこれまでに述べた基本的認識から措定されるということ、これとその枠内での人間的諸活動あるいは欲求充足活動を組み込んで考えるのが、生活構造の基本的見方にほかならない。いきなりこのようにいうと、なぜそのように措定するかという疑問が当然でるであろうが、1つには、解釈の多様性を許さないような言葉にするということ（たとえば生活水準という言葉はさらに説明を必要とするであろう）、もう1つは、これまで述べてきた家族生活にたいする基本的見方の適用であるということ、これについてはつぎの項の家族の生活構造において明らかにされるであろう。

家族の生活構造

生活構造一般についての理論化は家族社会学の直接的課題ではなく、したがってここでは生活構造そのものの理論化を直接志向しないが、ごく少数をのぞいては生活構造が家族社会学の理論構成からははずされている場合が多く、家族社会学の理論構成にそれを組み込む必要がある。もう1つは、家族の生活構造の理論的把握が生活構造一般に通じる論理を備えていることが要請される。そこでまず基本的な見方について整理をしておこうと思う。この場合重要なのは、

生活構造一般でもなければ、個人の生活構造でもないということである。生活構造の重要な要素である生活時間と生活空間については特にそうである。いわゆる専業主婦の生活時間について具体的に考えてみると、彼女個人の生活時間がそのまま家族の生活時間になるわけではないし、また世界中を飛び回っている商社マンの生活空間がそのまま家族の生活空間になるわけではない。経済学的アプローチでは、その学問的性格からして生活時間が労働力の再生産という視点と家計構造という視点からの把握になっている。

さて、生活構造の構成要素についてはいくつかの設定の仕方があるが、さきに示したように生活空間、生活時間、生活経済、生活関係の4つが基本的位置を占めるとするものである。生活水準を挙げる見解については、それ自体がさらに説明を要するものであるとともに説得的展開が著しく困難であり、生活経済と単純化した方が適切であろう。生活意識もまた同様の性格をもつと同時に、さらには具体的生活活動によって説明される性格のものであって生活構造の基本的構成要件としては4つとは同列に扱えないであろう。このような設定にもとづいて家族の生活構造をどのようにみるかという点にかぎって触れる。

家族の生活構造は、家族員それぞれの構成要件の単なる総和でもなければ、「最大値」でも「最小値」でもなく、共有に着目することが第一に確認されなければならない。第3章で指摘した問題状況は実はこの共有にかかわるのであり、これが少なければ少ないほど「人間の絆」が希薄なのである。生活経済はともかくとして（もっとも「利系家族」論ではこれが重要だが）、生活空間・時間・関係の共有をどのように考えるか、家族員にはそれぞれの独自な生活があり、四六時中密着しているわけにはいかないだろう、という疑問が当然でてくるであろう。この疑問にも対応するものとして、第二には、共有を実践的共有と意識的共有の2つに分けて捉えることが必要である。したがって、第三に、意識的共有を得るためのコミュニケーションに着目することが必要である。そして第四には、つぎの項で取り上げる「生活力」と結びつけて捉えることである。このような理論枠組みは、家族員それぞれの独自な生活世界を前提にして、家族員すべてを射程にいれる性格のものにほかならない。

具体的な家族生活に適用するとどうなるか、生活空間と生活関係の2つにかぎって例示しておこう。生活空間についての見方の性格についてはすでに述べたが、たとえば夫婦が一緒に山歩きをしたり、ショッピングをしたり、あるいは近所を散歩したりという生活空間の実践的共有は、現実的にはきわめてむずかしい。しかし、ある生活空間を時間的には別々にもったとしてもコミュニケーションによって同じ生活空間を共有できるのであり、これが意識的共有にほかならない。さらには片方が実践的生活空間になっていなくても、意識的共有がまったく不可能ではない。

生活関係については親子を例として考えてみよう。それぞれが独自の生活世界をもっており、かつ年齢の相違などによって同じ生活関係の共有は実践的にはきわめてかぎられている。具体的に思い浮かべればごく当たり前のことだが、子どもがどんな親しい友達をどれだけもっているか、学校の先生との仲はどうか、といったことを親が具体的に知れば知るほど生活関係の意識的共有が多くあるということになる[10]。

生活時間や生活経済でも同様に考えられるのであり、たとえば「個人化する家族」や「利系家族」という見方はそれはそれで現代家族の1つの特徴を捉えてはいるが、そのような特徴があるなかでも、以上のような見方による生活構造の実態と結びつけてみる必要があるであろう。そして、そのような家族の現在および今後のあり方について考えるキーワードが「生活力」である。

生活力とは

「生活力」とは生活構造とともに家族の状態を全面的に捉える概念であると同時に、他の集団および家族政策と家族を理論的に結びつける概念でもあるが、さらには私の社会学の主要概念の1つとして、人間生活一般をも解明し得る概念として構想したものである。たとえば、個人の「生活力」・地域の「生活力」・ある集団の「生活力」・社会（あるいは1つの国家、さらには地球規模での人類全体）の「生活力」……。このような一般化はさておくとして、ここでは家族と個人に限定して説明する。

生活力という言葉は日常生活で「あのひとは生活力がある」というかたちでしばしば使われているが、この場合の生活力とは経済力つまり「稼ぐ能力」を意味している。しかし、〈第1部〉で生活が経済生活に限定されないより広い意味であることをすでに確認していることを想起するならば、そのような生活把握に照応して、いわゆる「稼ぐ能力」より広い意味として提示されるであろうことは容易に推測されるはずである。私自身は、ここでもまた「発想の転換」として、これまで広く受け入れられている経済的意味にとどまらない、私の生活概念に照応した「生活力」概念を提示するものである。

　「生活力」とは、もっとも抽象的には生産主体の生産における物質的・精神的（あるいは文化的）諸力の総体を意味する。すでに述べたように、小は個人から大は人類にいたるまでの「生活力」が考えられるのであるが、ここでは個人の「生活力」の意味の具体的確認にもとづいて、家族の「生活力」について述べ、さらに現代的意義ということから地域の「生活力」に若干言及して、理解を確かなものにしたい。個人の「生活力」は、一般的には諸個人の人間的諸活動の総体に求められる、といえるのであるが、具体的に展開する前提として、諸個人の人間的諸活動が客観的には3つの生産を意味し、主観的には諸個人の欲求充足活動を意味することを再確認しておこう。この欲求充足活動も、心理学的意味ではなくて3つの生産と関連させるというかたちでの社会学的意味であることもことわっておこう。

　動物とは異なる人間の独自な活動としての欲求充足活動は、理論的には直接に欲求を充足する活動――たとえば食べる・着る・遊ぶなど――と、欲求を充足するための活動――たとえばお金を稼ぐ・炊事をする・交通機関を利用するなど――との2つに大きく分けられる。さしあたり前者を〈充足活動〉、後者を〈必要活動〉とネーミングしておくことにしよう。もっともあらゆる活動が現実にはきっちり2つに分けられるわけではない。たとえば、お金を稼ぐことそのものが〈充足活動〉であるケース、接待のために飲食につきあうケースなどを思い浮かべてみればよいであろう。ともあれ人間にとっては生きていくうえでこの2つは必要な能力なのである。[11]

さらにこの2つの能力の関連として、〈充足活動〉のコントロールのうえに〈必要活動〉があること、〈必要活動〉は〈充足活動〉の手段であることをおさえておかなければならない。わかりやすい例を挙げれば、「いま遊びたい、しかしお金を稼いでおかないとあとあと困る」と考えて遊ぶことを控えるのは、コントロール能力が働いているからである。

以上のこと（これまでに生活について述べたことすべて）から、人間的諸力能の総体としての「生活力」は、具体的な発揮の仕方の違いによって、①生活資料の生産における労働技能、②人間の生産における生活技能、③協同様式の生産における協同技能、④それらの諸技能をコントロールする制御技能、の4つの能力に整理することができる。

「生活力」はもっとも基本的にはこのように理解されるのであるが、実際の生活では、このような能力をすべてそなえている個人であっても、このような「生活力」を常にすべて発揮して生きているわけではない。なぜならば人間は客観的には協同的存在であってけっして独りで生きているのではないからである。したがって、「生活力」について以上のように抽象的におさえるだけでは不充分であって、具体的生活の場でのあり方が問われるのであり、問題状況に充ちた「家族と地域」の「生活力」の現在について付け加えておこう。

「家族と地域」をセットで考える

すでに〈第1部〉で述べたように、現代日本の家族は「生活力」を著しく減退させている。この減退を「無理をしている」あるいは「1つの家族だけでの生活がむずかしい」と表現したが、そのことは、大部分の家族が「生活力」をなにかで補う必要にせまられていることを意味する。「生活力」概念にもとづく見方は、その方向（現実には多様であるが）を求める論理を含んでいるのであるが、考えられる多様な方向すべてについて述べるわけにはいかないので、ここでは「家族と地域」を人間の生産として結びつけて考えることによって、その論理を具体的に示すことにしよう。つまり家族を基本として集団分化との具体的関係を問う典型例の1つとして「家族と地域」について考えてみようと

いうことであるが、これをまずセットにして取り上げるのにはもう1つの理由がある。

　はじめに指摘したように、「発想の転換」にもとづいて構想した「生活力」概念は経済的生産力（＝経済成長）に代わる新しい概念にほかならず、経済至上主義（＝経済発展を社会や生活の発展一般の尺度とする思惟）への批判としての意図をもって構想したものである。したがって世界の、国家・社会の、さまざまな集団の、そして個人の「生活力」というかたちで展開する私の社会学的思惟のキーワードとしての意義をもっている。しかし、私の構想では社会的にどのレベルの「生活力」を取り上げる場合でも家族生活に結びつける性格のものなのである。したがって、家族の「生活力」を考えるには単独ではなしに他と結びつける方が、わかりやすいのである。そして「なにかで補う必要」という場合、地域が論理的には家族からもっとも早期に直接「分化」したものであり、人間の生産に全面的にかかわりしかも選択性に乏しいという意味で、「地域と家族」がまずセットにして取り上げられるのである。[12]

　さて、日本の地域の多くがまだ農村かムラであった頃は、家族とともに地域もまた「生活力」の重要な担い手であった。しかし、資本主義の発展とともに高度経済成長の過程でいわゆる共同体社会が解体していったことは、疑いのない史実である。そして生活の「都市化」の進展とともに地域社会が大きく変貌し、そこでの人と人とのつながりも次第に大都市に似たようになって、現在にいたっている。このことは、生活主体と協同主体の生産という面での地域の「生活力」が著しく低下したことを意味する。いわゆる『3全総』あたりから、表現方法はともかくとして「生活力」の回復・向上が叫ばれるようになったが（コミュニティづくりのかけ声など）、必ずしも成功しているとはいえない。

　家族と地域それぞれの「生活力」は個人の「生活力」の総和でもなければ、家族の「生活力」の総和でもない。家族の「生活力」としては、構成員それぞれの諸技能が実際にどのように発揮されているかが問われるのである。具体的には、①それぞれの生活時間の配分、②生活技能の行使の仕方、③人間的諸活動の配分が、可能性として有する各構成員の諸技能を現実化する内容となるの

である。家族の「生活力」をこのように考えると、現代日本では生活資料の獲得活動に傾斜し人間の生産もまたそれに傾斜するようになっているし、またそうせざるを得ない生活が社会的に強要されている。その点からして家族の「生活力」が減退していることは明らかであろう。

地域の「生活力」もまた減退していることは明らかであるが、家族とは違ってそれぞれのの家族の可能性としての「生活力」を程度の差はあれ、それぞれの地域がかかえているのである。これが「家族と地域」をセットにして考える最大の理由の１つである。１つの家族では、いまや「生活力」の回復はほとんど不可能になっているが、地域の場合は、あたかも協業と分業が物質的生産力を高めるのと同じように、家族の顕在化しない「生活力」の協同的活用を具体的に追求することによって、「家族と地域」の「生活力」を回復しさらに高めることが不可能ではないのであり、その具体的方策が現在問われている。これについては、第10章で再び触れるであろう。[13]

3　ライフサイクル

ライフサイクルとは

家族構成、生活構造と並んで、ライフサイクルは家族生活のなかでは変化の著しい分野の１つであると同時に、家族生活を全体として捉える重要な視角の１つである。しかも「家庭」のあり方と理論的にはきわめて緊密に結びついている分野であるが、意外に正確には理解されていなく、ライフスタイル・ライフステージなどと混同されていることが多い。たとえば大学の家族についての試験問題の解答では、ライフサイクルとライフスタイルがしばしば混同されていることにみられるように、一般的に気軽に使われていながらも、正しい意味が必ずしも浸透していないように思われる。

ライフサイクルという言葉は、もともとは生物一般の生命過程の推移を示す概念であるが、心理学や社会学でこれを人間諸個人の生涯で節目になるような重要な出来事のパターンを示すものとして使われるようになり、出生・成長・

成熟・老衰・死亡の過程が立場に応じて具体的に展開されている。これを家族に適用すると家族周期となり、1つの家族の生成から消滅に至るまでの過程のパターンを示すことになる。このような意味をもつものとして、私は家族のライフサイクルという表現（以下家族を省略）が適切であると考えている。

ライフサイクルについては、古くはロウントリーや鈴木榮太郎によってその見方や実態が研究されたという歴史をもっているが、日本では、森岡清美が『家族周期論』（1973年　培風館）において全面的に開拓・展開した。その後、いくつかの実証的研究が積み重ねられているが、彼の理論を大きく発展させたものはまだ現れていない。私見では、核家族論あるいは現在の家族概念を前提とするかぎりは、当分理論的にはこの状態が続くであろうと思われる。なお付け加えるならば、これまでの諸研究は核家族あるいは多世代家族を暗黙の前提としているので、森岡見解の域をでないのである。しかし、家族概念の異なる私の場合では、一方では森岡に学びつつも、独自の理論が要請されることになる。「新しい家庭の実験」がどの程度現実化するか、家族としての「社会的承認」をいつ得るかの予想はできないが、サイクル結婚論という見解まで現れているなかでは、新しい展開がどうしても必要であろう。

では、ライフサイクルについて基本的にはどのように考えるか。「婚姻・血縁家族」のそれについてまず確認し、他の家族のタイプについては同じか違うかというかたちで考えてみよう。このタイプの家族のライフサイクルは森岡見解に代表される（表2）。

森岡自身も述べているように、これは「夫婦制家族」を前提とするものであり、「……直系制家族、たとえば、家系の承継が重視されたわが国の家については、夫婦制家族とは異なった発想をしなければならない」として、親と後継子の2つの生殖家族を重ねて3段階としての推移を提示している[14]。つまり家族構成が異なればライフサイクルも異なることが、森岡見解にも示されており、家族の多様化がライフサイクルの多様化をもたらすことを意味する。

表2　ヒルと森岡の段階説

ヒル	森岡
Ⅰ　子どものない新婚期	Ⅰ　子どものない新婚期
Ⅱ　第1子出生〜3歳未満（若い親の時期）	Ⅱ　第1子出生〜小学校入学（育児期）
Ⅲ　第1子3歳〜6歳未満（前学齢期）	Ⅲ　第1子小学校入学〜卒業（第1教育期）
Ⅳ　第1子6歳〜12歳（学齢期）	Ⅳ　第1子中学校入学〜高校卒業（第2教育期）
Ⅴ　第1子13歳〜19歳（思春期の子を持つ時期）	Ⅴ　第1子高校卒業〜末子20歳未満（第1排出期）
Ⅵ　第1子20歳〜離家（成人の子を持つ時期）	Ⅵ　末子20歳〜子ども全部結婚独立（第1排出期）
Ⅶ　第1子離家〜末子離家（子どもの独立期）	Ⅶ　子ども全部独立〜夫65歳未満（向老期）
Ⅷ　末子離家〜夫退職（子離れ期）	Ⅷ　夫65歳〜死亡（老いゆく家族）
Ⅸ　夫退職〜死亡（老いゆく家族）	

ライフサイクルの変化と課題

　家族の変化のなかでライフサイクルほど大きく変わった部分はないといってもそれほどいいすぎではないであろう。大きく変わったがために家族研究の重要項目になったのである。「ライフサイクル論」というのが大学の講義科目に採用されてもいるのであるが、まだ理論化の緒についたばかりであり、具体的には心理学での人間発達という観点から特定の発達段階に注目するとか、家族社会学では家族周期論というかたちで理論化の試みがなされているなど、理論化の方向がいまだ定かでないといってよいであろう。しかし、家族社会学の理論構成では組み込む必要があると考えられるので、試論的に展開する。

　さて、もともとは生物学用語であったライフサイクルという概念が人間生活の研究用語になるには、いろいろな受けとめ方があるが、私は家族生活の一定の「多様化」と高齢化の進展、そしていわゆる「発達課題」における問題性によることが大きいとみている。そこで、すでになされているライフサイクルの変化の一般的な見方を簡単に確認して、課題を提起したい。

　さて、森岡清美は「……結婚年齢・出生児数・寿命など人口学的要因に変化

が生じると、家族のライフサイクルに変化が起きるのである」と簡潔に述べている。事実、高齢化の進展がライフサイクルのパターンを変える基底的な契機となり、これに少子化の進展が加わって、いわゆるエンプティネスト期が大幅に増大しその期の生き方が問われていることは、ほぼ周知のこととなっている。この問題をめぐっては、高齢期の生き方とりわけ高齢の夫婦関係のあり方[15]とか、それとのかかわりでそれ以前の個人の生き方や夫婦関係のあり方などについて、さかんに論じられており、具体的提起もいろいろなされている。それぞれの見解には一定の意味があると思われるが、全体としては問題の設定の仕方が、長期化した「老衰期」をどのように有意義に過ごすかということにつきるといってよいであろう。

　ライフサイクルの変化については、コーホート法などによってパターンが大きく変化したことが指摘されており、そしてさきに簡単に指摘したように高齢期夫婦のあり方が問われていることは確かだが、それに加えてアメリカの影響も手伝って、個人のライフコースをも射程にいれて離婚・再婚についても考えるという方向も提示されている。現代の家族生活では確かになにが起こるかわからないので、いろいろな事態を考慮することはそれはそれで必要なことであろう。しかし、単純にパターン化しにくいとしたら、やはりなんらかのプリンシプルが必要であり、私は、「自由な家族創造」と家族の多様化を軸として問題の設定の仕方を根本的に考え直すことを提起したい。一言でいえば、ライフサイクルを視野にいれた家族の生涯設計を、個人のライフコースをも射程にいれて考えるという課題を設定することである。

　ライフサイクルについて考えるための課題は、いうまでもないことだが、2つある。1つは、ライフサイクル自体をどのように考えるかということであり、もう1つは、家族生活全体のなかにどのように位置づけるかということである。まずライフサイクル自体をどのように考えるかについては、すでに簡単に示した森岡に代表される見方に認められるように、広い意味での核家族論が前提になっており、夫婦家族あるいは直系的家族についてのパターン化とその変化動向、そしてそれにともなうさまざまな課題の検討という性格が一般的であると

みなしてよいであろう。しかし、非核家族論の立場、しかも「家族の多様化にまかせる」という私の立場では、簡単にパターン化できないのである。したがって、ライフサイクル自体をどのように考えるかという課題には、パターン化という発想ではなくてその要素を考えるというかたちになるので、試論的域をでないが、一定の整理をして、これからの方向を考えてみよう。

ライフサイクル論の止揚？

　基本は個人のライフコースにもとづいて家族の生涯設計をすることであり、そこには「家族の多様化」に照応して、固定的なパターンはない、あるいはいくつかのパターンを示すことがむずかしいのである。したがって、これまでのライフサイクルのパターンを指標にするのではなくて、出生はともかくとして成長・成熟・老衰・死亡というもっとも抽象的な段階をベースにして、重要な節目をみずから自由に具体化するという考え方を提起したい。ライフサイクル自体を考える要素とはこの節目を設定する要素を意味する。

　自由な家族創造（つくらない自由も含む）という考え方にもとづく家族の生涯設計は、生まれ育った家族から独立した時からはじまるが、実質的には家族をつくる共同生活者との出会い、つまり家族生活がはじまる以前が起点なのである。節目としての諸要素は以下のように設定される[16]。

　①共同生活者との同居生活——結婚を含めていろいろなあり方があろう。
　②家族構成員の増加と減少——出産・子どもの巣立ち・離婚・再婚など。
　③具体的な家族目標の改変——構成員の年齢の変化によって生じる。
　④経済（職業・収入）生活の変化——役割分担の再編が必要である。
　⑤自由に設定する節目

　さしあたりのごく一般的な設定であるが、ここで留意する必要があるのは、ライフサイクルを創るという発想にもとづくものであるということである。生物学用語であったために、「創る」のではなくて推移のパターンがこうであってなんらかの要因によって「変わる」（変えるとは違う！）というこれまでの発想が、自由な家族創造にもとづく家族生活の多様化に適合しないのではない

か、というのが私の基本的な見方（あるいは疑問）にほかならない。

　もう1つの課題として、家族生活全体における理論的位置づけについて触れておかなければならない。家族社会学では一般に発達アプローチとして家族の動態把握の1つの仕方とされている。家族周期論ともいわれているこのアプローチは、家族変動論が全体としての家族の変化に対応するのにたいして、それぞれの家族の変化に対応する理論的位置づけがされているといえよう。そしてそれは家族の変化動向を捉える有効なアプローチの1つであるが、私が問いたいのは他のアプローチと理論的にいかなる関連にあるかということである。ライフサイクルについては、独自な理論的追究がなされてはいるが、生活あるいは家族生活のなかでの、あるいは家族にかかわっての理論的位置づけがほとんどなされていないと思われる。したがって、ここでは試論的に理論化の基本方向について考えてみたい。

　節目の諸要素にすでに理論化の方向がでているのであるが、家族生活の諸側面を横軸とするならば、ライフサイクルは縦軸としての位置を占めている。したがって、もし発達課題というものを設定するならば、家族生活のあらゆる側面において設定することが要請されるであろう。しかし、現在の理論状況はパターン化と特定の発達課題にかぎられているように思われる。それらが現実認識の1つの手段になることを否定はしないが、心理学はともかくとして社会学では未来を展望するという意味では、ライフサイクル論の止揚つまりそれを廃棄して、それに代わる新たな理論化の方向が問われるのではないだろうか。

註
1) 家族社会学の多くは役割構造という概念を使っているが、「構造」というからにはそれを成り立たせる諸要素が概念化されていて、しかもそれらの相互関連がある程度示される必要があると思われるが、実際には役割分担項目を並記する域をあまりでていないようであり、役割構造とするならば構造化を理論的に鮮明にすることが要請されるであろう。
2) 〈第1部〉で述べたように本質論的思惟にもとづく私の立場では、現象整理という方法を採用しない。したがって「家族」としての結合の仕方によるタイプ分けであり、現在圧倒的多数を占めている「婚姻・血縁家族」の結合の仕方を指標と

第8章　家族の内部理論　179

3）森岡清美『現代家族変動論』1993年　ミネルヴァ書房。「第9章　家族機能の変化」では家族機能縮小論の再検討の必要性などに言及されている。
4）家族機能論の多くは、費用負担問題をほとんど組み込んでいない。しかし、これは日常感覚を無視したものであって、もしこれを家族機能の1つとして組み込まないとするならば、経験的事実として存在し大部分の家族に重くのしかかっている費用負担を理論的にどのように位置づけるかが問われるであろう。
5）私が1984年に千里ニュータウンを調査した時、愛情表現についてのアンケート項目を配置したが、言葉による表現、身体的表現、プレゼント・特別の外食などによる表現などの具体的項目の回答が予想（若いほど多いであろうという予想）が見事に覆される結果を得たことがある。その時に学ぶべき先学の成果が少なくて苦労したが、その後この方面の研究が（私自身も含めて）あまり拡大していないようである。
6）山歩きは、生活空間の面としての実質的広がりをもたらすだけにとどまらない。山歩きに慣れている人にとっては周知のことであろうが、山歩きの途中で「見知らぬ人」に会ったときには簡単にあいさつをかわすのが普通である。「道歩き」のときにはまずないことであって、山仲間の存在とともに関係の生産にとっての意味にも留意する必要があろう。
7）生活構造の研究動向をレビューしているものとしては、三浦典子の概説（三浦他編『リーディングス日本の社会学5　生活構造』1986年　東京大学出版会　3―13ページ）で簡潔に整理されているので、詳しくはその「概説」も含めてその書を参照。
8）比較的早期に社会学の立場から生活構造が全般的に論じられたものとして、青井・松原・副田編『生活構造の理論』（1971年　有斐閣）があり、生活構造を考えるための視点がほとんど網羅されている。しかし、第6章で述べたように、この種の共著の常としてそれぞれの論文が独立している傾向にある。したがって、循環図式もあれば、機能主義的生活体系論もある。そしてまた生活時間・生活空間における具体的行為の中身にも着目されているものもあるが、それらの視点をなんらかの理論的立場からどのように統合するかが問われるのではないかと思う。なお、いわゆる生活構造に限定せずに広く生活研究の動向をレビューしたものとして、高原朝美「『成熟社会』と生活様式論の視角」（『立命館産業社会論集』第23巻4号　1986年）がある。しかし、課題提起としては的を射たものであるが、これからの展開の方向は示されていない。
9）生活構造論についてはやや粗い展開になっているが、私自身の理論的な未成熟のためでもあるが、生活構造を現状追認的に単に分析・説明するだけという立場を採らず、家族の現在の問題性の把握にそれへの対応（あるいは展望）の論理を含む理論構成の追究が基本的性格である。

10）このような実態については、いろいろなかたちで調査研究がされているが、肝要なのは、実態調査で明らかにになった事実が家族生活にとって理論的にいかなる位置を占めているかということであり、親子の結びつきが強いかどうかといった単純な見方では単なる資料という性格にとどまる。
11）芥川龍之介が「ある日の大石内蔵助」という作品で、「討ち入り」後の大石の心境について、島原での遊興がはたして敵の目をくらますだけのものだったか、それまでにはなかった楽しみにひたっていなかったといえるだろうか、という描写をしている。欲求充足の本質を突いていると思われる。
12）地域を「補う」ものとして取り上げることは、家族生活を円滑に営むにあたっての国家責任をいささかも免除するものではない。家族生活の2大基本条件のうち物質的条件についての国家責任は現在の政治・行政のもとではきわめて大きい。しかし、人間的諸活動の方は国家では不可能であって、費用負担はおくとして地域が最重要な位置を占めるのである。
13）私がこの考え方について整理してはじめて述べたのは、飯田哲也・遠藤晃編『家族政策と地域政策』であり、3—34ページ参照。
14）森岡清美・望月嵩共著『新しい家族社会学』1983年　培風館〈表2〉を含めて119—120ページ。
15）同上書　120ページ
16）「婚姻・血縁家族」について言えば、望ましい家庭の創造へ向けての実質的・主体的スタートは配偶者選択過程にあり、本書では述べていないが、拙著『家族社会学の基本問題』に、基本的な考え方が述べてある。

第9章　家族と外社会

　家族機能論と結びつく「集団分化」という思惟は私独自の新しい思惟である。この章では、第7章で提示した理論を具体的により鮮明にすることが目指されるとともに、家族を素材として社会学の一般理論への基本的な方向づけが試みられるであろう。いうまでもないことであるが、社会学においては常に喚起する必要があるという意味で、私はここ10数年間、社会学とりわけ一つの特殊科学としての社会学の性格づけについては折りにふれて言及し続けている。ここではそれを詳しく展開することが狙いではないが、「人間の生産」と「関係の生産」についてこれまでしばしば言及していることに、そのことが示されているはずである。本書の場合にも、家族を具体的な対象として論考していてもいわゆる「家族論」としては論じてはいなくて、徹頭徹尾「家族社会学」として展開している。私見では「家族論」はどんな科学的装いがあっても、評論の域を大きく出ないのである。「家族社会学」として論じるにはそれぞれの社会学的プリンシプルと独自の概念構成が要請されるのであり、したがって、これについては避けて通るわけにはいかないのである。

　加うるに、これまで私が社会学的論考として何を取り上げるにしてもそのことは意識しており、それぞれの論考を社会学理論の明確化への一里塚として位置づけてきたのである。〈第1部〉をどのような人間、どのような関係をつくるかというテーマとして一貫して展開していることによっても、このことは明らかであろう。仮に社会学の一般理論への方向づけの意図がないとしても、社会学の個別分野における理論化は一般理論への論理を有する必要があるというのが、私の基本的な考え方であり、これまた一貫して主張してきている。

　ところで、家族と外社会との関係は「生活関係」としては二重の関係として現れる。すなわち、家族と他の諸集団との関係および家族を含む諸集団と全体社会との関係という二重性である。詳しくは後述するが、この場合には「集団

分化」という見方が主役を演じることになる。この見方にもとづくならば、家族は社会学にあっては歴史的にも論理的にも端緒範疇として位置づけられる。しかし、家族を端緒範疇とした私の社会学理論はまだ形成途上にある。したがって、この章での理論展開もまた試論の域にとどまらざるを得ない。

1 家族と他の集団

集団分化という発想

　家族機能を考えることとの関連で若干言及しているが、「集団分化」という思惟は私の社会学的思惟の中心を占めるといってもいい過ぎではない。社会学における「集団分化」の位置は経済学における「分業」の位置に等しい。これまでの「近代的集団」についての諸見解は、機能集団としてある特定の機能を専門的に担うものとして特徴づけられてきたし、確かに特定の機能がその集団的特質を示すものである。他方集団論一般としては、ゲマインシャフトとゲゼルシャフト、コミュニティとアソシエーション、第一次集団と第二次集団などなど、なんらかの基準（あるいは指標）による2分法が相対的に多く採用されている。しかし、集団の認識はそれほど単純ではない。「近代的集団」にかぎらずそれ以前の集団であっても、モノの生産やサービスの提供であれヒトの生産であれ、ある1つの集団がなんらかの機能を主要に担うとしても、その集団の人間の生産に及ぼす機能はそれに尽きるものではない。このことについては、ある集団が主観的には特定の欲求を充足させるものとして人々に一般的に意識されているとしても、客観的には人間（の生産）にたいして別の意味をもあわせもっていることを考えればよい。

　現代社会では経済的生産の単位になっている企業を例として考えただけでも、このことは容易にうなずけるはずである。モノまたはサービスを生産することによって一定の利益をあげるのが企業の唯一の目的であり、企業の機能はそれに尽きるといってよいであろう。他方そこに所属する人間にとっては、生活費を稼ぐ場（＝手段）である。しかし、企業がその意図とは別に、客観的には人

間の生産と関係の生産の機能を一定程度担っていることもまた否定できない事実である。だから経済学における「会社社会」論や労働社会学における「企業社会」論が主張されるのであり、その主張には現実的根拠があるのである。このことについては、企業で働くことによってその人が変化する、しかも変化の仕方が企業によって違うということ、そして企業が一般的に人間形成におよぼす作用を想起すれば、容易にうなずけるところであろう。さらに一般に「日本人論」として論じられている例を想起すれば、日本人のあり方と人間関係の持ち方（＝関係の生産）が企業での働き方からいかに大きく作用されているかがわかる。[1]

　また、〈第1部〉で述べた家族と家庭の違いを想起しても、当人が意識していない家族の機能が客観的には厳としてあることも事実である。つまり、1つの集団の機能はしばしば変化するし、しかも、第8章でも触れたように家族の機能が縮小してもその機能が完全に消滅しないのと同様に、人間の生産に必要な機能の分担に程度の差はあれ、客観的にはしばしば移動すると考えられるのである。したがってこの節では、家族を中心にして「集団分化」の具体的展開を素描し、集団相互の関係をどのように組み立てるかが追求されることになる。「集団分化」の進展は、別な言葉でいえば、家族の姿が次第に純化していく歴史にほかならない。小家族化の進展を歴史的必然であるとみなしているが「家族解体」を歴史的必然とはみなしていない、という私の見方の根拠もまたそこに求めることができる。家族機能の外部化という発想のみでは、家族の現象論的思惟にとどまっており、「家族解体」論（家族無用論や家族否定論などの意味）に理論的には対応できないであろう。

　ところで、「集団分化」は2つの視点から考える必要がある。1つは、家族から分化した諸集団が家族機能をどのように担うかということについてであり、それぞれの集団の主な機能という点である。もう1つは、それら諸集団が「人間の生産」（したがって家族生活）にどのようにかかわるかという点である。これはそれぞれの集団が意図している機能ではなくて、主な機能のあり方が客観的には「人間の生産」にたいしていかなる意味があるかということにほかな

らない。これが家族と他の集団について考えるにあたっての基本視点である。以下においてはまだ試論の域を大きくはでないが、この2つの視点から一般的に展開してみよう。[2]

「集団分化」の一般的進展

　すでに指摘してきたように、人類の始原時代には家族はまだ存在しないできわめて少人数からなる氏族社会の生活が人間の生活のすべてであった。やがて最初の家族が生まれ、生活資料の生産は氏族社会が、人間の生産は家族が引き受けるという変化が生じたが、私有財産制と国家の成立は家族生活に最初の大きな変化をもたらした。大きくは2つの変化とみなすことができる。1つは、家族が人間の生産に加えて生活資料の生産・獲得をも引き受けるようになったことである。もう1つは、家族生活が、したがって人間の生産が、より詳しくいえばどのような人間をつくるかが国家に規制されるようになったことである。家族生活のこのような特質は現在においても基本的には存続している。「稼ぐこと」が家族単位であること、社会の必要性が国家の必要性というかたちをとっていることを思い浮かべれば、このことは容易にうなずけるであろう。わたしたちが現在当然のように思っている家族生活の特質が歴史のある時期につくられたものであることを、ここでは明確に確認しておく必要がある。家族の起源や原始時代の家族についてはいろいろな見解があるが、それについてどのように想定しようともそうである。そこで「集団分化」の進展について主に日本社会の史的展開のなかで具体例を挙げて簡単に素描してみよう。[3]

　人類史に照らしてみると、家族ははじめは人間の生産を担う唯一の集団であった。上で指摘したように家族の起源や原始時代の家族についてはいろいろな見方があるにしても、国家をまだ知らない原始氏族社会で家族以外の集団がなかったことは、おそらく否定できない事実であろう。「集団分化」の進展は、歴史的事実としては物質的な生産力の発展と深くかかわっており、この生産力の発展が緩慢であった前近代社会ではあまり多様には分化していない。生産力の発展と深くかかわっていることは、原始社会では宗教がありそれを司る個人がい

ても宗教組織が独自にはなかったということからもわかるし、さらには売春婦らしき存在が一種の組織として現れるのが日本では平安末期であったということでもわかるであろう。つまり、いかなる意味でもモノの生産にかかわらない集団が存在し得るには、その集団の存在が許容できるほどの生産力の発展を必要とするということにほかならない[4]。

　さて日本では、人間の生産に間接的にかかわる集団としての国家が生まれたあと、地域が生まれるのはやっと「鎌倉期」になってからである。具体的には「惣村」がそれであり、それ以前の地域は行政単位（律令制社会の〝里〟を想起せよ）つまり租税を取り立てるための便宜的区分にすぎず、生活の単位ではなかったのである。前近代社会では、生産力の発展が緩慢であったため、国家と地域のほかには職能組織・宗教組織・教育組織そして「江戸期」の藩という「集団分化」の域を大きくはでなかった。

　いろいろと特徴づけられている近代社会は生産力の急激な発展をもってその最大の特徴の１つとしている。したがってここでは当然「集団分化」が多面的かつ急速に進展することになる。このことは、わたしたちそれぞれが生まれてから現在にいたるまでにかかわってきた集団を具体的に想起すれば容易にうなずけるであろうが、念のために４つの種類の集団を例示しておこう。人間の生産に直接関与する集団は家族や学校に代表される。結果として人間の生産に関与している集団としては最広義での同好会的集団を挙げることができる。人間の生産に間接的に関与する集団としてすでに国家を最初のそれとして指摘しているが、地方自治体がそうである。繰り返し強調しておくが、これはあくまでも主要にかかわるということであって、純客観的にはその他の生産の意味もあわせもっているのである。

　政党および各種の圧力団体を第四の種類としてその他の集団と区別しておくことが、ぜひとも必要である。というのは、この種の集団は対外的に一定の目的をもっていると同時に、その集団の目的に合う人間を生産することをも独自の目的としているからである。その意味では国家と似ているが、国家とは違って家族ではなくて個々人を常に直接ターゲットにしているのが特徴である。

現代では次の集団が重要である

　「集団分化」の一般的進展について、人間の生産に直接的にかかわるか間接的にかかわるかということ、および客観的にはどうであるかということで述べてきたが、多様化している現在の諸集団を捉える基本視点として、もう少し理論的に整理しておこうと思う。家族から直接分化した集団はともかくとして、そうでない集団は、上で指摘したようにそれほど単純ではないのである。そのためには、「集団分化」という視点から現代日本について具体的に考えてみることがぜひとも必要であると思われる。

　さて、「集団分化」という視点から現代を考えてみるならば、現代は「集団分化」の極限の時代とみなすことができるであろう。家族と学校を機軸としてどのような人間を生産するかということがきわめてむずかしくなっているのは、「集団分化」が極限にまできているからだともいえるのではないだろうか。ほとんどすべての人間の生産にかかわる集団が家族・地域・国家にすぎないという単純な歴史段階では（宗教組織その他のいくつかの集団はすべての人間の生産にかかわっていたわけではない）、この少数の集団の人間形成にたいする意味を考えるだけでことたりることを考えてみればよいだろう。しかし、集団の種類について指摘したように、人間の生産を直接目的にしていない集団であっても、客観的には人間の生産に一定の役割をはたしているのである。典型的な例としての企業について考えてみると、現代日本の企業（＝会社）のあり方そのものがいわゆる会社人間を生産しつづけているといえるであろう。さらには「情報化」が嵐のように進展しているなかで、マスコミを含む関連企業（産業という見方ではない！）が人間の生産に占める比重は客観的にはますます増大している。[5]

　「集団分化」がほぼ極限にまで達しているなかで（これからも新種の集団がおそらく現れるだろうが）、多様な集団が人間の生産にそれぞれなにほどか関与している現代社会においては、人間の生産にかかわる重要な集団を確認しておくことが大事である。ここではいかなる意味で重要であるかということの指摘だけにとどめよう。というのは、その全面的展開は家族社会学の域をはみだ

して社会学原論（あるいは社会学原理）という性格になるからである。まず家族の機能のかなりの部分を肩代わりする、つまり家族の重荷を取り除く（ただし活動面に片寄って）という意味で重要な集団としては、地域、学校、企業を挙げることができる。次に家族を含めて上に挙げた集団を大きく規制するという意味で重要な集団として国家、地方自治体を指摘しておこう。この種の集団は、人間の生産・関係の生産に全面的にかかわるという意味をもつ。第三に、人間の生産にどのようにかかわるかが具体的に問われる集団として、マスコミ機関、余暇関連組織を挙げることができる。

　第四に、政党・労働組合・各種協同組合・各種市民団体をさきに一般的に性格づけたように、区別しておくことが現在ではとりわけ大事である。近代的機能集団として一括して扱われることが多いが、それだけではこの種の集団を捉えるには不充分である。人間の生産という視点が抜けており、その現実態を分析する場合には一面的になるからである。この点をやや詳しく述べることにしよう。誰でもがその存在を知っている政党が具体例として適当であろう。

　政党とはなんらかの政策を実現することを目的とし、その目的実現のために政治権力（＝国家権力）を掌握することを最終目的とする政治集団であるといえよう。このような基本的性格の政党は、現実的には人間の生産にたいして客観的には2つのかかわりをもっている。1つは、政治・行政を通じて国家や地方自治体と似たようなかたちで人間の生産を規制することである。もう1つは、政党に所属している人間たちはいうにおよばず、所属していない人間たちをも個々人を直接ターゲットとして（この意味では宗教組織とも似ている）、その政党に適合するように生産しようとすることであり、この二重の意味での人間の生産への関与が、他の近代的機能集団と区別される特質であり、労働組合その他についても程度の差はあれ政党と同様の性格をもっている。

　最後に家族社会学の域をはみだしているのであるが、それら諸集団の重要性を家族との関連で補足しておこう。家族が人間の生産のすべてを担っていないが全面的にかかわっているという基本認識にもとづくならば、論理的に家族から分化した集団であれ、国家、宗教組織から分化した集団であれ、家族の現在

との関連抜きにそれ自体として捉えようとするのは、社会学的認識ではないと、私は主張したいのである。前者は家族の機能そのものを肩代わりしているという意味で、後者は家族のあり方を規制するという意味でそうなのである。だから、たとえば学校教育を対象とする場合は、さまざまな立場があるにせよ、教育とは何か、教育内容・教育技術はどうかということを、それ自体として論考するのが教育学であるが、社会学の場合は、そのような教育学の成果を摂取しながらも、家族の現在との関連で客観的には学校教育に何が求められているかが問われるのであり、医療機関、社会福祉などなどの分野にたいしても同様のことがいえるのである。[6]

集団分化論の青写真

すでに述べたように、集団分化論の全面的展開は社会学原論という性格をもつ。しかし、私が旧著で家族社会学の理論構成の青写真を示して私自身のつぎの課題としたように、ここでも同じ意味で、したがってこの項だけは私自身の自己了解という性格で(だから読者には不親切である)述べようと思う。しかし、家族と他の集団との関係の基本的見方は集団分化のアウトラインがあってはじめて可能であることに注意をうながしたい。

① 端緒範疇としての家族・国家・教団

家族が端緒範疇であることはすでに述べているが、人間の生産・関係の生産にとって副次的あるいは二次的な端緒範疇として国家と宗教組織を挙げることができる。国家は人間の生産・関係の生産に間接的にかかわるという意味で、具体的には政策などを通して家族をはじめとした他の集団を規制するというかたちで人間の生産と関係の生産に関与するのである。近代社会以前の国家ではきわめてストレートに関与していることが認められる。ただし社会主義社会でも奇妙な一致が認められるので、現存する社会主義社会の分析視角になると私は考えているが、ここではこれ以上触れない。典型的には支配層の家族には支配層にふさわしい人間を生産することが、被支配層にもまた同様に被支配層としての人間の生産が国家から求められていたのである。宗教組織は個人の選択

にもとづくという意味で、集団としての性格が明らかに異なっている。ここでは家族と国家からは相対的に時には絶対的にも独立して人間の生産を担っており、しばしばどちらかと衝突するという性格すらもっているのである。集団の端緒範疇は家族・国家・宗教組織の3つであり、集団分化の進展はここからスタートするのである。しかもいわゆる社会的分業よりは複雑であるとともに、人間の生産にたいする主たる意味と派生的意味の両方を客観的にはそなえているといういささか面倒な過程なのである。そして歴史の進展とりわけ経済的生産力の発展にともなってそれぞれの端緒範疇が相対的独自性をもって集団分化をおしすすめたので、人間の生産を多様かつ複雑にしているのである。以下それらを整理するが、客観的には人間の生産にかかわっている経済学的な分業は、さしあたり除外される。

② 家族からの集団分化

国家、教団という論理的には家族とは独立的な集団分化とは違って、家族からの最初の実質的集団分化は地域であり、日本では惣村であったことについてはすでに述べた。その後の歴史的進展とともに分化したのが、未成熟ながらも教育機関と医療機関である。ただし、近代社会以前では教団に似てすべての家族にたいするものではなかった。両方ともはじめはお寺とかかわっていたことも、偶然の一致とは必ずしもいえないであろう。

近代社会以降、家族からの集団分化は急激に進展することになる。教育機関と医療機関が成熟していくことに加えて、特に顕著なのは商業化の進展によるいわゆるサービス企業と余暇関係の諸集団（これは必ずしも商業化を基本とはしていない）である。なお、物質的条件とのかかわりで商品化の進展を理論的にどのように位置づけるかが問われるであろう。

③ 国家からの集団分化

国家からの集団分化は、国家の本質と機能が原理的には単純なのでそれほど複雑ではない。国家論のむずかしさは原理的理解よりも現実分析にある。政治学者からはおそらく異論がでるであろうが、ここでは国家論一般が問題なのではなくて、社会学における国家の位置づけが問題なのである。そうすると、そ

れが権力支配機構であろうと、社会の調整機関であろうと（政治学的にはその他いろいろな見方があるが）、それが家族や諸個人にとって好ましい方向かどうかはともかくとして、人間の生産に意識的と物質的の両面にわたって一定の方向づけをするものであることは、経験的に明らかである。しかも制度化された権限が付与されているので、その集団分化は各レベルの行政単位の域を大きくはでないのである。[7]

④　教団と同質の集団

はじめに具体的イメージを思い浮かべるために、労働組合、政党、類似組織などがその代表的な例であると指摘しておこう。しかし、これは前二者とは違って現実的に教団から集団分化したのではなく、論理的にそうだということを意味する。加えていわゆる「生活の社会化」とライフスタイルの多様化の進展によって、各種の集団の人々にたいするかかわり方が必ずしも同じではなくなっているという新しい現実が現れている。したがって、この新しい現実を視野にいれてわかりやすく集団の分類を整理して示してみよう。この場合にもこれまでの考え方と同じように、人間の生産にどのように関与するかということを指標とすることはいうまでもないが、諸個人あるいは家族の選択性が指標として加わることになる。

集団分化の青写真としては、分類の域を大きくでないかたちで提示したにすぎない。したがって、端緒範疇から出発して、分化した諸集団それぞれについては家族を捉える論理と同様に、人間の生産に結びつく本質、集団自体の必要性と社会（この場合には市民社会が問われると考えている）の必要性、両者の関係、人間の生産に客観的に作用する副次的意味、そして集団相互の関係が具体的に問われるという理論的課題が残っており、社会学原論に持ち越される課題であると考えている。

2 社会のなかの家族

家族と社会との関連を考える

　社会のなかの家族については、前節である程度は示唆したのであるが、家族の歴史は「集団分化」の進展を通して次第に人間の生産にたいする家族の責任（あるいは負担）を軽減してきたかに見える歴史であるとも思われる。その場合、何がどの程度軽減したのかあるいはしていないかを具体的に分析することによって明らかになると同時に、全体としての動向から家族の未来、つまりより望ましい家庭のあり方の方向が具体的に示唆されるであろう。しかし、もっとも一般的にそのように考えられるにしても、ある社会での家族のあり様はけっして一様ではない。したがってわたしたちは、社会のなかの家族については、社会的規定性の強い家族の受動的側面と相対的に独立している側面とさらには社会にたいする能動的側面の3つの面から考えることによって、社会と家族との関係が総合的に理論化されることになる。

　社会のなかの家族をめぐっては、これまでは3つの面を必ずしも充分に意識して理論的整理がなされてはいないように思われる。たとえば受動的存在としての家族については「所有の秩序」、具体的には階級・階層による規定や産業化・都市化の影響という見方、さらには制度的制約・イデオロギー的制約や社会規範などについて語られており、それはそれとして誤りではないが、その面が著しく前面にでるか、あるいは理論的には単なる与件としてかるく触れられている場合が相対的に多いのである。

　家族の「独立性」的扱いについては、2つの迫り方がされてきたように思われる。1つは、家族以外の現実をまったく射程にいれないか、あるいは射程にいれるにしても背景として理論的には切断されているかたちのものである。したがって、これは家族の「独立性」という位置づけがはっきり意識されているかどうかは定かではなく、結果として「独立した存在」として家族が取り上げられているといった方がよいかもしれない。もう1つは、社会的規制があるに

もかかわらず「独立性」を保っている実態を取り上げるものである。この相対的独自性についての実証研究はあるが、相対的独自性としてどれだけ理論的に意識されていたかは、はなはだ心許ない状態であったといえそうである。

　第三に、相対的独自性は能動性に転化する可能性を秘めており、このことも含めて能動的存在としての家族に着目することは、家族政策との関連で家族の未来を追求するにあたっては最重要な位置を占めるといえるであろう。しかし、能動的存在としての家族についての積極的な理論展開はほとんどないに等しいといってよいであろう。この能動性については、私自身もこれまでは単なる指摘の段階にとどまっている。家族と社会との関連については、受動性、相対的独自性、能動性のいずれについても単に指摘するだけでは理論的ではないのであって、それぞれが他の二者との関連において問われなければならない。

家族の受動性

　家族が社会ときりはなれては存在していないので、家族に受動的性格があることは当然であろう。とりわけ制度としてはそうである。このことは戦前の「家」制度を想起するだけでも充分であろう。しかし、この受動性を社会的規定性として単純に位置づけることは厳につつしまなければならない。もし「規定性」として単純に位置づけるならば、理論的には能動性も相対的独自性も存在する位置をみいだせないことになる。理論的に厳密を期するならば、「規定性」ではなくて「条件づける」あるいは「制約する」として受動性を捉えるべきであり、その場合はその具体的要素について問われることになる。

　家族の定義でこれについては補足的に追加したが、それを整理すると、
① 所有の秩序およびそれにもとづく制度・政策
② 社会規範
③ 集団分化
④ 物質的生産力

の４つが家族を「条件づける」あるいは「制約する」（以下後者だけを使う）主要な要素として挙げることができる。理論的に確認されなければならないのは、

それらが現実的にはどのようなかたちで制約し、それらがどのような相互関係にあるかということである。①は具体的には家族の階級・階層的位置として家族を制約し、一方では収入と生活時間を量的に規制するが、他方ではその位置に応じた生活意識（必ずしも一様ではない）にも作用するとともに制度・政策を通して常識化される。生活時間を規制する要素の1つである労働時間については誰でもが思い浮かぶ例であろう。日本の企業では残業がほぼ常識化しているといってよいであろう。「自由主義社会」では残業が個人の意志にまかされるのが常態のはずである。しかし、勤め人、とりわけ管理職はその位置によって時間外勤務という制約を受けていることが圧倒的に多い。他方、自営業の場合は別の制約があるはずである。もう1つは「所有の秩序」としての経済システムがそれに適合した法律によって維持・発展を保障されている点であり、人はそれに賛成するかどうかにかかわらず制約されていることであり、これについては特に具体例を挙げるまでもないであろう。

②の社会規範は家族生活にかかわる「常識」を思い浮かべればよいであろう。これについては、「男は外、女は内」をはじめとして〈第1部〉で述べた「常識をはみだした」具体例を思い浮かべれば充分であろう。③は私独自の発想によるものなので、これまではほとんど視野にいれられていなかったといってよいであろう。しかし、前節で具体例を示しながらアウトラインを描いたことによってわかるように、家族における人間の生産は、それらの諸集団がさまざまなかたちで関与している人間たちによってなされているので、多かれ少なかれ作用を受けている。具体的には複雑な相互関連による作用であり、簡単には図式化しがたく、ライフヒストリーと関与集団を軸としたケーススタディなどによって理論化を前進させる課題を提起しているといえよう。その場合、選択性の有無が理論的には重要な位置を占めるであろう。[8]

④は主に消費水準というかたちで現れるが、具体的には一般的に指標とされている消費水準だけでみることは厳にさけなければならない。なぜならば、一方では①に制約されるとともに、他方では集団分化の進展によってその制約のもとでの選択志向が働くからである。とりわけ経済学でいう消費選好が重要な

位置を占める。これまでは、ある要素を強調しすぎたり、理論的にはある要素を単に与件的な背景（「……にともなって」という表現）としたり、つまり理論的位置づけに厳密さを欠く場合が相対的に多いのであるが、家族の多様化の進展のもとでは、受動性をめぐっては「制約」の具体的内容と相互関連についての理論的課題を多く残しているといえよう。

家族の相対的独自性

家族の相対的独自性については、実態としてはともかくとして理論的にはこれまで必ずしも明確にされていないといえよう。実態としては、近代日本（戦前）における天皇制国家の維持・強化の装置としての「家制度」下にあっても、末子相続や姉家督に見られるように、それぞれの地域の家族慣行を継続している例があり、具体的に明らかにされている。しかし、相対的独自性をもったこのような事実を理論的にどのように位置づけるかについては、ほとんどはっきりはされていない。

この相対的独自性についての現実的素材は主に近代日本の「特殊な」家族に求められる程度であり、実態としてはメジャーではないが、家族の未来、積極的能動性との関係において理論的には独自の意義が与えられるものである。ここでは詳しく触れる材料をもちあわせていないが、最近次第に問題視されるようになってきたエスニシティ問題にも理論的には関連する性格のものなのである。ただしこれまでは積極的能動性への転化は可能性の域にとどまっているだけでなく、そのことがほとんど意識されていなかった。[9]

これの理論構成にあたっては、さしあたり相対的独自性に作用していると考えられるつぎのような諸要素を視野におさめることが必要であろう。考え方の基本は構成員の欲求つまり家族の必要性であり、これにたいして2つの視点が措定される。1つは、構成員の欲求がその内容を含めてどのように形成されるかという視点であり、もう1つは、欲求充足を制約する諸要因は何かという視点である。近代日本の「特殊な」大家族を素材として理論構成における位置づけについて考えてみよう。

専門家の間ではほぼ周知のことであるが、岐阜県白川村の大家族、青森県三戸郡階上村や岩手県二戸郡安代町の大家族について、有賀喜左衞門の研究例があり、彼によれば、地域的隔離性や伝統的家風などが指摘されている[10]。他方では末子相続や姉家督についての実証研究もあり、それらはいずれも相対的独自性の強い家族の例といえよう。

　実態として相対的独自性が認められる家族がこれまでは「特殊な」家族とみなされることが多かった。しかし、「常識をはみだした家庭」が家族とはみなされないが「社会的承認」という一点を除けば家族であるというすでに示した発想と同様に考えると、それらは、相対的に多数の家族にも通じる一般的性格が「特殊性」のゆえにかえって鮮明に浮かび上がらせる具体例となる。すなわち、一般化して言えば家族生活を制約する条件、これには物質的条件（とりわけ経済的制約）と意識的条件（過去から継承しているもの、この意味では近世家族の実態が重要）があるが、それらの制約が極度に強い場合、個別家族がその制約に独自に対応する仕方の発揮が相対的独自性をもたらすということにほかならない。しかし、それは現実的には社会とは切断された緊急避難的意味しかもち得ないので、つぎに示す能動性をいかに現実化するかという課題を理論的にも現実問題としても提起しているものとして性格づけられるのである。

家族の能動性

　家族の能動性は、第7章で若干触れたように、消極的能動性と積極的能動性の2つに分けて捉えられる。消極的能動性はある意味では歴史貫通的であり、いつの時代にも人々がはっきりと意識しなくても、家族が客観的には人間の生産を担い主観的には欲求充足にとって大きな位置を占めているかぎりは、家族に自然にそなわっている。このことは、家族生活に関係するいろいろな政策について考えてみれば、容易にわかるであろう。社会の必要性は現実的には国家の必要性として現れていることはすでに述べた通りであり、この2つがしばしば衝突することも再三述べている。その場合、国家の必要性を全面的に押し通すことは、これまた現実的にはあり得ないのであって、家族の必要性を程度の

差はあれなにほどか取り入れること、これが消極的能動性を意味し、家族が存在していること自体によってあるという性格づけがなされる。家族の必要性つまり現実的な消極的能動性をほとんど無視する国家（＝社会）の必要性の強行は、社会の大変革期にのみ認められる、いやほとんど無視することが変革期をもたらすといった方がよいかもしれないが、当然歴史の復讐をうけることは経験的事実として確認できるであろう。典型例として日本の幕末期、最近の例としては旧ソ連の崩壊を想起すればよいであろう。この消極的能動性は社会あるいは国家だけではなしに、集団分化の進展によって多様に生じた諸集団にもおよんでいる。このことは簡単な日常生活での他の集団とのかかわり（たとえば政党を想起せよ）を考えてみれば明らかであろう[11]。

他方、積極的能動性はこれまでは必ずしも充分かつ頻繁には発揮されていない。日本の歴史の上では徳川政権下での百姓一揆、現代では三池闘争がそれに該当するが、いずれも部分的、地域的範囲にとどまっている。この種の能動性は家族の未来論にとって意味があると考えられるのである。したがって、家族の現在がどのような積極的能動性を可能性として宿しており、いかなる条件においていかなるかたちでそれが発揮されるかということが、理論問題として設定されることになる。

まず可能性としての積極的能動性について確認することにしよう。これについては〈第１部〉で述べた家族の問題状況がそのことを物語っている。すなわち、家族の問題状況はおおむね家族の受動性（さきにあげた家族を制約する諸要素の現実的展開を想起せよ）に傾斜した史的推移のもたらしたものにほかならない。しかし、これへの現実的対応としては、個人の「活火山化」あるいは相対的独自性への逃避にとどまっているのが現状である。つまり理論的には積極的能動性は自然成長性としての性格をもっていないということである。

では、積極的能動性はいかにして現実化するか。私は簡単には理論的に導き出せないと考えている。家族と社会との関係をみる場合には、理論的には家族の３つの性格を措定できるのであるが、現実的にはこの３つが別々にあるのではなくてそれぞれの家族に多かれ少なかれそなわっているのである。しかし、

実際に顕在化しているのは家族の受動性と相対的独自性であって、能動性は容易には顕在化しない。したがって、能動性の顕在化については3つの相互関係が具体的に問われることになる。

能動性の顕在化が1つの家族ではなしに多数の家族の協同によってしかあり得ないことからして、ここでは消極的レベルでしかいえない。すなわち、社会的制約が家族の必要性と耐え難いほどの矛盾に陥らないかぎりは能動性は容易には顕在化しない。相対的独自性によって家族の必要性が耐え難いものにならない場合もまたそうである。強力な社会的制約を蒙っている状態の解消が多数の人々の「共感」を呼ばないかぎりは能動性は容易には顕在化しない。能動性の顕在化をさらに考えていくことは今後の重要な課題であろう。

註
1) 最近は崩れはじめているという認識もないわけではないが、年功序列や終身雇用制に象徴されるいわゆる「日本的経営」が日本人の特質・日本的関係の特質の形成にあずかって威力を発揮したか、ほとんど言い尽くされている特質を思い浮かべれば、このことは容易にうなずけるであろう。
2) 試論の域をでないという意味は、「集団分化」のアウトラインしか描けないということであり、そのような見方からの社会構造の認識をどのように組み立てるかという課題を残しているということである。具体的に言えば人間の生産を機軸とした「集団分化」と生活資料やサービスの生産を機軸とした経済構造を理論的にいかに結合させるかという課題であり、さらに社会学の重要テーマである市民社会をそこにどのように位置づけるかという課題であり、社会学原論としての理論展開が要請されるのである。
3) 日本について述べるのは、歴史学の間にそれぞれの時代の性格づけについては諸説があるが、事実認識については律令制社会以降は（まったく新しい事実が発見されないかぎりにおいて）おおよその一致があるので、専門外から取り上げても決定的な誤りがないであろうと思われるからである。
4) この確認は現代においても同様に適用できるのである。すなわち、周知のように高度経済成長を経て第三次産業の比率が急速に高まっているが、これは経済におけるどのような指標よりも生産力の発展を明瞭に示しているのである。なおセックス産業の存続の条件については、拙著『家族社会学の基本問題』76ページ参照。
5) 産業と企業は概念的には厳密に区別されなければならない。産業とはモノまたはサービスの生産にのみかかわる概念であり、企業はその属する産業に応じた生産

を引き受けるとともに、客観的にはヒトの生産にも関与する存在であり、だからこそ社会学的にはこの観点から企業のあり方が問われることになるのである。

6) 医療機関もそうであるが、たとえば社会福祉を例として考えてみると、家族生活の変化に応じてその対象が拡大しているのではないかと思われる。したがって、政策論を展開するにせよ運動論あるいは福祉労働者論を展開するにせよ、その根底には変化した家族の現在の認識がすえられなければならないであろう、ということを意味する。

7) 社会学的に国家を取り上げる場合は、社会学的プリンシプルとしての人間の生産・関係の生産にどのようなかたちでどんな内容をもって関与するかが問われるのであって、国家本質論を含む政治学的取り上げ方とは異なって上記の意味での国家機能論として展開すべきであり、その他については政治学などの成果を摂取すれば充分であろう。

8) 個人の生活史研究としては生活研究同人会編『近代日本の生活研究』（1982年　光生館）、庶民生活史研究会編『同時代人の生活史』（1989年　未来社）などが豊富なケーススタディによって生活史研究の具体的素材を提供しているが、理論化の課題を残していると思われる。

9) エスニシティ問題については、世界各地での紛争や差別問題の頻発などの状況も手伝って、最近は社会学の重要テーマの１つとしての位置を占めるようになったが、社会学として理論的にどのように取り上げるかという点が必ずしも確立されていないようである。社会にたいしての能動性に転化する可能性としての「相対的独自性」という視角は、理論的見通しの１つの道筋ではないか、と私は考えている。

10) 有賀喜左衛門は、家という表現ではあるが、日本の家族の史的展開をまとまって論述した最初のひとであり、彼によれば、家族概念が幅広く捉えられており、近代の大家族が「例外」とか「家族ではない」とかとはみなされないのである。「家の歴史」（『有賀喜左衛門著作集　XI』未来社所収）参照。

11) 政党の基本性格については本文ですでに指摘したが、その政党に適合する人間を生産するには、多くの人々から「共感」を得ることが不可欠であって、家族の消極的能動性（＝家族の必要性）を大事にしない場合には、多くの支持を獲得できないだけでなく、時にはしっぺ返しをうけることがあることは、日本社会の事実が示しているはずである。

第10章　家族変動と家族問題

　人類はどこから来てどこへ行くのか？　そして人類の未来にたいしてわたしたちは何をなすべきか？グローバルなレベルで現在この問いが人類に投げかけられている。社会学広くは人文・社会諸科学にとっては、何を取り上げるにせよ背後にこの問いを常に背負っていなければならない時期に直面している。とりわけ「どこへ行くのか？」そして「何をなすべきか？」が具体的に問われており、諸科学のそれぞれの分野でこの問いに答えることが求められている、あるいは具体的に答えないまでもこの問いに結びつく追及が求められている。この章では、この問いに直接結び付くかたちで家族が理論的に取り上げられる。この問いについて考えるためには、まず家族の変化動向をかなりマクロな思考レベルにおいて確認し、その確認にもとづいて、すでに〈第１部〉で若干は述べているのだが、最近の家族の変容の特質を歴史的位相において確認することが必要である。

　そこでこの章では、おおよそ以下のように展開することになる。第１には、家族変動についての考え方をはっきりさせておこうと思う。1980年代から日本社会が大きく変わりはじめようとしている。つまり変化の兆しが出てきているということにほかならない。家族の変化もまたそれに照応して変化の兆しが見えはじめたようである。それがどこへ行くのか、あるいはどの方向に未来を求めるのか、といったことの考え方（＝理論的思惟）が大事である。家族やその他の生活分野の変化について考えるにあたっては、私は歴史的思惟と社会の変化との関連づけが大事であると考えている。

　第２には、日本社会と家族の歴史的推移について簡単に概観したいと思う。家族の歴史的推移の概観と言ってもいわゆる家族史そのものではない。家族変動論は最終的には家族の未来を展望するという意味で、家族の変化の歴史的動向およびそのような変化動向が人間（生活）にとっていかなる意味があるかと

いうことを軸にして展開することになる。

　第3には、現在の歴史的位相について考えてみたい。すなわち、家族の変化動向と人間にとっての家族の意味の変化にもとづいて、現在の家族が歴史的にはどのような位置にあるかを具体的に示すことにほかならない。付け加えるならば、家族と社会の変化によって家族の社会的位置もまた当然変化するが、集団分化の進展との関連で具体的に考えてみたいと思う。そして以上のような考察を受けて、〈附論〉とも関連するのであるが、未来の展望についての考え方にも言及したい。繰り返しになるが、家族変動論は未来を展望することにこそ大きな意味があると私は考えている。自由な家族創造という私の主張を理念や願望にとどめないためには、家族の歴史的推移を単になぞるのではなくて、未来を展望し得るような歴史的変化の捉え方が要請されるであろう。

　第4には、家族の変容とのかかわりで、〈第3章〉で述べた家族の問題状況の捉え方について理論的に示すとともに、家族政策をどのように考えるかについて課題提起的に若干述べようと思う。家族政策自体については、現在にいたるまでそれほど多くは論じられていなく、家族にかかわる政策として（例えば社会福祉政策、女性政策、青少年政策、医療政策など）個別的に論じられることが多いのである。理論問題として「政策」および「政策主体」の意味を根本的に問い直す試みということになるであろう。

1　家族変動を考える

家族変動の基本視角について

　基本視角とは、「家族はどこから来てどこへ行くのか？」という問いに答えるにあたっての原理的な思惟方法を意味する。したがって、ここで家族の史的推移を全面的に展開するのではなくて、基本的な見方と歴史的思惟の重要性を喚起することを狙いとして、家族変動を捉える理論的思惟のアウトラインを描くにとどまることになる。[1] そのためには、最近ではほとんど論じられなくなったが、家族の起源問題とその変質に遡って確認することが、家族変動について

考えるにあたっては不可欠であると私は考えている。この問題については、私は1976年に論じ1985年に若干の修正を施して再び論じている。私自身はその考え方を今でも保持しており、決定的な批判がないままに現在に至っているので、その詳細は２つの旧著にゆずることにして、そのエッセンスのみを簡単に示して、家族変動を考えるにあたってのこの問題の重要性を喚起したいと思う。[2]

「家族とは何か」ということが家族と見なされるものから出発しないで「生活」から出発したのと同じように、家族の起源問題もまたいきなり「家族の起源」あるいは「最初の家族」から出発しないで、人類社会の生成過程から出発するのが妥当であるというのが私の基本的思惟方法である。以下簡単に素描しよう。

人類社会がどのようにして成立したかについてはいろいろな論じ方があるが、どのような論じ方であろうと、単なる動物段階から抜け出したのは前人が出現した400万年ほど前のようである。人類が動物段階からある時突然人間になったのではなく、前人、原人、旧人、新人という過程をたどったことはほぼ確認されている。家族（の起源も含む）を考えるにあたって大事なことは、それらの群（＝社会）のあり方と両性関係・親子関係のあり方の関連である。これらの群の結合は性本能、母性本能、防衛本能によると考えられる。それ以上ではなかった前人段階から原人段階へ進む過程で、簡単な生産用具の「使用から制作へ」と進むことによって、原始人にはわずかではあるが目的意識性とセルフコントロール能力が生まれる。原人のある段階から、性本能による結合と生産をより高めるための群結合との矛盾・闘争がはじまる。人類社会の生成過程とは性本能に代表される動物的個体主義と協働によって生産力の発展を求める人間的集団主義との矛盾・闘争過程にほかならない。

その具体的進展については論理的推論によるしかないのであるが、群結合の強化を阻害する性本能を抑制することを軸として、おおよそ以下のような過程をたどったと考えられる。原人のある段階において、群結合よりも強固なハレム家族結合の解消による「乱婚」状態の創出によって生活資料の生産における協同性を前進させる。ついで性本能のコントロールをより前進させる〈性＝生

産タブー〉の設定、そしてその期間を延長することによって原始人群は〈生産共同体〉（＝社会）としての性格を次第に確立していったのである。動物的な群から生産共同体としての人類社会への完全な転化の最後の関門は、出産＝種の再生産に結びつく性本能の抑制と種の再生産の確保との矛盾をいかにして突破するかということであった。それはオルギー的攻撃を契機として複数の外婚集団からなる氏族社会の創出によって解決され、かくして人類社会が成立する。[3]

　ハレム家族の解消によって家族がまだ存在しない最初の氏族社会においては、生活資料の生産は氏族社会を構成する複数の外婚集団それぞれにおいてなされ、そして性本能の充足は他の外婚集団に求められた。それは完全な〈生産共同体〉としての人類社会の発展を約束する存在にほかならない。生産力の漸次的発展とそれにともなう人口の増加は、母親を軸としたいくつかの消費集団（＝子育てを軸とした集団）に分割して日常生活が営まれるようになることは、容易に推論することができるはずである。この分割された日常生活の単位こそが最初の家族にほかならない。この場合、最初の氏族社会と最初の家族とは、生活資料の生産と人間の生産とをそれぞれが分担するという意味で、両者の必要性はほぼ合致していた。ここで大事なことは、最初の家族がいかなる意味でも夫婦家族（あるいは核家族を含む家族）ではないことの確認である。

　生産力の発展にともなって生活資料の余剰生産物が可能になると、家族が受け皿となっての私的所有、しかも主として生活資料の生産に従事する男性の私的所有が現れ、自分の子どもへの相続の欲求によって家族は母系から父系へ転化する（女性の世界史的敗北）。私有財産制の進展にともなって富める家族と貧しい家族に分かれることによって、世襲貴族制・世襲王制が出現し、氏族社会から国家に統括される階級社会へ移行する。ここで大事なことは、階級社会への移行にともなって家族が人間の生産だけでなく生活資料の生産・獲得の単位にもなったことである。

　このような歴史的変化の確認から家族変動を捉える基本視角がさしあたりは以下のように整理することが出来る。まずは、家族が生産主体の生産の基本的な単位なので、生産力の発展に応じた生産主体の生産（質的および量的に）と

いうことが家族に要請されることである。次には母系から父系への転化、生活資料の獲得の単位、貧富の差などに示されるように、家族結合のあり方（あるいは家族構成）が、社会的編成（この段階では主として階級構成）をも含めて、その社会のあり方に照応していることである。したがって、社会のあり方の変化にともなって家族も当然変化すると考えられる。なお、国家がその社会のあり方にかかわって家族における生産主体としての人間の生産を規制することについては、〈集団分化〉の項で指摘した通りである。

前近代社会と家族

　家族の起源、原始社会の家族の性格およびその変化の捉え方の基本的な確認にもとづいて、この項では近代社会以前の家族の変化動向を日本の家族に限定して簡単に確認しておこう。歴史的推移の詳細な考察ではなく、家族の変化の捉え方および変化動向の特徴を浮き彫りにするようなかたちで展開するが、まずは封建社会以前を一括して取り上げることからはじめよう。この時代では、ごく少数の例外があるにしても、〈集団分化〉の項で指摘したように、家族生活が人々の生活のほとんどすべてであった。歴史的概観にあたっては、「○○社会の家族」というかたちではなくて、「○○社会と家族」というかたちで概観するが、ここには１つの社会の家族がけっして一様ではないということ、および社会を単なる与件としないで家族と社会との関係を射程に入れるという私の見方が込められている。日本における最初の階級社会の成立とその具体的展開については、かならずしも確定した見解がないことに照応して、原始婚姻・家族についてもかならずしも充分には定まってはいないので、律令制社会から簡単に確認することにしよう[4]。

　律令制社会の成立は日本ではじめて強力な中央集権国家に統括される社会が成立したという意味で、天皇を頂点にいだく貴族という支配層とそれ以外の被支配層がはじめてはっきりした社会である。ここでは２つの層の家族が違う性格であること、後者では家族生活が生活のすべてであったことを確認しておけば、理論的にはほぼ充分である。整理して言えば、家族は階級・階層を軸とし

た社会的編成のあり方によって異なるということ（所有の秩序による制約を意味する）、とりわけ女性の地位にその違いが顕著であること、被支配層の生活では「集団分化」がほとんど進展していないこと、の２つである。具体的には、支配層における女性の隷従にたいして被支配層ではそうではないということ、地域社会といえるものは実態としてはまだなくて、いわゆる里は市税の徴収単位に過ぎなかったこと、を指摘することができる。

　封建社会と家族生活についても、支配層の交代があったとは言え、基本的には前の時代の性格が継続しているが、ここでは２つの変化が現れることに注目する必要がある。１つは、被支配層である農民に「惣村」という地域生活が加わったことであり、もう１つは、最初の家族解体の結果として浮浪者・児というホームレスが出現したことである。これについても整理すると、「惣村」というかたちでの地域が最初の「集団分化」であるということ、一定の物質的生産力の発展があってはじめて家族生活なしの個人単独の生活が可能になるということ、の２つを確認することができる[5]。ここでもまた家族が社会のあり方に従属している性格の方が強いが、百姓一揆に現れるような能動性の萌芽もまた認められることを確認することが大事である。

　幕藩制社会はそれ以前のどの社会よりも支配が下層まで貫徹しているという意味で、家族生活の史的推移にとっては一線を画する社会であり、事実現在の支配的な（＝常識的な）家族観の原像はこの時期にできたといってよいであろう。よく知られているように、明治民法にもとづく家族や男女関係とりわけ女性の地位はこの時代の武士層のものであった。そのようなあり方が現在でもいろいろなかたちで存続していることを考えるならば、日本における家族生活はこの時代をもって２つに分けることができるといえよう。そしてやや先走っていえば、いまや第５期に突入しようとしているのではないだろうか。実際の家族生活には、前の時代に確認したことが基本的には貫かれているが、支配の貫徹と生産力・分業の発展によって新しい変化が加わる。支配の貫徹によって、支配層の家族像が支配的な家族像となる。「家父長制的家族」とさしあたりネーミングしておくが、家族関係における序列とりわけ女性の隷従を想起すればこ

とたりるであろう。生産力・分業の発展はそれに応じた「集団分化」をもたらす。以上に確認したことは近代以降にも存続しつつ、新たな変化が加わって全体的な変化が進展することになる。

　この時期における歴史的進展からは、2つのことを新たに確認することができる。1つは集団分化が若干の進展をみせたことによって、生産主体としての人間の生産が家族・地域だけの分担ではなくなったことである。このことは、その他の諸集団・組織において生産される（もちろん「全面的に」ではないが）人間が、支配が貫徹している家族・地域になんらかの変化を導入する可能性があることを意味する。集団分化が著しく進展している現在に結びつく見方としてぜひとも確認する必要がある。この見方なしには幕末における変革への動きの捉え方が不充分になるであろう。もう1つは、女性の隷従の社会的意味を確認することである。基本的にはモノの生産がヒトの生産に優越するようになるという原始社会の崩壊に端を発するのであるが、この時期には商品経済の発展および支配の貫徹によって被支配層にまで女性の隷従が浸潤し以後の意識的条件が形成されたことである[6]。

近代日本社会と家族

　近代日本社会と家族生活をどのように考えどのように位置づけたらよいのであろうか。これについても詳細は私の旧著にゆずって、家族変動論としての必要なかぎりでの確認をしておくことにしよう。近代以前の幕藩制社会における家族生活を「家父長制的家族」の準備期として位置づけると、この時期の家族生活が次の時期の典型として位置づけられることになる。すなわち、いわゆる「家父長制家族」の一応の完成をみるということにほかならない。歴史的には明治民法に強力に支えられた「家制度」を想起すればよいであろう。具体的には家父長の絶対的権限、女性にたいする極度の抑圧、そして「家」意識にもとづく社会的位階制が、法律でも支配的な社会規範（そして人々の支配的意識）でも、その存在をほぼ完全に確立するのである。しかし、他方ではそれをほりくずす現実的動きもまた現れてくることに、わたしたちは留意する必要がある。

「家父長制家族」は天皇制国家を支える重要な現実的基盤の1つであったが、資本主義化の進展は、アジア的共同体の物質的基盤、すなわち土地所有を基本とした関係を徐々に動揺されることになる。いわゆる大正デモクラシィーで知られている社会労働運動の前進（これにはまだささやかではあるが「婦人解放運動」も含まれる）はそのことを物語っているといえよう。そして1945年の敗戦までの推移は、もっとも基本的には「家族制度イデオロギー」に支えられた家族が次第につき崩されていく過程として確認することが大事である。天皇制国家を支えるためにこのイデオロギーの強化策がほどこされていたので、表面的にあるいは国民の顕在的な意識の上ではその過程が進行していないかのようであっても、そうである。

　現代を位置づける次の項に移るまえに、これまでの史的展開について簡単に整理しておこう。日本における家族の史的展開は大きくは4期に分けることができる。すなわち、

　第1期　律令制社会以前まで
　第2期　律令制社会から封建社会まで
　第3期　幕藩制社会
　第4期　近代社会から戦後の高度経済成長期まで
　第5期　現在？

それぞれの時期における家族生活の特質について簡単に確認したのであるが、家族の史的推移（家族変動）のもっとも基本的見方は次の4点である。

① 前の時期が次の時期の変動要因をさまざまなレベルで準備すること。
② 新しい時期は新しい変化が加わるという意味で新しいといえること、すなわち、存続している諸要素と新しい諸要素が組合わさって全体としての変化の特質をなすということ。
③ 以前の時期から存続している特質は社会的条件が消えないかぎりは存続しつづけること。
④ 前の時期から存続している特質はそのままのかたちである場合と社会的変化に応じてかたちを変えて存続している場合とがあること。

現在の変化動向から未来を見据えるには、このようなかたちでの推移にもとづいて現在の位置を確認することが不可欠である。

さて第5期にはいったとも思われる現在（1980年代以降）に？をつけたのは、さきに指摘したように過渡期にはいったのではないかとも考えられるからであるが、まだ行方を見定める現実的材料が不充分であり、とりわけ社会的変化動向の行方については速断しがたいのである。

2　現在の歴史的位相と未来

現代日本の家族生活の諸相

現代日本の家族生活の歴史的位置は、これまでの変化の延長線に位置づけて考えることが不可欠であることを、まずもって強調しておきたい。「家族の現在」についての認識の多くは、たかだかここ数十年の変化しか射程にはいっていない。だから「家族の現在」が歴史的に位置づけられず、したがって未来への展望についても、単純な・一面的な現状批判による主張であったり、願望であったりというお粗末な見解が多いのである。私がそのようにみなすのは、現在および未来を考えるにあたっては、家族はいうにおよばずその他の社会分野についても人類史的スケールでの思惟が必要な状況に直面していると考えているからである。そこで家族変動論からみた現代日本の位置を確認することからはじめよう。

結論から先に言えば、第4期から第5期への過渡期にあるというのが、私の基本的な認識である。国民生活に焦点をあてた日本現代史を大きくは3つの時期に分けて示すことができる。すでに触れた家族問題の時期区分と同じではあるが、その意味するところが違っていることをことわっておこう。戦後復興期、高度経済成長期、それ以降（私は具体的には「ポスト成長期」とネーミングしている）の3つの時期のうち前二者についてまずは一括して簡単にみてみよう。

戦後復興期の家族生活は、周知のように飢餓的状態によって特徴づけられるが、全体としてみれば、いわゆる「民主化」の進展にもかかわらず、近代日本社会

と著しく変化しているわけではなく、次の急激な変化の萌芽として位置づけられる。その萌芽を具体的に指摘するならば、典型的な例としてはいわゆる「3トモ世代」(＝団塊の世代)に認めることができる[7]。

　高度経済成長期が日本社会に未曾有の変化をもたらしたことに照応して、家族生活もまたかつてない激変に見舞われることになり、この激変は現在の多くの日本人にとっては体験的事実であろう。現象面の変化についてはほとんど常識化しており体験として知られている。これまでの論述でも家族生活の特徴や問題性にかかわってしばしば触れているので、ここでは簡単に指摘しておくだけにとどめておこうと思う。次の「変容」とも結びついていえるのであるが、例えばここで小家族化の動向として1家族あたり4.97人から3人近くまで減少したことを統計的推移として詳細に示すことにどれだけ意味があるだろうか。このことは核家族化の動向、単身世帯の激増、高齢化の進展、離婚動向の変化………などなど、「現代家族論」に大抵示されている項目にもあてはまるのであるが、そのような統計的推移については、『国民生活白書』をはじめとした官公庁の刊行物でことたりるのである(ただし分析については独自におこなった方がよいであろう)。家族変動論にとって大事なことは、このような変化が次の時期つまり現在進行しつつある変化をどのように準備しているかということである。高度経済成長期(1970年代中頃まで)を第4期に入れることについては、戦後復興期に比べて社会・生活が激変していることからして奇異に思われるかもしれない。しかし、実際の家族生活とりわけ家族関係について考えてみると、この時期に専業主婦が本格的に誕生したこと、先に指摘した「三トモ世代」が新たな変化への萌芽に過ぎないこと、一般的にいえば両性関係についての日常生活における民主主義が著しく未成熟であったことを指摘することができる。

家族の変化動向の焦点

　最近の動向を一言で言えば、変化ではなく変容である。そこに現在の家族生活の問題性があるのだが、変化と変容の違いについてまず簡単に確認してから考えることにしよう。変化については体験的にも感じられるし、統計的事実と

しても容易に確認することができる。ここ20年ばかりの間に家族生活が大きく変わったことは、20歳前後の学生さえも「自分たちの子どもの頃と違って今の子どもの生活は………」ということによっても、体験的にはっきりしている。統計的事実の方については、すでに第三章でも若干指摘したように、核家族化・小家族化、単独世帯の激増、労働者家族の増加と自営業家族の減少、女性就業の増加、家計の変化、高齢化の進展、そしてとりわけ少子化などなど、これらは統計資料を見れば誰でも簡単にわかることであり、その事実を詳細に紹介することにどれだけの意味があるだろうか。また、調査報告やルポルタージュ、さらにはマスコミ報道などからは、家族の教育機能の低下、ライフサイクルの変化、離婚の実相の変化、………が多様に紹介・論評されており、テレビのワイドショーやトーク番組でもしばしば取り上げられていて（ただしきわめて表面的なものが多い）、このような変化についてはいまや誰の目にも明らかになってきている。したがって、これについても詳しくは触れない。変容については、いろいろな特徴づけがなされている。「個人化する家族」と「利系家族」という特徴づけが、以前とは異なる見方を代表的に示しているのだが、〈第１部〉で指摘したようにそれは一面的な見方であって、その逆の面やそれとは異なる面にもあわせて注目することによって、現代日本の家族に何が問われているかを鮮明にしなければならない。

　これまでの私の論述がすべてそうなのであるが、「家族とは？」という問いをこれまでの観念から相対的に独立させて問い直す時期に直面しており、「新しい実験」はその実践的現れであり、現在の家族の変化動向の焦点を象徴的に示している。「新しい家庭の実験」が量的には多くないとしても、統計上の数字に現れているどんな急激な変化よりも重い意味をもっている。すでに再三指摘しているところであるが、１つには、これまでの常識的家族観（家族の定義ではない！）がくずれはじめているという変化動向である。もう１つは、家族の能動性しかも「積極的能動性」が史上はじめて自然成長的にではなしに具体的に求められるようになってきており、その試みがはじまりつつあるという変化動向である。

家族変動論は、家族の歴史的変化を跡づけるといった家族史の段階にとどまっているだけでは不充分である。家族の現在の「理論的」認識（単に特徴を指摘するだけでは科学的認識としては不充分である）およびこれまでに確認した家族変動を捉えるいくつかの視角から、家族の未来について総体的に考えることが大事である[8]。

以下では問題状況と思われる家族問題について再論し、これからの家族のあり方をも含めた対処としての家族政策についての考え方について提起するが、家族生活のこのような変化動向を抜きにしてはあり得ないし、とりわけ政策とは現実の変化動向にもとづいて考える性格のものであることを、ここで強調しておきたい。

3　家族問題と家族政策を考える

再び家族問題を考える

すでに〈第3章〉で示したように、1970年代後半から現在にいたる家族問題については、私が「休火山的問題状況」とネーミングしたことに示されているように、人々のあり方が家族問題としていつどこで噴火するかわからないといった問題状況がさらに進展しているように思われる。そこでは、「噴火するエネルギー」の存在への着目を指摘するにとどめたが、この項では、具体的対応にとって重要な位置を占める家族政策についての考え方に結び付く方向で理論的に整理しつつ未来への展望を考える前提的論考として、家族問題についてやや具体的に示すことになる。理論的には、家族問題論は4つの部分によって構成される。すなわち、「家族問題とは何か」という規定、具体的な家族問題の性格づけ、家族問題の発生のメカニズム、そして家族問題への対処としての家族政策である。

まず家族問題の規定の確認からはじめよう。家族問題の規定は、理論的には家族の定義から論理必然的に導き出されるが、〈第1部〉では「家族をめぐる諸問題」について他の諸見解との違いに力点をおいて述べたので、ここではす

でに述べた家族本質論の場合と同様に、またそれとの論理整合性をもった理論的に厳密なかたちでの家族問題についての私の規定を挙げておこう。すなわち、

家族問題とは、家族生活における人間的諸活動に著しい障害があることおよび家族が責任を負っている物質的諸条件の確保が困難であること、そのために生産主体としての人間の生産が損なわれるというかたちで現れる社会問題である。その具体的現れは生産関係、生産力の発展水準によって条件づけられ、かつ集団分化の進展状況、社会的規範に影響される家族生活における生産主体の生産過程のあり方によって性格づけられるものである。

別の表現で簡単にいえば、家族の本質が家族生活で充分に発揮されない状態と構成員の諸活動を社会的諸条件とかかわらせて押さえることを意味する。そしてこの規定のなかには、家族問題を考えるための他の3つの構成部分についての理論的展開の論理的根拠がすべて含まれているのである。

①家族問題の分類

家族問題の性格づけは、様々なレベル（個別家族レベル、地域・教育レベル、国家レベルなど）における対応を考えるための基本的認識として位置づけられる。すなわち、社会的対応への射程に結びつくものとしての性格づけにほかならない。したがって家族問題の分類は、具体的な現象として現れる個別の家族問題がいかなる性格であるかを示すという意味がある。というよりは分類は性格を示すものであってはじめて理論的に意味がある、といった方がよいであろう。そこでそのような意味で家族問題の分類を例示するが、この表は家族問題の性格にもとづく分類の仕方（考え方）であり、例示以上の意味を持たないことをことわっておかねばならない。つまり例示されている1つの問題が他の枠に位置づくこともあり得るのである。

② 家族問題発生のメカニズム

家族問題についてのこのような把握にもとづいて、個人的および社会的両面にわたって有効な対応が迫られているのだが、家族問題の性格の確認につづいて家族問題発生のメカニズムが問われることになる。一般には問題の正しい認識そのものがすでに問題解決の方向を示すものであり、したがって性格とメカ

表3　家族問題の分類

		労働主体	生活主体	協同主体
人間的活動	子どもの生育	生活時間のアンバランス	既成食品偏重 勉強の偏重	親子の断絶 過度の密着 差別的態度
	成人の維持・発展	偏食、過重労働、成人愛の不充足	役割分担のアンバランス	余暇活動問題、過度のマイホーム主義
物質的諸条件		経済的貧困による生活資料の不足 住宅の不充足、教養・娯楽費の不充当		

ニズム認識は次の家族政策についての考え方に理論的根拠をも提供する。これについては私の旧著でかつて提示した図をそのまま掲げることにしよう。提示してから10数年が経過した現在、〈休火山的問題状況〉がさらに進展しているとはいうものの、メカニズムそのものは依然として存続しているというのが、私の基本的認識だからである。とりわけ家族問題にとって重要な位置を占めていると考えられる「第二段階」の両サイドの諸要素はここ10数年では予想以上に急速に進展（激変も含めて）していると思われるのである。この「メカニズム」の意義について若干付け加えておこう。家族問題への対応あるいは解決については、いろいろな立場からの見解が出されているが、次の家族政策を考えるために、「メカニズム」から論理必然的に導きだされる対応についての見方が肝要なのである。「メカニズム」に示されている諸要素については、歴史の進行において不可逆的であるかどうかが基本的に問われることになる。いくつかを例示すると、生産力の発展・欲求の増大・価値観の多様化などはおおむね不可逆的であると考えられるが、共同体的関係の解体・私的負担の増大・利益偏重の思考などは不可逆的ではないはずである。家族政策が家族問題への対応であるとするならば、この不可逆的ではない諸要素にこそ注目すべきであり、未来への展望つまり解決の方向を具体的に導き出す可能性がそこに見えてくるであろう。

第10章　家族変動と家族問題　213

図1　家族問題発生のメカニズム

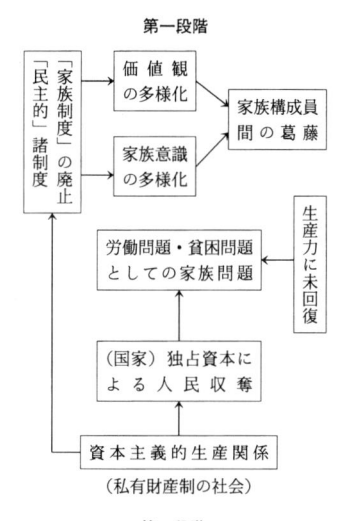

第一段階

「家族制度」の廃止「民主的」諸制度 → 価値観の多様化／家族意識の多様化 → 家族構成員間の葛藤

生産力に未回復 → 労働問題・貧困問題としての家族問題 ← （国家）独占資本による人民収奪 ← 資本主義的生産関係
（私有財産制の社会）

第二段階

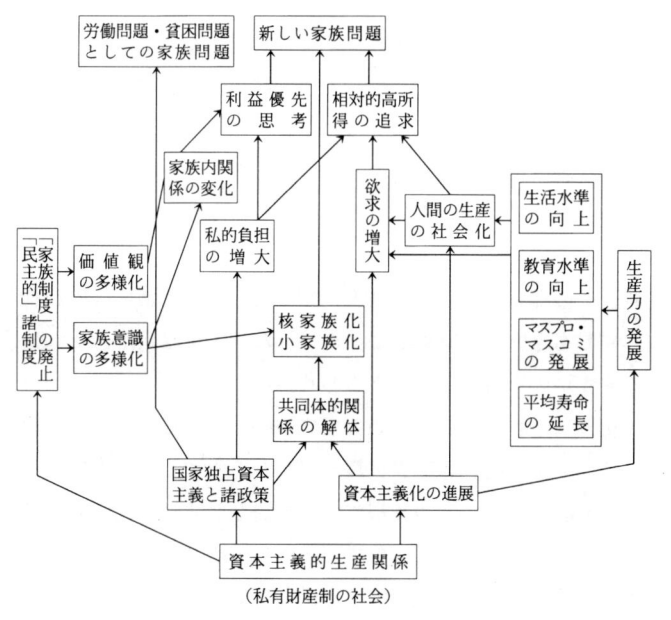

労働問題・貧困問題としての家族問題　新しい家族問題

利益優先の思考　相対的高所得の追求

家族内関係の変化　欲求の増大 ← 人間の生産の社会化

私的負担の増大　　生活水準の向上

「家族制度」の廃止「民主的」諸制度 → 価値観の多様化／家族意識の多様化 → 核家族化・小家族化　教育水準の向上

共同体的関係の解体　マスプロ・マスコミの発展

国家独占資本主義と諸政策　資本主義化の進展　平均寿命の延長　生産力の発展

資本主義的生産関係
（私有財産制の社会）

家族政策の理論化の方向について

　家族社会学研究において家族政策をも対象とする必要性への認識が多少とも拡がってきたのはそれほど古くはない。それまでは家族政策は家族法研究と密接にかかわって、主に法学あるいは法社会学の立場からなされていた。これとは別に社会福祉研究の立場から理論的にではなく現実としての家族政策が部分的に一定程度とりあげられているにすぎない。そのような研究の推移のなかで家族社会学が家族政策を取り上げるにあたっては、2つのことを確認しておく必要があると思われる。1つは社会的現実との関係であり、もう1つは家族社会学としての家族政策研究の理論的性格である。

　家族社会学が家族政策を射程にいれはじめたのは、それなりの現実的根拠があるからであり、私自身が1990年に地域政策と結びつけて提起したのもそのためである。すなわち、生活の激変という新しい社会的現実が新しい家族政策を求めているということにほかならない。我田引水に思われるかもしれないが、この新しい現実が法律を機軸にする思惟からではなくて社会学からの家族政策の新しい理論化と方向提示を課題として提起しているのである。[9]

　家族政策をどのように規定するかについては、家族の定義と同様にいくつかの見解が出だされているが、他方では、これまた家族と同様に規定らしきものがないままで家族政策とみなしているものを取り上げるという傾向も多い。が一般的には「国家権力の担い手である支配階級の政治的経済的支配に適合的な家庭とその秩序を維持・発展させるための総体」であるとする利谷信義の見解に代表され、その他の諸見解はこれと大同小異と言ってよいと思われる。私自身はかならずしも全面的に異論がないというわけではないが、これは家族政策の性格を示す1つの指針にはなると思われる。

　しかし、再三にわたって述べている家族の問題状況などを視野におさめるとともに、ここでもまた発想の転換を貫くかたちで考えると、家族政策とは何かということを発想の仕方を含めて根本的に検討し直す時期に直面していると思われるのである。利谷見解は、これまでのそして現在も存続している「家族政策」の基本的性格を、確かに一般的には示している。しかし、それにしたがう

ならば、家族政策としての家族の問題状況への対応は不可能に近いのである。現在の問題状況は、すでに〈第1部〉で指摘したような生活の激変によるものであることは確かだが、他方では利谷見解に示される性格の家族政策（家族にたいする無策も含めて）の結果でもあり、そのような家族政策の基本性格を全く異質なものにしないかぎりは対応できない性格のものなのである。したがって、ここでもまた発想の転換が要請されるのである。そこで利谷見解はそれはそれとして現在の家族政策の本質を一般的に表現するものと受けとめつつも、家族問題への対応として、独自に考えてみることにしよう。[10]

発想の転換を！

　家族政策は、家族の研究だけでなく政策一般の研究にとっても、現実認識と理論化がもっとも未開拓な分野であり、展開がむずかしいテーマである。すでに指摘したように、家族政策はこれまでは主に法学あるいは法社会学から取り上げられており、「実践的禁欲」傾向の強い家族社会学からは、あまり取り上げられてこなかった。

　さて、現代日本の家族政策について具体的に考えてみると、家族問題の性格の変化に照応するかのような政策の性格の変化が認められるのである。敗戦後のいわゆる「民主化」政策の一環として明治民法に代わる新民法が制定されたが、たとえば地域政策では4次にわたる〈全国総合開発計画〉というかたちで展開されているのにたいして、同じようなかたちでの家族政策の展開はないのである。しかし、個別にだされている家族生活に関係の深い政策は、家族生活に大きく作用するという性格があり、しかも利谷見解にあるような性格が基本的には確かに認められるのである。

　家族政策と他の政策の未分離な状況は、1970年代後半頃から大きく変化を示すことになる。それまでの日本の政策的課題の中軸は経済にあり、それは高度経済成長に照応する性格のものであった。その基本性格はまさに利谷見解そのままであり、家族像の設定と個人のあり方（これは秩序に脅威と思われる非行・不登校・家庭内暴力・育児ノイローゼ・「家庭内離婚」への対応）を設定しつ

つ現実の変化への対応する政策であり、いわゆる社会福祉政策とも結びついてうちだされたのである。それは日本における家族政策の現実化を意味するが、基本的な問題性のみを述べておこう。すでに示した家族の問題状況は進展こそすれ、とどまることを知らないようである。それは政府の提出した家庭像や個人のあり方によるものかもしれないし、そうではないかもしれない。しかし、これまでの批判的見解の大部分がそうであるように、別の（理念による）家族像や個人のあり方を対置しての家族政策の提示は、現実的にはおそらく無力であろう。

家族はある種の能動性と自立性をそなえてはいるが、最近の家族の変容とそれにともなう諸問題は、個々の家族では対処がむずかしいつまり能動性の発揮と自立性の保持がむずかしいという局面にさしかかっている。したがって、家族政策を考えるにあたっては政策および政策主体の意味を根本的に問い直す必要があるだろう。すなわち、国家と家族に限定した見方では、現在の具体的課題にはおそらく対応できないであろう。政策および政策主体については家族、他の諸集団、市民社会、国家の関係が問われることになるが、人間の主体的活動という点を重視しつつ政策についての発想の転換をここでも主張したい。

発想の転換の主張からはじまった本論を、再び（いや三度、四度………かもしれない）「発想の転換を！」で結びたいと思う。というのは、みずからに提起した課題にこたえる本書の試みを終えるにあたって、さらに新たな課題を私自身に提起したいからである。具体的には家族問題と家族政策についての私の基本的見方を簡単に整理することによって、「発想の転換」の最終的主張としたい。家族問題あるいは問題状況は、経済至上主義という暗黙の前提がもたらしたものであるが、歴史の進展はそれを変えよという単純な方向づけではおしとどめることはできない。しかし、この前提は他方では「自由な生き方」を未成熟ながらも定着させはじめるとともに、価値観の多様化したがってまた家族の多様化を方向づけることにもなった。家族政策は、それが家族の必要性であるならば、特定の理念にもとづくものではなくて家族の多様化に応じるものでなければならない。「自由な家族創造」が家族政策の基本にすえられるとした

ら、中央からの画一的な政策は、実状にあわないものとして無意味となる。発想の転換のたどりついたところは政策主体そのものを変えること、したがって政策の意味をも根本的に変える必要があることを提起している。家族政策の性格については、家族支援という新たな見解も出されており、政策の意味については新たな提起であると受け止められる。[11] しかし政策主体については国家という発想を大きくは越えていないように思われる。政策主体をより広範な集団・組織に拡大し、国家がそれらにどのようにかかわるかという発想が必要なのではないだろうか。

註
1) 当然のことであるが、家族変動論は家族史を展開することではなくて家族の全体としての変化の見方を意味すると同時に、家族の現在を歴史的に位置づけることをも意味する。したがって、家族の史的推移についてはそのかぎりにおいて触れられること、そしてそこから家族変動の見方をみつけだすことが、この節の主な狙いである。
2) 私の2つの旧著とは、『家族の社会学』(ミネルヴァ書房　1976年)と『家族社会学の基本問題』(ミネルヴァ書房　1985年)である。歴史的見方についてはほとんど同じであるが、最初の氏族社会については後者で若干の修正をしている。
3) 性＝生産タブー、オルギー的攻撃について簡単な説明を加えておこう。性＝生産タブーとは、生活資料の生産としての狩猟期と準備期に生産における団結水準の強化のために性交渉を禁止することである。この期間は次第に延長されると、団結水準は高まる(生産力の上昇)が、逆に種の繁殖力は低下するという矛盾が拡大する。オルギー的攻撃とは、タブーが氏族外には適用されないという性格なので、タブー期間内に氏族外に性交渉を求めることである。はじめは偶然的であったこのオルギー的攻撃を規則的あるいは一種の制度に転化することによって人類社会への突破口となった。
4) 詳しくは、前掲『家族の社会学』の「第一章　律令制社会と家族」、「第二章　封建社会と家族」、「第三章　幕藩制社会と家族」を参照。なお、家族変動(歴史的見方)についての私の基本的見方はこの書によってほぼ確立したものである。
5) この見方は現代社会における集団分化の急激な進展により、単身生活が容易になったことと論理的には通じているのである。生産力の一定の発展はホームレスを可能にしたが、さらなる発展が主体的に単身生活を選択できる物質的条件を創出したということである。
6) とりわけ女性の隷従問題が現実的にも意識的条件においてもそうであり、その極

限といえる女性の商品化などについての基本的見方を、飯田哲也『家族社会学の基本問題』76—77ページ、に述べているので参照のこと。
7)「3トモ」とは共学・友達・共働きという両性のあり方を表したものであるが、この世代にたいしてマスコミは「ニューファミリィ」の出現と喧伝したが、事態はそのようには展開せずにかれらの子ども世代に現実化の兆しがあるという意味で、私は萌芽として位置づけている。
8) 最近の家族の特徴については、理念、願望、あり方なども混在しながら論じ尽くされているといってもよい状況にあると思われる。少子化、高齢化、多様化、私事化、個人化、さらには親子関係、夫婦関係、子育て、女性論、男性論、母親論、父親論、福祉論などなど。それらの見解はそれぞれ現代家族の特徴、問題性、あり方を一定程度は示しており、おそらく全く誤りであるとはいえないであろう。しかし、未来を展望するには、変化についての基本的見方を確認することが重要である。相対的に多い見方は、なにが変わりなにが変わらないかという見方による特徴づけであるが、私は残存と新しい変化をセットに考えて全体として変化したという見方を強調したい。
9)〈政策〉についての発想の転換を意味するのであるが、飯田哲也・遠藤晃編『家族政策と地域政策』(1990年 多賀出版)で試論的に提示している。
10) 家族政策だけではなしにあらゆる国家政策は一方では支配を維持・強化するという性格をもっているという意味でそうなのである。しかし、政策主体および政策を国家に限定しないという発想からは、異なる性格をも考える必要があると思われる。
11) 副田義也・樽川典子編『現代家族と家族政策』ミネルヴァ書房 2000年

附論　21世紀への一試論

1　未来論への挑戦

ロマンを語ろう

　21世紀について語ることはロマンを語ることである。本論ではユートピアは所詮ユートピアであると否定的に述べたが、ユートピアの必要性を新しい欲求の生産とかかわらせて否定はしていないはずである。私は、附論としての一試論に2つの意味を込めている。1つは、"Stay Dream"ということを訴えたいからである。音楽や文学の世界では表現されているが、社会科学の世界ではまずお目にかからない。私は、いま社会科学にそれが求められている、と考えている。かつてある経済学者が冷ややかな頭脳と温かい心の両方が必要であると述べているが、経済学（者）にかぎらず社会諸科学（者）にそれがほとんど失われているのではないだろうか。音楽や文学は人々の感性に訴えるが、社会科学は理性と感性の両方に訴えることによってはじめて現実的意味を帯びてくると思われる。社会科学的にロマンを語ることに、私はそのような意味を込めている。人間のあり方の特徴の1つとして未来志向性が乏しくなっているこんにち、具体的未来を描くことが、私の"Stay Dream"を意味する。

　もう1つは、自分自身にたいするこれからの課題を具体的に提起したいという思いが込められている。家族の現在をどうみるか、理論構成をどのようにするかという作業は、日本社会全体のあり方をどうみるかということと不可分のものである。私は本書の性格上日本社会全体のあり方を描いていないが、現時点では日本社会をトータルに整理して捉えてはいないので、これからの課題であると考えている。その作業は、社会学的把握としては国民生活の現在をどうみるかということ、そしてそのための「現代生活論」的日本社会論とでもいう

べき理論化の追究ということになるであろう。未来についてやや具体性をもって語ることは、漠然と考えている日本社会の方向を追求する道筋を多少とも具体的な課題にしてくれるであろうと思われる。

　このような思いを込めての展開ではあるが、社会科学からロマンを語ることは単なる空想ではなくて出発点はあくまでも現実認識である。この現実認識がこれまでに述べた家族の現在、そして国民生活の現在であることはいうまでもない。したがって、現代日本の政治・経済・社会の特質そのものをストレートに分析したり、そのあり方を（ある理念によって）批判的に検討するといういわゆる「現代社会論」的発想ではない。なぜならば、このような発想は別に「社会学的」と独自にいうほどの理由がないからである。現代生活の具体的現実から出発して社会をみることこそ社会学の独自な性格にほかならないのであるが、私のなかではまだ未成熟なので、ロマンを語ることによってその方向を探ってみたいのである。

出発点としての家族の現在

　一般に未来論を展開するためには、その前提としての現実認識が必要であるが、それをどこに求めるかによって展開が違ってくる。私の社会学的思惟にもとづくと、その意味での現実認識の出発点および焦点を家族生活（あるいは国民生活）におくことになる。本書の展開そのものがそのことを示しているのだが、念のために簡単に整理しておこう。

　私の社会学的思惟の基本は、人間観と生活観にあり、社会観は背後にかくれている。人間観については、3つの生産主体としての主体的活動であるとともに共同的存在としての可能性を宿した協同的存在であるということの確認で充分であろう。生活観についてはもうすこし複雑であり、そのような人間たちがどのような関係のもとで3つの生産活動をするかということである。家族から出発することの意味を確認することを含めて、本論ですでに述べたことを整理してから家族の現在へとすすみたいと思う。

　家族は、社会学的には生活や社会を捉えるにあたっては、理論的にも現実的

にも端緒範疇として位置づけられる。理論的には国家、宗教とならんで家族は、集団分化における端緒範疇であり、しかも他の2つとは違ってすべての人間の生産に直接的かつ全面的に関与するという特別の位置を占めているのである。このことは現実的にも不可欠な端緒範疇であることを意味する。日常生活で政治・経済・その他の社会分野についてなにげなく考える場合を具体的に思い浮かべてみればよいであろう。いわゆる政治腐敗に憤るのは、自分がまじめに働いて「正当な」報酬によって家族生活を維持しているのにたいして、そうでない「政治家」の振る舞いを考えるからである。経済的不況にたいしても、教育問題にたいしても、家族生活の維持・向上を念頭においているのである。このように考えると、家族の現在を出発点として家族社会学の立場で未来を語ることに一定の意味があるといえるであろう。

　ところで、家族社会学において家族の未来の予測ではなしに日本社会のあり方と結びつけて家族の未来について論じたものはあまり多くはない。「実証」と「価値判断排除」を重視する傾向が強いため、論者みずからの「禁欲」がおそらく働いているのではないかと推察される。社会的現実を客観的に捉えるということはむろん大事なことであり、それはそれとして貴重な事実を明らかにしつつ家族社会学の発展に寄与している。しかし、そのために家族社会学（だけでなく社会学全体として）の多くは現状追認になっているのではないだろうか、かりに問題告発的性格をもっていたとしても、客観的には同じような性格になっていると思われるのである。

　しかし、現代日本の家族をめぐっては意識のうえでも実態としても混沌としており、しかも幾多の問題性をはらんでいるなかで、家族社会学のあり方はそれでよいのであろうか。もしそうだとするならば、家族社会学の存在意義とはなんなのであろうかという疑問をもたざるを得ないのである。事実、家族社会学以外からのさまざまな「家族論」から家族社会学にたいする一定の批判的見解が表明されており、人間が主体的活動であるならば、直接的であれ間接的であれそれらの諸見解に応えていくことが要請される。私は、一定の価値選択にもとづく未来論の提示がそれにたいする1つの応え方であると考える。

家族の未来についてはロマンを語るという点からして、やや長期的展望として展開しよう。長期的展望としては家庭（理念としての家族）のあり方と条件のあり方の両方について考えることを意味する。しかし、〈第1部〉ですでに述べたように、家庭のあり方については「望ましい家庭像」として各人の自由にゆだねられる性格のものであり、これまで述べたことにさらに屋上屋をかさねる必要はないであろう。その意味での家族の未来というかぎりでは、私の未来論は家族多様化論であり、しかも〈多様化するであろう〉という予測ではなくて〈多様化するにまかせるべきである〉という積極的主張である。

　肝要なのは、自由な家庭創造の追求を単なる可能性ではなしに現実化するため、それに適合する意識的条件と物質的条件という2つの社会的条件の追求である。この意味では一種の未来社会論という性格をも帯びることになる。それらを全面的に展開するための準備作業とする、つまり発想の転換による家族の見方をかためる基礎作業を一応終えたいま、つぎの論考への新たなステップを半歩ほど踏み出すことがこの〈附論〉の基本的性格である。

条件としての「外社会」

　家族の現在については、その問題状況と変化動向を中心として本論で重複を厭わずに述べているのでここでは繰り返さないことにして、家族の未来についての考え方をどのように設定するかという枠組み（といえるかどうかわからないが）を、理論的な面での重複を承知で簡単に整理することからはじめよう。自由な家族創造ということを大前提として未来を考えると、私のいう物質的条件のあり方の方向づけ（未来図）が主要に問われることになる。この場合には、私の集団分化論が主役を演じることになる。なぜならば、意識的条件を含めて家族生活を条件づけているのは、行政を含めた政治のあり方、経済のあり方、他の諸集団・機関のあり方であり、これらは具体的には広い意味での制度・政策としてたち現れるのである。日本社会のあり方とは、すなわちこれらの具体的あり方の総体以外のなにものでもない。したがって、たとえば政治・行政のあり方を検討する場合には、政治が腐敗しているからとか、行政が官僚主義的

であるからとかといった批判的表明とそれにもとづく新たな方向づけの提起という性格の論考ではなく、私の現実認識と未来論への挑戦は、家族の現在と自由な家族創造という前提にもとづいて、さきに示した諸条件を一括して「外社会」と表現するならば、それらの「外社会」が適合的であるかどうかを考え、自由な家族に適合的な「外社会」のあり方を、大胆に打ち出すことにある。

　そこで社会学的構想力を働かせる前に、考える前提として、「自由な家族創造に適合的である」ということの意味を基本的にはっきりさせておこうと思う。すでにかなりの程度これまでに述べているのだが、自由な家族創造は単に自分勝手にということではなくて、真に主体的活動であり、共同主体の可能態としての協同主体である人間を生産できる家族関係を維持・発展させるかぎりにおいての自由を意味する。もう１つは、集団分化の進展のもとで選択性の乏しい集団・制度が自由な家族創造に客観的にプラスに作用するような「外社会」を適合的と考えることである。したがって、日本社会について全面的に取り上げるのではなく、未来論の基本的考え方を鮮明にする意味において、それぞれの家族の自由意志による選択性が相対的に乏しい性格の政治・行政および地域を取り上げて述べたいと思う。「選択性が乏しい」とは、いくつかある同種類のなかから簡単に選んだり取り替えたりしがたいことを意味する。

2　未来の社会像

家族生活と政治・行政

　10年ほど前にＪ．ネイスビッツ著『メガトレンド』が翻訳されて、一時期この言葉が流行したことがある。そしてすぐ後に竹村健一などによる『日本のメガトレンド』（太陽企画出版　1983年）が未来論の一種として発行されている。この種の未来論の基本性格は、さまざまな社会分野の現状から近未来（10年〜15年後）を予測し、だからバスに乗り遅れるな、というきわめてプラグマティックな発想にもとづくものである。極論すれば「流れに乗ろう、逆らうな」ということにほかならない。私は人間不在の論理といえるこのような発想を採用し

ない。現状だけから考えればはたしてどうであろうかと思われるであろうが、家族生活に具体的な家族目標を設定する必要があるのと同じように、人間が主体的活動であることからして「社会目標」の設定が必要なのである。

　ところで、最近では家族の消極的能動性が程度の差はあれ政治スローガンにかかげられることが多くなっている。とりわけ地方自治体における政治スローガンとしては、家族という言葉を使わないまでも、「住民」・「市民」・「生活」という言葉が氾濫している。つまり家族生活を無視しないあるいは重視するという意味にほかならない。しかし、実際の政治・行政はどうであろうか。単なるスローガンだけの場合もあるだろうが、中央政治との結びつきによって著しく制約されるという現実もまた周知のことであろう。ロマンを語るのでこまかい論証抜きでいえば、現在の政治・行政が制度的に家族生活の実態に適合していないということ、家族の積極的能動性を十全に発揮することがほとんど不可能に近いこと、この2つ前提から私の未来像は出発することになる。

　家族の現在は多様化と画一化の同時進行であるが、多様化の方は家族の必要性にもとづくものであり、画一化の方は社会・国家の必要性にもとづくものなのである。したがって、家族の未来に適合する社会・国家のあり方は、できるだけ画一化を避けて家族の多様化に対応するものでなければならない。

　結論からさきに言えば、私の未来社会像は〈地方分権を主とした社会〉である。現在も地方分権の強化という主張があるが、私の主張は、地方分権にせよあるいは地方分権からスタートして考えるということであって、単なる強化ではない。換言すれば、地方分権ではできないことだけを中央政府がうけもつという考え方である。そのためには、現在の都道府県を前提として考えるのではなくて、現存の行政区分を白紙にした日本地図から出発するのである。これまでの日本社会についての方向づけや計画案は現在の日本地図から出発し、それを変えるという発想によるものであった。具体的な計画立案と遂行にあたってはそれが必要だが、構想段階では、「変えること」から「新しく創ること」へ、という発想の転換こそ必要なのであり、以下がその具体的イメージである。

　①　地方分権のあり方としては日本を10前後の〈大行政区〉に分けて、東京

と大阪（かならずしもこの2つでなく別の都市でもよい）をこれから除いて〈特別市〉とする。中央では、たとえば憲法、外交などの〈大行政区〉ではできないことだけに限定する。
② 財政は大枠のみの策定、国家財政は各地方自治体の財政力に応じた「上納金」による。
③ それぞれの〈大行政区〉においても大枠のみの策定で、具体化は〈下級行政区〉による策定・執行を基本とする。
④ 司法は中央が最高かつ最終的権能をもつ。
⑤ 経済については地域的特徴を追求し、企業の公私配分を独自に行うことを原則とする。

これらは家族生活にたいする適合性という点、とりわけ現在の家族政策の画一性から脱するという点から構想したものであり、2つの点から適合性を主張したい。1つは、日本社会のあり方を多様化することが、家族生活の動向に適合的であるということである。もう1つは、政策の策定という点で具体的にはより重要であるが、家族生活の多様化の実態の具体的把握にもとづく柔軟な家族政策を可能にする意味で適合的である。中央官庁の資料は、統計数字・一般的（平均的）傾向・少数の事例の域を大きくはでていないので、多様な実態が具体的に把握されているとはいえないだろう。これは中央官庁の怠慢ではなくて中央集権制度では不可能なためである。したがって、具体的実態に応じた政治的・行政的対応そのものをむずかしくしている。たとえば4次にわたる全国総合開発計画の結果がそのことを何よりも明白に物語っている。

家族生活への適合性のほかに付随するメリットを若干挙げておこう。国家財政が著しく縮小され、各〈大行政区〉の独自財政が増大し、国連事業の分担金に似て各〈大行政区〉がその財政力に応じて国家財政を支える構造であることを、もう1度確認しておこう。ずばり政治腐敗つまり金権政治の解消である。中央での政治・行政に結びつく利権の存在の余地が乏しくなること、地方における利権問題への司法上の対処が中央に委ねられること、この2つを考えただけでもわかるはずである。このほかにも東京一極集中の緩和、マスコミの世論

操作の縮小、環境破壊の緩和などが挙げられる。ただし、地域間格差をどうするかという大きい課題があることも確かである。

家族生活と地域

　未来を考えるにあたっては、社会全体のあり方だけでは一面的であって、そのなかでの身近な生活を描くこともまた社会学的未来論にとっては不可欠である。私はそれを具体的には地域に求めたい。地域とりわけ各級の行政区のあり方にたいしては、地方分権の基本を適用することが肝要である。すなわち、政策の具体化は下級の行政区に委ねられることを意味する。どの程度の範囲を行政の最小単位とするかは簡単には具体化しにくいが、多様な家族生活の実態を具体的に把握できる範囲ということになる。具体的には面としての生活空間の重視、そしてそのことが地域の共同性の再生と政策主体としての人間の生産に結びつくであろう。地域の具体的イメージとしてはそれぞれの独自性が基本なので、基本的な考え方だけを挙げておこう。

　① 各級の学校を軸とした地域編成にすること。
　② 人的資源の地域自給の方策を追求すること。
　③ 交通・通信・情報の地域性を重視すること。
　④ 世代間交流を促進する具体的方策を追求すること。
　⑤ 最重要事項にたいする直接民主制のあり方を具体的に追求すること。

　これらの具体的あり方についても、家族生活との適合性を基本とすることはいうまでもない。したがって、〈大行政区〉それぞれはいうにおよばず、各級の行政区それぞれにおいても多様なあり方になるはずである。

　最後に、どのような道筋で現実化するかはともかくとして、価値観の逆転が必要であることを強調したい。経済をすべての尺度とする現在の支配的な思考を他の尺度と同列に位置づける思考が求められるし、その方向なしには未来への展望は語れない。

3 結び

　私が21世紀を明確に意識しはじめたのは、1980年代の後半にはいった頃である。その頃には21世紀を射程にいれた所論がぼつぼつとではじめていた。しかし、多くの所論は予感的であったり、ユートピア的な現実遊離の所論であったり、現実的すぎてロマンがなかったりであったように思われる。未来について考えるにあたっての不可欠のものは3つある。1つは歴史認識にもとづく現実認識、これは現在の歴史的位置と特質を意味する。つぎには哲学、これは人間や社会をどのような原理から捉えるかを意味する。そして人間愛、これは単純に他者にたいする「愛情」ではなく同胞としての絆の追求を意味する。私が自分の著書『テンニース研究』（ミネルヴァ書房　1991年）で打ち出した「共感の論理」は、上記3つにもとづくものである。しかし、社会学説研究という特殊性と難解さのため、残念ながらまだ少数の読者にとどまっているようである。

　家族と社会との複雑な関連を視野におさめると、未来にむかってどこから手をつけたらよいかと、とまどいを覚えるのはおそらく私だけではないであろう。しかし、この場合にも、あくまでも家族を考える原点にたちかえって考えることを、私はかたくなにまで固執しようと思う。すなわち、人間は主体的活動であるとともに協同的存在であり、そのような人間の生産の原点は論理的にも現実的にも家族であるということにほかならない。そのような人間の生産が困難におちいっており人間性の危機に直面しているこんにち、家族の多様な選択性の保障こそが、そのような人間性の回復のキーポイントである。

　21世紀に向けての「自由な家族」の創造は、けっしてやさしい道ではない。しかし、人間が主体的活動として、そしてまた協同的存在として生きているかぎりは、未来へつづくその道を歩きつづける存在である。誰しもが人間であることを放棄しないかぎりは、つぎの世代が人間でありつづけるためには、自然年齢の大小にかかわらずこの道を一緒に歩きつづけることが、人間の証しにほかならない。「日暮れて道遠し」の感をもつ人もいるだろう。しかし、私はつ

ぎの合い言葉で結びたい。
　ためらわずに前進しよう！

著者紹介

飯田哲也
1936年　富山県生まれ
1969年　法政大学大学院社会科学研究科
　　　　社会学専攻博士課程満期退学
現　在　立命館大学産業社会学部教授　文学博士
著　書　『家族の社会学』ミネルヴァ書房、1976年
　　　　『家族社会学の基本問題』ミネルヴァ書房、1985年
　　　　『テンニース研究』ミネルヴァ書房、1991年
　　　　『現代日本生活論』学文社、1999年
　　　　『現代日本家族論　改訂版』学文社、2001年
編　著　『都市化と家族の社会学』ミネルヴァ書房、1986年
　　　　『思春期と道徳教育』法律文化社、1990年
　　　　『家族政策と地域政策』多賀出版、1990年
　　　　『応用社会学のすすめ』学文社、2000年
　　　　『新・人間性の危機と再生』法律文化社、2001年
　　　　『「基礎社会学」講義』学文社、2002年

第三版
家族と家庭──望ましい家庭を求めて──

1994年10月10日　第一版第一刷発行
2003年 2月20日　第三版第一刷発行

　　　　　　　　　著　者　飯　田　哲　也
　　　　　　　　　発行者　田　中　千津子
　　　　　　　　　発行所　㈱ 学 文 社

東京都目黒区下目黒 3 - 6 - 1
〒153-0064　電話（03）3715-1501（代表）　振替 00130-9-98842

乱丁・落丁本は、本社にてお取替え致します。　　印刷／あきば印刷㈱
定価は，カバー，売上カードに表示してあります。＜検印省略＞

ISBN4-7620-1175-4